房地产开发与管理系列经典教材

房地产经营管理

（第六版）

刘亚臣　主　编

王　静　副主编

Real Estate Management

大连理工大学出版社

图书在版编目(CIP)数据

房地产经营管理 / 刘亚臣主编. —6 版. —大连:大连理
工大学出版社,2012.10(2019.12 重印)
(房地产开发与管理系列经典教材)
ISBN 978-7-5611-0906-9

Ⅰ．房… Ⅱ.刘… Ⅲ.房地产－经济管理－高等学校－
教材 Ⅳ.F293.3

中国版本图书馆 CIP 数据核字(2008)第 033512 号

大连理工大学出版社出版
地址:大连市软件 园路 80 号 邮政编码:116023
发行:0411-84708842 邮购:0411-84708943 传真:0411-84701466
E-mail:dutp@dutp.cn URL:http://dutp.dlut.edu.cn
大连图腾彩色印刷有限公司印刷 大连理工大学出版社发行

幅面尺寸:170mm×240mm 印张:20.5 字数:407 千字
1994 年 1 月第 1 版 2012 年 10 月第 6 版
2019 年 12 月第 21 次印刷

责任编辑:汪会武 邵 婉 责任校对:李 雪
封面设计:波 朗

ISBN 978-7-5611-0906-9 定 价:36.00 元

本书如有印装质量问题,请与我社发行部联系更换。

房地产开发与管理

系列经典教材编委会

丛 书 序

　　1937年，我国在深圳特区率先开展土地使用权有偿出让和转让试点，在改革开放近10年的时候开始了新时代真正的房地产经营管理。在过去的20多年里，中国的经济取得了举世瞩目的快速增长，房地产业的发展速度也明显加快，在部分大中城市已经成为具有支柱产业性质的行业，在国民经济中的地位不断提高。在纪念改革开放30年的今天，随着中国社会主义市场经济的发展，随着房地产市场日趋成熟，中国房地产开发企业正面临着越来越激烈的市场竞争，政府和行业管理者同样面对着复杂多变的局面。如何提升房地产经营管理者的领导力及执行力，已成为应该深刻思考和热切关注的问题。全球化的市场又为中国房地产业带来了国际市场竞争的机遇与挑战，这些机遇与挑战要求中国房地产业的创业者与业内人士必须关注中国经验的实践与理论，必须关注中国特色的提升与完善，必须关注房地产业的趋势与明天。

　　我们一直关注和参与中国特色房地产业的实践和发展，一直关注和参与中国特色房地产业的建设和完善，一直关注和参与中国特色房地产业的专业教育和人才培养。1993年，我们在与大连理工大学出版社策划"房地产开发与管理系列教材"时我就说过："高等教育应该为房地产业的科学化、规范化、规模化和高移化做出贡献（刘亚臣，1993）"。在由我主编的这套丛书多次再版时，我也多次重复这样的观点。今天，应广大房地产业人士与学生的要求，为了便于房地产从业人员充分了解和认识我国的房地产政策，掌握有关房地产经营与管理方面的理论知识和实践技巧，提升行业水平，我们与大连理工大学出版社重新策划组织筛选了一批精品教材，再版为"房地产开发与管理系列经典教材"，奉献给我国高校房地产专业的老师和学生以及广大业内人士，并向我国改革开放 30 周年献礼。

　　本系列教材的编者以沈阳建筑大学骨干师资力量为主体,并吸收了大连理工大学、辽宁大学、辽宁工业大学、辽宁石油化工大学的骨干教师及政府管理部门的人员。1993 年,沈阳建筑大学成为我国最早独立设置房地产经营与管理本科专业的院校之一。1998 年国家教育部学科目录调整后,沈阳建筑大学管理学院一直独立设置房地产学系,其工程管理专业也一直设有房地产经营管理方向。2006 年,国家教育部批准沈阳建筑大学重新设置房地产经营管理本科专业(目录外),并开始面向全国招生。所以,此套教材的编著是以沈阳建筑大学管理学院为主体的参编人员,通过长期的、大量的辛苦工作凝结而成的。为应对房地产经营理论与模式的不断创新,我们在多年教学讲义的基础上,几易其稿,多次与国内外有关专家学者及实践工作者交流探讨,完善该系列教材各学科的知识体系。

　　本系列教材从房地产开发建设及管理入手,囊括房地产经营管理和房地产开发与管理专业课程设置中的房地产经营管理、房地产市场营销、房地产物业管理、房地产投资分析、房地产估价、房地产会计学、房地产法学、房地产金融与保险、房地产经纪人、房地产经济学和房地产管理信息系统等方面内容。整套教材具有内容简明扼要、通俗易懂、覆盖面宽、理论联系实际、实践指导性强等特色。

　　本系列教材以中国房地产经营管理体制改革的理论与实践为指导,结合了当前市场的需求,全方位、多角度、深层次地揭示了房地产开发经营各环节可能出现的问题,为房地产开发经营管理、物业管理和口介服务从业人员提供了重要参考。本系列教材既可作为房地产经营管理、房地产开发与管理、工程管理、工商管理专业的相应课程教材或阅读参考书使用,同时也可以作为其他专业了解房地产行业以及房地产有关活动的入门书。我们希望读者能在阅读参考中掌握房地产开发管理的真谛,使本系列教材成为地产人士的良师益友。

刘亚臣

2011 年 8 月

第六版前言

2008 年,受到美国次贷危机的影响,中国房地产市场受到了巨大的震动,经历了这样一次金融危机的洗礼,房地产开发企业开始意识到,在这个激烈的市场竞争中,随时都应该保持危机意识,应该组建一支高效率、高素质、高水平的管理团队,提高企业抵抗风险的能力。因此,对房地产专业人才的培养显得更加迫切。

基于以上考虑,我们对房地产经营管理(第五版)教材进行了修订,以培养高素质、高学历、高水平的复合型专业人才为目标,以就业为导向,奉行能力本位的教育宗旨,强调教材的应用性、实践性和系统性,让学生更好地掌握房地产行业运行规律,进一步提高学生在房地产经营过程中的管理能力。

重新修订这部教材,不仅要充分考虑和体现房地产市场环境的巨大变化,也要反映房地产经营管理自身的发展要求,以保持教材的承接性和现实性。因此,本书在第五版的基础上做了如下的修订:

第一,在维持原有体系的基础上,适当整合、补充和拓展新的内容,增加了"房地产市场分析"一章,目的是为了让读者在学习房地产经营管理相关内容之前首先了解房地产市场的相关知识;将"房地产开发经营分析基础"和"房地产项目可行性研究"两部分内容整合为一章,命名为"房地产投资决策";将"房地产开发程序"和"房地产开发管理"两部分内容整合为一章,命名为"房地产开发程序与管理"。同时,根据最新的法律法规,对教材的部分内容做了调整,如房地产交易的相关规定、房地产权属登记的相关内容、房地产税收的相关规定等。另外，对"物业管理"一章的内容做了调整，增加了"早期介入、前期物业管理"等内容。

本书由沈阳建筑大学刘亚臣教授主编、王静副主编。全书共分 10 章和 1 个附录，参加此次修订的有沈阳建筑大学管理学院刘亚臣（第 1、4、5、7、8、10 章）、王静（第 2、3、6、9 章和附录），李闫岩（第 7 章）。同时，王静还协助主编收集了大量最新的法律法规以及相关案例。

本教材在编写过程中参考了大量的文献资料，借鉴和吸收了国内外众多学者的研究成果，在此一并对他们的辛勤工作表示谢意。由于编写时间仓促，编者水平有限，错漏之处在所难免，恳请广大读者批评指正。

本课程被评为"辽宁省精品资源共享课"，为此我们录制了教学视频，如有需要，请与大连理工大学出版社联系，联系电话:0411-84707019。

编者

2012 年 9 月 5 日

目　录

第1章

导　论

本章提要：

　　本章作为房地产经营管理全书的导论,力图以房地产开发经营作为房地产经营管理的基础点和核心点,介绍了房地产开发经营的有关概念和观点,其中包括房地产开发经营与管理、房地产经营管理的研究对象、内容和方法以及对我国房地产开发与经营业的历史回顾。这一章主要有两条线:一是房地产开发经营,二是房地产经营管理的学术体系,旨在理论上勾勒出房地产经营管理的总体框架。

房地产业是国民经济的支柱产业,其发展已经越来越成熟,特别是改革开放以来,房地产业和房地产市场伴随着整个国民经济的发展得到了长足的发展。房地产业改革成了社会经济体制改革的热点,住房制度改革成了千家万户关注的热点,房地产开发经营成了国内外投资的热点。作为与人们生活及国民经济息息相关的房地产业,在各界人士的普遍关注下迅速崛起,在经济生活和社会发展中起着越来越重要的作用,而在发展中理性的和可持续的理念及规范化、规模化、高移化、集约化和平民化的思路与实践成为房地产开发经营中的要求和趋势。

房地产开发经营作为房地产市场的主要供给模式,已经被社会和市场广泛接受,近几年已涌现出诸如"万科"、"金地"等一大批优秀的房地产开发企业。实践证明,成功的房地产开发商是投资机会的发现者、投资计划实施的组织者、与有关各方谈判的专家能手、风险识别与控制的专家、投资的决策者、项目风险的承担者和项目成功后的主要受益者。

如何在复杂多变的房地产市场中取得胜利,不仅需要开发商的战略眼光和操作技巧,而且还要求开发商具有市场分析与项目策划、投资分析与决策、规划与设计、建造技术、项目管理、项目融资、市场营销以及资产管理等方面的知识,并且应该具备持续创新的能力。本书将站在房地产经营者的角度,重点介绍在房地产开发及流通过程中,房地产经营管理的理念、方法及手段。

1.1 房地产开发、经营与管理概述

1.1.1 房地产和房地产业

1. 房地产的概念

对于房地产的概念,应该从两个方面来理解:房地产既是一种客观存在的物质形态,同时也是一项法律权利。

作为一种客观存在的物质形态,房地产是指房产和地产的总称,包括土地和土地上永久建筑物及其所衍生的权利。房产是指建筑在土地上的各种房屋,包括住宅、厂房、仓库和商业、服务、文化、教育、卫生、体育以及办公用房等。地产是指土地及其上下一定的空间,包括地下的各种基础设施、地面道路等。房地产总是固定在一个地域之内,非经破坏变更不能移动其位置,因而又得名不动产(Real－Estate)。

法律意义上房地产本质是一种财产权利,这种财产权利是指寓含于房地产实体中的各种经济利益以及由此而形戎的各种权利,如所有权、使用权、抵押权、典权、租赁权等。

2.房地产商品的特性

房地产商品具有商品属性又具有社会属性。市场经济下,房地产是一种特殊的商品,具有位置固定性、使用长斯性、投资大量性以及保值增值性等商品特征。房地产商品的特殊性还表现在其具有消费品和投资品的双重经济身份。如住宅可以满足人们居住这一基本生活需要·从这个意义上讲,这种住宅房地产就是一种消费品。而厂房、仓库、办公楼等房地产往往是人们基于生产经营目的的投入,从这个意义上讲,这些房地产属于投资品。

(1)位置固定性

土地具有位置固定性,建筑物由于固着在土地上,其位置往往也是固定的。房地产的位置固定性,派生出了房地产的不可移动性、地区性和个别性。房地产的不可移动性,决定了任何一宗房地产只能就地开发、利用和消费,并要受制于其所在的空间环境。因此,房地产市场不存在全国性市场,也不存在全球性市场,而是一个地区性市场,其供求状况、价格水平和价格趋势等都是地区性的,在不同地区之间各不相同。

(2)使用长期性

尽管土地可以被沙漠化、洪水淹没或荒芜、侵蚀,然而它在地球表面所标明的场所是永存的。可以说土地具有不可毁灭性。建筑物一经建造完成,其寿命通常可达数十年甚至上百年。正常情况下,建筑物很少会发生倒塌,只是为了更好的用途或有可能提供更高的价值才会被拆除。但值得注意的是,在中国大陆,房地产自然方面的长期使用性受到了有限期的土地使用权的制约。国家规定的土地使用权出让最高年限按下列用途确定:居住用地70年;工业用地50年;教育、科技、文化、卫生、体育用地50年;商业、旅游、娱乐用地40年;综合或者其他用地50年。

(3)投资大量性

房地产开发建设需要巨额投资,在我国大城市,一平方米的地价少则数百元,多则上千元、上万元,房屋的建筑安装工程造价也很昂贵,这决定了投资房地产商品将要付出巨大的代价。

(4)保值增值性

随着社会经济的发展和人口的不断增长,房地产需求不断增长,而土地的稀缺性决定了房地产供给量是有限的,因此,房地产价格总是呈上涨趋势,使其具有保值增值性。

3.房地产的类型

房地产最基本的分类方法是其构成分为土地和房屋两大类。

（1）土地的分类

①按土地的开发程度，土地可分为：

a. 生地。指不具有城市基础设施的土地，如荒地、农地。

b. 毛地。指具有一定城市基础设施，但尚未完成房屋拆迁补偿安置的土地。

c. 熟地。指具有较完善的城市基础设施且土地平整，能直接在其上进行房屋建设的土地。

②按是否具有建筑用途，土地可分为：a. 建筑用地；b. 非建筑用地。

③按是否与城市经济紧密相连，土地可分为农村用地和城市用地。根据我国《城市用地分类与规划建设用地标准》，城市用地分为：a. 居住用地；b. 公共设施用地；c. 工业用地；d. 仓储用地；e. 对外交通用地；f. 道路广场用地；g. 市政公用设施用地；h. 绿地；i. 特殊用地。

（2）房屋的分类

①按建筑结构的不同，房屋可分为：a. 钢结构房屋；b. 钢筋混凝土结构房屋；c. 砖混结构房屋；d. 砖木结构房屋；e. 其他结构房屋等 5 类。

②按功能用途的不同，房屋可分为：a. 住宅；b. 工业厂房和仓库；c. 商场和商业店铺用房；d. 办公用房；e. 宾馆饭店；f. 文体、娱乐设施；g. 政府和公用设施用房；h. 多功能建筑（即综合楼）等 8 类。

③按价格的构成不同，房屋可分为商品房、微利房、福利房、成本价房和优惠价房等，这是我国特有的分类方法。

④按所有权的归属不同，房屋可分为公房和私房。公房又分为直管公房和自管公房两类。直管公房是指由国家各级房地产管理部门直接经营管理的国有房产；自管公房是指由机关、团体、企事业单位自行经营管理的国有或集体所有的房产。

按使用性质，还可将房地产分为：

（1）居住类房地产。指专供人们生活居住的房地产，包括普通住宅、公寓、别墅等。

（2）商业类房地产。指用于商业经营活动的房地产，包括写字楼、商店、旅馆以及酒店。

（3）工业类房地产。指生产活动用的房地产，包括生产用工业厂房、仓库等。

（4）休闲类房地产。指娱乐、健身类活动用房地产，包括体育馆、娱乐中心等。

（5）公共事业类房地产。指文教卫生、行政、社会福利、交通邮政等用途房地产，包括校舍、教堂、医院、博物馆、公园及风景区管理用建筑物、政府办公楼、养老院、客货运站点及邮局用建筑物等。

4. 房地产业

（1）房地产业的概念

房地产业是从事房地产开发、经营、管理和服务的产业。在许多国家和地区，房地产业都是在建筑业的基础上发展起来的，并最终形成与建筑业不同的一个独立的产业部门。房地产业与建筑业关系密切，在现代经济中两者是相互渗透和交叉的，在日常经济活动中，房地产企业和建筑企业作为建设一方和施工一方，形成十分密切的甲乙方关系。此外，目前国内外建筑业兼营部分房地产业，或者房地产业兼营部分建筑业已经相当普遍。但建筑业与房地产业无论是在活动范围、产业归属、投入内容，还是提供方式上都存在很大区别。建筑业是直接从事房屋生产和其他建筑物建造、改造、装修、安装等的一个物质生产部门，属于第二产业。房地产业则是从事房地产投资、开发、经营、管理和服务，主要在流通领域里活动的产业部门，属于第三产业。

（2）房地产业的业务范围

房地产业的业务范围主要有：

①土地开发和再开发；

②房屋开发；

③房地产经营（包括房地产买卖、租赁、抵押等）；

④房地产中介、咨询及评估；

⑤物业管理；

⑥与上述经营活动直接相关的管理，如交易管理、产权管理等。

（3）房地产业的地位和作用

房地产是国民经济发展的一个基本的生产要素，任何行业的发展都离不开房地产业。反过来说，任何行业都拥有一定的房地产，都是房地产经济活动的参与者。因此说，房地产业是发展国民经济和改善人们物质生活条件的基础产业之一。它的重要作用可以归纳如下：

①可以为国民经济的发展提供重要的物质条件；

②可以改善人们的居住和生活条件；

③可以改善投资环境，加快改革开放的步伐；

④通过综合开发，避免分散建设的弊端，有利于城市规划的实施；

⑤可以为城市建设开辟重要的积累资金的渠道；

⑥可以带动相关产业，如建筑、建材、化工等工业的发展；

⑦有利于产业结构的合理调整；

⑧有利于深化住房制度改革，调整消费结构；

⑨有利于吸引外资，加速经济建设；

⑩可以扩大就业面。

随着国民经济和房地产业的进一步发展,房地产业在国民经济中必将发挥更广泛、更重要的作用。

1.1.2 房地产经营管理的含义

经营是指企业有预测、有决策、有目的的经济活动。经营活动是指企业借助于各种生产要素进行商品生产、分配与流通的一种动态经济活动。企业的经营活动是以市场需求为准则,围绕企业发展方向和目标,有效地利用企业一切资源,通盘筹划企业的全部经济活动,以争取最好的经济效益。

管理是企业为实现一定的经营目标,对经营活动所进行的计划、指挥、协调、监督、检查等组织工作。管理是一切共同劳动或共同生活所不可缺少的活动。企业管理是一个统一体,它必须解决谁来管、管什么、为什么要管、怎样管、管的结果如何等五个方面的问题。

经营与管理是一对既相互联系又相互区别的经济范畴。经营是管理职能的延伸和发展,经营离不开管理,管理是实现经营目标的手段,经营和管理的最终目的都是要为企业获得最大的经济效益。市场经济下,激烈的市场竞争迫使企业管理的中心由生产管理转向经营管理,企业管理理所当然地发展成为企业的经营管理,经营管理也必然发展到资产经营管理。

房地产经营管理是房地产业经济活动的中心,是指房地产经营者对房屋的建造、买卖、租赁、信托、交换、维修、装饰及土地使用权的出让、转让等按价值规律所进行的有预测、有目标、有组织的经济活动。房地产经营管理的基础和核心是房地产开发经营管理。

房地产经营管理对象包括房产开发经营、地产开发经营和房地产服务经营。

1. 房产开发经营

房产开发经营一般由房地产企业经营。在社会主义市场经济条件下,我国房地产业的经营目标是合理有效地组织好房屋的流通,实现房屋的价值,积累房屋扩大再生产的资本或资金,发挥房屋的效用,最大限度地满足人民群众的居住需求和社会需要。为此目的而进行的房屋建造、买卖、租赁、信托、交换、维修、装饰等各项经济活动,都是房产经营的内容。

房屋包括住宅用房和非住宅用房。住宅用房是个人消费资料,用来满足个人生活消费的需要;非住宅用房有的是生产资料,用来满足个人生活消费的需要,有的是公共消费资料,用来满足公共生活消费的需要,这些都是房产开发经营的对象。

2. 地产开发经营

地产开发经营是一项复杂的经济活动，是土地商品化的过程。我国宪法规定，城市的土地属国家所有，但土地的使用权可以依照法律的规定转让。所以，在我国城市土地实行所有权和使用权相分离的条件下，地产开发经营的内容包括产权经营和开发经营两部分，即以城市土地使用权为对象的出让、转让、抵押等产权经营和以城市土地为劳动对象进行"三通一平"、"七通一平"，把"生地"变成"熟地"的开发经营。1990年5月，国务院发布第55号令《中华人民共和国城市国有土地使用权出让和转让暂行条例》，文件从法律上确认了城镇国有土地经营的合法性，这对规范和发展房地产市场有重大意义。国家总的指导方针是国家垄断城镇土地一级市场，实行土地使用权有偿有限期出让制度，对商业性用地使用权的出让，要改变协议批租方式，实行招标、拍卖，同时加强土地二级市场的管理，建立正常的土地使用权价格的市场形成机制，促进地产开发经营健康发展。

3. 房地产服务经营

房地产业不仅向整个社会提供房产和地产这些物质产品的经营，同时也向社会提供不可缺少的房地产服务经营。所谓房地产服务经营，是指房地产业在开发建设和经营管理过程中，在人们对房屋的使用过程中，所提供的一系列经营服务活动的总和。

房地产服务经营活动贯穿于房地产业全部经营过程的始终，即不但包括"产前"服务，还包括买卖、租赁服务以及"售后"、"租后"服务。房地产服务经营的范围具体包括：

(1)房地产开发、投资咨询和价值评估；
(2)拆迁、安置服务；
(3)买卖、租赁服务；
(4)换房服务；
(5)房屋修缮、装饰服务；
(6)居住区环境服务及管理等。

在服务经营中，我们应大力发展咨询、评估和修缮等服务经营活动。

在社会主义市场经济条件下，房地产服务同样也是一种商品，它是一种处在"劳务"形态上的房地产商品。因此，我们在房地产服务经营中，要提供优质服务，创造良好的房地产产业形象，把其经济效益、社会效益和环境效益有机地结合起来，为社会主义现代化建设的改革、发展和稳定服务。

1.1.3 房地产经营管理的特征

(1)房地产属于不动产,生产周期长。在城市里,房地产总是固定在某一地域,房屋同地块是一个有机结合的整体。房屋以土地为依托,是"建筑物"和"土地"的有机统一物,它因土地的特定位置与环境条件实现房屋的增值,而土地的价值则需要通过房屋开发经营而实现。由于它们同是不动产,房地产在交易过程中,只能是所有权或经营权的转移,只发生价值或价格形态的空间运动,而不产生使用价值实体空间的移位。

(2)房产与地产的价格相互隐含。在现代城市的房地产经济领域中,房产与地产的实体性联结以及相互包含、相互渗透和相互制约,是一种普遍性、整体性和稳定性的常态。人们在进行地面房屋建设时,统统要对土地进行投资和改造,这样,土地表面上的房产劳动价值和土地的劳动价值是混在一起的。在现实社会中,房屋或土地在出售或出租时,房价和房租与地价或地租相互隐含在一起。在房地产价值升值的因素中,既有房屋的作用,也有土地的作用,没有房屋建设和其他地面上的建筑,土地的开发、利用程序和级差就不可能提高。同样,离开了土地开发、利用,房屋的价值和使用价值也不可能提高。所以,我们说房产与地产相互依存,二者价值混在一起,往往无法划清,这也造成房地产一次性投资量大,且成品销售价格高。

(3)房产与地产使用权的转让都必须符合国家法律规定,同时也必须具备法律规定的必备形式。由于房产使用的长期性和土地开发、利用的持久性,在法律允许的范围内,房产和地产使用权可以转让、出租、抵押等。我国有关法律规定,在房地产交易活动中,当事人双方必须到房地产交易管理部门依照法律和政府有关政策规定,申请登记、使用权转移、办理变更手续后,才是合法有效的交易行为,否则不受国家法律保护。

(4)房产与地产的权属转移同步化。国家在征用土地时,与之相应的房屋产权也向同方向发生转移。在房屋使用权发生转移时,房屋所占用附带土地的使用权也随房屋同时转移,特别是在经营流通过程中,房产与地产在产籍方面是相互认证的。通过房屋的产籍可以界定相应的地产面积、界址和使用者,反之,通过地籍也可以确认其房产的区位等等。

1.2 房地产经营管理的研究对象、内容与方法

房地产经营管理是以房地产商品为基本研究对象,阐述房地产经营活动中一

般规律的科学。市场经济条件下,商品生产者都是以营利为目的而从事商品生产经营活动的。房地产经营管理活动是房地产商品生产和流通的一种经济活动,其基本目的是对经济利益最大化的追求。因此,以最小的投入获取最大效益为目的的谋划、决策和实施,必然贯穿于房地产企业的生产经营活动的全过程。

1.2.1 房地产经营管理的研究对象

房地产经营管理主要探讨房地产在社会主义市场经济中的经济属性或规定性问题,即房地产商品化问题。

1.房地产商品及房地产商品化

社会主义城市住宅是商品,它的商品性是城市住宅的唯一的内在本质属性。但是,新中国成立以来,一直到改革开放前,我国城市住宅的经济属性问题,主要是"福利属性论"的观念、理论、政策和实践。按照这种观点,城市住宅完全被排斥在商品之外,而是一种社会福利产品。这种观点在实践中,主要表现为一整套住宅的实物分配和低租金制度。也有人认为,城市住宅在经济上是"双重属性",这种观点认为,在我国社会主义条件下,城市住宅既具有商品属性,同时也具有福利属性,而体现社会主义住宅本质特征的恰恰是其福利属性,而非其商品属性。

在社会主义城市住宅的经济属性问题上的上述两种代表性观点,虽然看似合理,但在本质上却都是错误的,在实践上也是极其有害的。

在社会主义经济中,住宅是生活资料,是个人消费品,但它仍然是商品。和资本主义不同的是,这种商品的交换,主要不是在私人之间进行的,而是由代表全民所有制的国家把它租给或出售给劳动者个人,成为按劳分配的一种形式。按劳分配,首先是货币的分配,然后再通过货币和商品的市场交换行为,让人们获得自己所需要的各种商品,满足他们的需要。住宅是最耐用的消费品,必然进入商品交换领域。

实践证明,我国长期施行的房地产"福利化"等错误政策,不仅使国家财政和企业的包袱越背越重,住宅维修和建设的路子越走越窄,而且使平均主义和苦乐不均的现象日益严重,住宅紧张的问题更趋复杂。人们的居住状况很难得到改善和提高。

与城市住宅有机相连的城市土地是一个与城市人口,城市经济活动相联系的地域性概念。在社会主义市场经济条件下,城市土地不仅完全是一种劳动产品,而且其经济属性只能是商品属性。我们知道,现代意义上的城市就是一个首先通过对土地的开发、加工过程而形成的具有独特经济功能的"地域"。城市的形成和发展,必须以土地的开发和使用为前提。在商品经济中,城市土地的开发过程,也就是土地商品化的过程。

我国城市土地的根本经济制度是国家所有制,即国家是城市土地的唯一所有者。这是我国宪法明文规定的。所以,我国土地的商品属性具有特殊的规定性,即在土地的市场当中,只限于土地的使用权,而不是土地的所有权。这就是说,在我国的现行土地制度下,作为商品的是城市土地的使用权。

总之,房地产的商品属性是房地产的内在本质。实行房地产商品化,就是指房地产的开发建设、经营服务活动必须在社会主义市场经济的轨道上运行,按商品经济的法则办事,建立起社会主义城市房地产的市场经济新秩序。

2. 房地产商品的特殊性

房地产商品是一个具有独特社会经济内容的商品系列,大致可分为房屋、建筑地块和房地产劳务服务三大类。

与其他商品相比,房地产商品具有很大的特殊性。因为房屋是整个房地产业开发、经营的主体对象和最终产品,同时也是房地产商品中的主体。因而,我们对房地产商品特殊性的认识,基本上是通过对房屋商品内在机理的分析获得的。这主要有以下几点:

(1)土地是房屋的直接物质构成要素。房屋的不动产性质,也正是基于此。

(2)由于城市土地的国家所有制,作为商品的只是土地的使用权。这也体现了房屋商品的制约性。

(3)房屋商品的使用价值在空间上具有固定性,在使用上具有长期性,并在效用上同时具备生存资料、享受资料和发展资料三个不同的内容。

(4)房屋价值在很大程度上受土地价值决定,即受经济地理因素制约。

1.2.2 房地产经营管理的研究内容

房地产经营管理立足于房地产企业经济运行全过程,从企业经营管理的基本原理出发,研究房地产企业十分关注的、直接涉及企业经济效益的理论和方法。根据房地产经营管理课程设置的目的和要求,其内容主要包括以下三个方面:

(1)要从理论的角度论述房地产经营的客观存在,并在事实的基础上分析房地产经营的发展及其演变,探求其运动规律。

①房地产经营是实际性、操作性很强的经济活动,而房地产经营学则是要从理论上总结实践经验和活动,反过来又要指导实践。所以,以事实为基础,从理论上界定房地产经营及其特征就成了房地产经营管理的首要任务。

②同其他所有学科一样,房地产经营管理也要对其研究的对象、内容及方法论原则做出一定的确定和规范。这不仅对研究和发展这门学科,而且对明确地、实际地指导房地产经营都有重要意义。因此,对房地产经营管理本身的研究也是这门学科的内容之一。

③房地产经营的地位和作用直接决定了房地产经营管理的地位和作用。我们不仅要根据实践研究房地产经营的地位和作用,而且还要借此指导房地产经营的活动及其发展。同时,要研究房地产经营的历史,以史为鉴,为现实服务。

(2)要从全局和原则的角度,着重分析房地产经营的经济基础和运行机制,探讨房地产经营的宏观形式。

①房地产经营作为社会经济活动的一部分,必定以整个经济背景为基础,所以我们要全面地研究和分析房地产经营的经济基础和以公有制为主体的多种经济形式,以及在此条件制约下开展房地产经营的主要方式,即主要是要研究房地产经营的经济基础及主要经济活动。

②房地产经营的外在条件和内在动力也是主要的研究内容。房地产经营的环境和产业环境直接决定了房地产经营目标的制订,而房地产经营目标又直接关系到企业的成败。

(3)要基于事实,运用理论,具体分析房地产经营的运行过程,研究房地产经营的一般经济活动规律和实际操作方法。

①决策是开展房地产经营的第一步,也是房地产经营管理最主要的研究内容之一。经营的重心在于决策,在决策的基础上研究开发经营,在开发的基础上研究交易经营,这都是顺理成章的事。这就是房地产经营的具体运行过程。

②物业管理作为房地产服务经营的一部分,也是我们研究的内容。这主要是根据社会主义市场经济的要求,把经营融于管理之中,探索物业管理的新模式。

1.2.3 房地产经营管理的研究方法

方法论是人们认识世界和改造世界的基本观点。任何一门科学的研究都需要并遵循一定的方法。房地产经营管理学也不例外,其研究方法主要有:

1. 矛盾分析法

房地产经营管理活动是诸多矛盾的统一体。例如,土地供应与需求的矛盾、商品房供应量与有效需求量的矛盾、高房价与大多数居民收入相对较低的矛盾等,这些矛盾既包含着对立,也存在着统一。因此,对房地产经营管理的研究首先必须运用矛盾分析方法,通过对房地产经营管理中诸多矛盾的分析,找出这些矛盾运动的规律。

还应该注意的是,房地产经营管理活动中的矛盾也处于不断运动、变化和发展中,旧的矛盾解决了,新的矛盾又产生。房地产企业必须及时分析经营管理活动中所遇到的各种矛盾,分清主要矛盾和矛盾的主要方面,及时根据市场的变化进行适当的经营调整,才能在激烈的市场竞争中求得生存和发展。

2. 宏观研究与微观研究结合法

宏观研究与微观研究相结合,既要注意涉及全局的大问题的研究,也要注意细小问题的深入研究和探索。就房地产经营企业的经营管理活动来说,如房地产投资、房地产开发、区位选择、房型设计、营销手段与策略等,都属于微观行为,但房地产业是一个受宏观经济形势、国家法律、政府法规与政策变化影响较大的行业,国民经济发展、社会稳定、物价水平、贷款利率、居民收入与分配状况等对房地产业以及房地产市场都有重要影响。因此,房地产经营管理中必须重视宏观与微观的研究,两者必须兼顾,不能偏废。

3. 定性研究与定量研究结合法

任何事物的存在都是数量与质量的统一,定性研究与定量研究相结合就是这种统一的要求。但在理论研究上,定量与定性常常脱节。有时过多地从经营理论上寻求问题结论,使定量研究失去应有的地位,从而把结论架空;有时则只在数字上打主意,忽视理论方面的思考,无法揭示问题的实质。这两种倾向都是不可取的。因此,在学习房地产经营管理中必须注意定性研究与定量研究的结合。

4. 比较分析法

比较分析法是通过指标对比,从数量上确定指标差异的一种分析法。在房地产经营管理中,该方法得到了广泛应用。

房地产企业运用比较分析法,就是从现象对比入手,发现差异,研究原因,寻找规律,并加以自觉运用,促进企业经营管理水平和效益的提高。实际运用中,必须根据指标的具体内容和实际分析要求,选用不同的比较方法。常见的比较法有:①实际完成指标与计划完成指标的对比;②实际指标与定额、预算指标的对比;③本期实际指标与前期实际指标的对比;④横向比较分析。如不同城市之间进行比较,同一城市的不同房地产企业之间的比较,同一城市不同板块之间的比较,同一板块上不同楼盘之间的比较等;⑤同一企业内不同指标的对比分析。本企业内两个经济内容不同,但有密切联系的相关指标之间也可以进行比较,如企业的房屋开发面积与销售面积的对比,企业利润与投入资金间的对比等。

应该注意的是,房地产经营管理活动中,起作用的规律是有不同层次的,有些规律是普遍适用的,有些则是特殊的,即只能在特殊条件下适用。因此,在比较分析法运用中,切忌生搬硬套规律。

5. 经验或案例方法

理论与实践相结合是科学研究的根本方法,房地产经营管理学的研究必须以此为准则,将理论与实践结合起来。房地产经营管理中的经验或案例研究法,是通过案例或经验的分析,从中得到规律性的启迪,达到了解市场,培养管理人员的目的,它有利于将经营管理理论与实践结合起来。房地产经营管理是一项十分复杂的实践活动,经营管理人员必须具有很强的实操能力。经营管理理论作为经营管理实践的总结和升华,只是阐明了经营管理的基本原则、基本方法等,而如何将这些基本理论运用于实践,则需要一个实践经验积累过程。通过案例分析,不论此案例的经验是成功的还是失败的,对经营管理者把握理论应用于实践的本领、提高"实战"能力等都是十分有益的。

1.3 房地产经营管理的基础理论

1.3.1 房地产实物学

房地产经营管理是以房地产开发为核心,以土地、建筑物为开发对象的管理活动,学习房地产经营管理,首先要掌握土地、建筑物等实物的相关概念及理论。如土地、建筑物的分类、特点和等级等。

1.3.2 房地产经济学

房地产经济学是房地产经济运行过程的理论化和系统化,以揭示和反映房地产经济运行规律为宗旨,是应用经济学的一个分支学科门类。房地产业是一个独立的大产业,是产业结构链中重要的一环,所以房地产经营管理应以房地产经济学中的相关知识为理论基础。

房地产经济学是多学科的交汇,加之自身房和地的耦合性,所以涉及的理论不仅多且复杂,大体可分为相互关联相互依从的三个层面:

一是核心理论,如土地产权理论、地租地价理论、区位理论等;

二是直接支配房地产运行的一般理论或内层理论,如房地产投资、房地产开发建设、房地产市场、房地产价格和房地产价格评估、房地产周期等理论;

三是间接影响房地产经济运行的外延交叉理论,如外部性理论、宏观经济周期理论、泡沫经济理论、产业经济学理论、制度经济学理论等。

1.3.3　房地产营销学

随着房地产市场的成熟和发展,"市场营销"已扮演着越来越重要的角色。房地产商品作为房地产开发的产品,经过开发经营的过程,最终将推向房地产市场。如何运用合适的产品策略、定价策略、销售策略和促销策略等四大要素,认清消费者的需求,激起和满足消费者的欲望,最终创造出房地产品牌效应,达到企业长远的利益,是每个房地产经营者所追求的最终目标。

1.3.4　房地产技术学

房地产业是从事房地产开发、经营、管理和服务的产业,涉及了规划设计、建设施工等诸多环节,作为房地产经营管理人员,应充分掌握有关规划设计、施工管理、测绘等相关技术知识。房地产技术学应包括城市规划、土木工程概论、施工技术、建设项目招投标等知识。

1.3.5　房地产政策学

房地产业具有易受政策影响的特性,土地政策、税收政策、金融政策等的变化对房地产业具有非常明显的影响。

政府对房地产业的限制主要是通过下列四种特权实现的:

(1)管制权。如通过城市规划对建筑高度、建筑密度、容积率、绿地率等做出规定,限制在居住区内建设某些工业或商业设施等。

(2)征税权。如 2005 年 6 月 1 日起实施的房产营业税及个人所得税等。

(3)征收权。政府为了公共利益的需要,如修公路、建学校等,可以强制取得公民和法人的房地产。

(4)充公权。政府可以在房地产业主死亡或消失而无继承人的情况下,无偿收回房地产。

1.3.6　房地产法学

房地产法是社会主义市场经济法律体系的重要组成部分,对于促进房地产市场的健康发展,维护房地产市场秩序,保护房地产法律关系当事人的利益具有重要作用。房地产业有诸多相关法律法规以及地方条例,如《中华人民共和国城市房地产管理法》(以下简称《城市房地产管理法》)、《中华人民共和国土地管理法》、《城市房屋拆迁管理条例》、《城市房地产转让管理规定》、《商品房销售管理办法》、《城市商品房预售管理办法》、《城市房地产抵押管理办法》、《城市房地产中介服务管理规定》等,这些法律规定对于房地产经营管理者进行房地产开发、经营、管理以及消费者购买房地产商品都提供了一定的制度保障。

思考题

1. 什么是房地产、房地产业?
2. 什么是房地产开发经营?有哪几类?
3. 房地产经营管理研究的对象是什么?
4. 简述房地产经营管理的研究内容。
5. 房地产经营管理的研究方法有哪几类?
6. 我国房地产开发与经营业经历哪些发展阶段?
7. 如何从"经营"的角度提高业内素质?

第2章

房地产市场分析

本章提要：

作为房地产开发商、投资者或为其提供服务的专业人员,要想准确地分析房地产市场的现状,把握房地产市场的未来发展趋势及其对房地产投资的影响,有必要了解房地产市场的基本概念。本章阐述了房地产市场的类型、特性,介绍了房地产的运行规律,并分析了房地产泡沫与房地产过热产生的原因,同时对政府干预房地产市场的相关手段做了详细分析。

2.1 房地产市场概述

2.1.1 房地产市场的概念

房地产是一种特殊的商品,不可移动性是其与劳动力、资本以及其他类型商品最大的区别。虽然土地和地上建筑物不能移动,但它可以被某个人或机构拥有,并且给拥有者带来利益,因此就产生了房地产交易行为。

房地产市场可以理解为从事房地产买卖、租赁、抵押、典当等交易的活动场所以及一切交易途径和形式。房地产经济学中对房地产市场的定义,则是指当前潜在的房地产买者和卖者,以及当前的房地产交易活动。一个完整的房地产市场是由市场主体、客体、价格、资金、运行机制等因素构成的一个系统。

与一般市场相同,房地产市场也是由参与房地产交换的当事者、房地产商品、房地产交易需求、交易组织机构等要素构成的。这些要素反映着房地产市场运行中的种种现象,决定并影响着房地产市场的发展与未来趋势。

2.1.2 房地产市场的类型

1. 按地域划分

房地产的不可移动性,表明其受地区性需求的依赖程度很大,这决定了房地产市场是地区性市场,人们认识和把握房地产市场的状况,也多是从地域概念开始的,因此按地域范围对房地产进行划分,是房地产市场划分的主要方式。

地域所包含的范围可大可小,由于房地产市场主要集中在城市化地区,所以最常见的是按城市划分,例如北京房地产市场、上海房地产市场、沈阳房地产市场等。对于比较大的城市,其城市内部各区域间的房地产市场往往存在较大的差异,因此,常常还要按照城市内的某一个具体区域划分,例如北京奥运村地区房地产市场、上海浦东新区房地产市场、沈阳浑南新区房地产市场等。从把握某一更大范围房地产市场状况的角度,除按城市划分外,还可以按照省或自治区所辖的地域划分,如海南省房地产市场、浙江省房地产市场等。当然我们还可以说中国房地产市场、美国房地产市场等。但一般来说,市场所包含的地域范围越大,其研究的深度就越浅,研究成果对房地产投资者的实际意义也就越小。

2. 按房地产用途划分

由于不同类型房地产在投资决策、规划设计、工程建设、产品功能、面向客户的类型等方面均存在较大差异,因此需要按照房地产的用途,将其分解为若干个子市场。如居住类物业市场(含普通住宅市场、别墅市场、公寓市场等)、商业类物业市场(含写字楼市场、酒店市场、商铺市场等)、工业物业市场(含标准工业厂房市场、高新技术产业用房市场、仓储用房市场等)、特殊物业市场和土地市场等。

3. 按存量增量划分

目前,国家对房地产市场的划分,主要是依据使用权让渡关系,把房地产划分为三个相关层次的市场。

房地产一级市场。它主要是指土地使用权的转让,就是把城市土地使用权有偿有限期地批租给土地需求者;承让者(即受让方)一次支付整个使用年限的出让金。一级市场实际上是由政府垄断的批租市场,其市场竞争只存在于买方,并且交易为单向性即只有政府才有权对土地进行批租,其他任何组织都没有这种权力。因此房地产一级市场是由政府整体控制的体现政府政策导向的准市场。

房地产二级市场。它是指房地产开发者与房地产消费者之间构成的交易市场。具体而言,就是开发商在取得土地使用权后对土地进行开发建设,然后将土地及其附着物转让给使用者的过程。

房地产三级市场。它主要是指房地产的再次交易行为。也说是从前的购房者现在把房屋拿来到市场上去卖。在三级市场上买卖的双方一般而言比较零散,规模不大,竞争性较强。

4. 按交易形式划分

土地的交易包括土地买卖、租赁和抵押等子市场,由于我国土地所有权属于国家,因此土地交易实质是土地使用权的交易;新建成的房地产产品交易,存在着销售(含预售)、租赁(含预租)和抵押等子市场;面向存量房的交易,则存在着租赁、转让、抵押、保险等子市场。

5. 按目标市场划分

从市场营销的角度,可以将房地产市场按照市场营销过程中的目标市场来划分。通常情况下,可以将某种物业类型按其建造标准或价格水平,划分为低档、中低档、中档、中高档和高档物业市场。例如甲级写字楼市场、高档住宅市场、普通住宅市场等。也可以按照目标市场的群体特征进行细分,例如老年住宅市场、青年公寓市场等。

上述五种划分方法是相互独立的，不同的市场参与者通常关注不同的子市场。根据研究或投资决策的需要，可以将五种划分方式叠加在一起，得到更细的子市场，如北京市写字楼销售市场、上海市甲级写字楼租赁市场、沈阳市二手房转让市场等。

2.1.3　房地产市场的特性

房地产市场具有市场的一般规律性，如受价值规律、竞争规律、供求规律等的制约。但房地产市场还具有以下6方面特性：

1. 市场供给的垄断性

由于开发商品的供给在短期内难以有较大的增减，因此市场供给在短期内缺乏弹性；由于房地产的位置、环境、数量、档次的差异，市场供给具有异质性；由于土地的有限性、不可再生性和土地所有权的排他性，导致房地产供给难以形成统一的竞争性市场，使表面存在激烈竞争的房地产市场很容易存在部分或者地域性的垄断。一般而言，在垄断的房地产市场中，开发企业会倾向于使用减少供给从而获得垄断价格的手段来对消费者进行价格歧视，这将总体上造成社会福利的损失。

2. 市场需求的广泛性和多样性

房地产是人类生存、享受、发展的基本物质条件，是一种基本需求，市场的需求首先具有广泛性；与市场供给的异质性相吻合，需求者购置房地产时通常有不同的目的和设想，因而需求具有多样性。

3. 市场交易的复杂性

由于房地产市场上的商品本身不能移动，所以交易是房地产产权的流转及其再界定。房地产交易通常需要经过复杂和严密的法律程序，耗费时间比较长，交易费用通常也比较多，加之市场信息的缺乏，市场交易通常需要房地产估价师或房地产经纪人等专业人员提供服务。

4. 市场价格与位置密切相关

房地产的不可移动性，使房地产价格与房地产所处的位置密切相关，位置可以决定房地产价格的60%～70%；而且由于人口不断增长、土地资源不可再生和经济社会不断发展，房地产价格的长期趋势是总体向上发展；但现实价格是在长期上涨趋势下个别形成的，受到经济周期、市场预期、社会经济政治事件及交易主体个别因素影响而呈现出短期波动。

5. 存在广泛的经济外部性

经济外部性是指一个经济主体的活动对另一个主体的影响并不能通过市场运作而在交易中得以反映的那一部分,分为正外部性和负外部性。正外部性是某个经济行为个体的活动使他人或社会受益,而受益者无需花费代价。负外部性是某个经济行为个体的活动使他人或社会受损,而造成外部不经济的人却没有为此承担成本。

房地产市场的外部性问题非常突出。例如,房地产市场的发展,为地方政府带来了丰厚的土地和财政收入,使之能有更多的资金用于城市基础设施建设和环境改善上,从而产生了正外部性;房地产价格迅速上升,会导致居民家庭住房支付能力下降,引发住房问题,也会导致潜在金融风险增加甚至引发金融危机,进而影响整体经济的持续稳定发展,从而产生了负外部性。

6. 市场信息的不对称性

信息不对称性,是指在市场交易中,产品的卖方和买方对产品的质量、性能等所拥有的信息是不相对称的,通常产品的卖方对自己所生产或提供的产品拥有更多的信息,而产品的买方对所要购买的产品拥有很少的信息。

由于我国房地产发展时间较短,很多制度不完善,监管不严,且房地产具有的位置固定性、异质性、弱流动性和价值量大等特性,导致我国房地产市场在房地产交易环节和房地产信贷环节都存在着程度较高的信息不对称。在交易环节中,房地产开发商与购房者之间、房屋中介公司与挂牌售房者及购房者之间存在信息不对称;在房地产信贷环节,房地产开发商与商业银行之间、购房者与商业银行之间存在信息不对称。因此,在缺乏完善的法律保护的情况下,消费者的利益就很容易受到损害,甚至出现“逆向选择”和“道德风险”等问题。这些类型的信息不对称对目前中国房地产市场的运行规律产生了重要影响。

解决房地产市场信息不对称问题的主要途径,就是政府加强房地产市场信息的发布工作,提高房地产市场的透明度。

以上六个方面是房地产市场的主要特征,但对于某一国家或地区的房地产市场,还要受其社会经济环境的影响,尤其是受到社会体制的制约。因为不同社会体制形成了不同的房地产所有权与使用权制度,从而使房地产市场的上述特性也存在较大差异。例如在我国土地公有制下,房地产权益通常是由一定期限的土地使用权和永久的房屋所有权组成的;而在土地私有制国家,房地产权益通常包括了永久的土地所有权和房屋所有权。

2.2 房地产市场的运行

2.2.1 房地产市场的参与者

房地产市场的参与者主要由市场中的买卖双方以及为其提供支持和服务的人员或机构组成。这些参与者分别涉及房地产的开发建设过程、交易过程和使用过程。每个过程内的每一项工作或活动，都是由一系列不同的参与者来分别完成的。应该指出的是，由于所处阶段的特点不同，各参与者的重要程度是有差异的，也不是每一个过程都需要这些人或机构的参与的。

1. 土地所有者或当前的使用者

不管是主动的还是被动的，土地所有者或当前的使用者的作用非常重要。为了出售或提高其土地的使用价值，他们可能主动提出出让、转让或投资开发的愿望。在我国，政府垄断了国有土地使用权出让的一级市场，当前的土地使用者也对有关的土地交易有着至关重要的影响。同一开发地块上的当前使用者越多，对开发的影响也就越大，因为开发商要逐一与他们谈判拆迁、安置、补偿方案，遇到"钉子户"，不仅会使开发周期拖长，还会大大增加房地产开发的前期费用。

2. 开发商

开发商是房地产市场的商品供给者，其目的很明确，即通过实施开发过程获取利润。其实现利润的主要途径是从地方政府手中购买土地，通过银行杠杆融资后进行房地产开发。如果地价上涨快，就会愿意通过囤积土地获取利润，如果房价上涨快，愿意通过囤积房源获取利润。

开发商的主要区别在于其开发的物业是销售还是作为一项长期投资。许多中小型开发商是将开发的物业销售，以迅速积累资本，而随着其资本的扩大，这些开发商也会逐渐成为物业的拥有者或投资者，即经历所谓的"资产固化"过程，逐渐向中型、大型开发商过渡。当然，对于居住物业来说，不管开发商的规模大小，开发完毕后一般都用来销售，这是由居住物业的消费特性所决定的。

开发商所承担的开发项目类型也有很大差别。有些开发商对某些特定的物业类型（如写字楼或住宅）或在某一特定的地区进行开发有专长，而另外一些开发商则可能宁愿将其开发风险分散于不同的物业类型和地点上，还有些开发商所开发的物业类型很专一但地域分布却很广甚至是国际性的。总之，开发商根据自己的特点、实力和经验，所选择的经营方针有很大差别。开发商的经营管理风格也有较大差异:有些开发商从规划设计到房屋租售以及物业管理,均聘请专业顾问机构提供服务;而有些开发商则均由自己负责。

3. 政府及政府机构

政府及政府机构在参与房地产运行的过程中,既有制定规则的权力,又有监督、管理的职能,在有些方面还会提供有关服务。开发商从取得建设用地使用权开始,就不断与政府的发展改革、土地管理、城市规划、建设管理、市政管理、房地产管理等部门打交道,以获取投资许可、建设用地使用权、规划许可、开工许可、市政设施和配套设施使用许可、销售许可和房地产产权等。作为公众利益的代表者,政府在参与房地产市场的同时,也影响着房地产市场其他参与者的行为。

我国房地产市场中政府的参与分为两级,分别是中央政府和地方政府。

(1)中央政府

中央政府负责制定国家金融政策与房地产政策,是房地产调控的主导角色,必然从宏观、综合的角度考虑房地产业发展,要承担起防范金融风险,规范房地产业经营行为任务,通过促进房地产业健康发展支持经济增长。在以人为本的施政目标下,尽量实现居者有其屋的政治目标。因此,在房地产价格方面,中央政府的目标是房地产价格稳步上升,即实现同国民经济发展相适应的长期温和价格上升,而不是短期暴涨。同时,也不希望房地产价格暴跌。中央政府主要通过指导性的政策建议以及宏观调控手段。名义上中央政府可以出台土地政策、金融政策、税收政策等来调节房地产供应量、房地产供应结构和房地产需求。实际上,中央政府除了货币政策和税收政策可以直接作用于房地产市场之外,其他的政策措施都要通过地方政府来实施。

(2)地方政府

在中国房地产价格变化中,地方政府扮演着关键的角色,主要负责中央政府宏观调控政策的具体落实与执行。与中央政府不同的是,地方政府代表的是局部利益,对房地产行业的依赖更为明显,主要表现为:第一,房地产收入是地方财政的重要支柱。房地产业能创造大量的税收,也可以带来可观的土地出让收益,各地方政府将房地产行业作为城市建设资金的主要财源;第二,房地产行业能有效拉动地方经济发展。房地产行业不仅本身可以创造大量的经济增加值与就业机会,还能有效带动建材、建筑等其他产业的发展,可以较快促进地方经济发展,并对地方GDP、就业增长等政绩考核指标的贡献较大。

4. 金融机构

金融机构是房地产市场发展中最主要的资金供给者。房地产开发过程中需要两类资金,即用于支付开发费用的中短期资金或"建设贷款",以及项目建成后用于支持消费者与置业投资者购买房地产的长期资金或"抵押贷款"。房地产的生产过程和消费过程均需大量资金支持,没有金融机构参与并提供融资服务,房地产市场就很难正常运转。金融机构在房地产市场中的主要任务是执行国家利率调整政策,执行针对房地产企业的房地产开发贷款和针对购房者的房地产抵押贷款规定,同时通过对贷款业务评估防止呆账坏账,保证金融安全。

5. 建筑承包商

房地产开发商往往需要将其建设过程的工程施工发包给建筑承包商(简称承包商)。承包商能将其承包建安工程的业务扩展并同时承担附加的一些开发风险,如取得建设用地使用权、参与项目的资金筹措和市场营销等。但承包商仅作为营造商时,其利润仅与建造成本及施工周期有关,承担的风险相对较少。如果承包商将其业务扩展到整个开发过程并承担与之相应的风险时,就会要求有一个更高的收益水平。但即便承包商同时兼做开发商的角色,其对房地产开发项目利润水平的要求也相对较低,因为其承担工程建设工作也能为企业带来一定的收益。

6. 专业顾问

由于房地产开发投资及交易管理过程相当复杂,房地产市场上的大多数买家或卖家不可能有足够的经验和技能来处理房地产开发建设、交易、使用过程中遇到的各种问题。因此,市场上的供给者和需求者很有必要在不同阶段聘请专业顾问提供咨询服务。这些专业顾问包括:

(1)建筑师

在房地产产品的开发建设过程中,建筑师一般承担开发建设用地规划方案设计、建筑设计等工作。有时建筑师并不是亲自完成这些设计工作,而是作为主持人来组织或协调这些工作。一般情况下,建筑师还要组织定期技术工作会议、签发与合同有关的各项任务、提供施工所需图纸资料、办助解决施工中的技术问题等。

(2)工程师

房地产开发中需要结构工程师、建筑设备工程师、电气工程师等。这些不同专业的工程师除进行结构、供暖、给排水、照明,以及空调或高级电气设备等设计外,还可负责合同签订、建筑材料与设备采购、施工监理、协助解决工程施工中的技术问题等工作。

(3)会计师

会计师从事开发投资企业的经济核算等多方面工作,从全局的角度为项目投资提出财务安排或税收方面的建议,包括财务预算、工程预算、付税与清账、合同监督、提供付款方式等,并及时向开发投资企业的负责人通报财务状况。

（4）造价工程师或经济师

在房地产开发过程中,造价工程师或经济师可服务于开发商、承包商、工程监理机构或造价咨询机构。其主要负责在工程建设前进行开发成本估算、工程成本预算,在工程招标阶段编制工程标底,在工程施工过程中负责成本控制、成本管理和合同管理,在工程竣工后进行工程结算。

（5）房地产估价师及房地产经纪人

房地产估价师在房地产交易过程中提供估价服务,在房地产产品租售之前进行估价,以确定其最可能实现的租金或售价水平。估价师在就某一宗房地产进行估价时,要能够准确把握该宗房地产的区位状况、实物状况和权益状况,掌握充分的市场信息,全面分析影响房地产价格的各种因素。房地产经纪人主要是利用自己的专业知识和经验,促进买卖双方达成交易,并在办理交易手续的过程中提供专业服务。当房地产经纪人为房地产企业就新开发项目或旧有房地产进行租售服务时,往往承担了房地产代理的角色,需要协助委托人制定与实施营销与租售策略、确定租售对象与方法、预测租售价格,实施租售过程的管理。

（6）律师

房地产产品的开发建设、交易和使用过程均需要律师参与,为有关委托人提供法律服务。例如,房地产企业在获取开发项目或合作机会的过程中,往往先委托律师提供"法律审慎调查报告";开发商在取得建设用地使用权、发包建筑工程、进行融资安排以及租售物业等环节,需要签订一系列的合同或协议,而这些合同或协议在签署前,通常都需要通过房地产企业内部律师或外部签约律师的事先审查。

7. 消费者

每一个人和单位都是房地产市场上现实或潜在的消费者。因为人人都需要住房,每个单位都需要建筑空间从事生产经营活动,而不管这些房屋是买来的还是租来的。消费者在房地产市场交易中的取向是"物有所值",即用适当的资金,换取拥有或使用房地产的满足感或效用。就市场上的买家来说,主要包括自用型购买者和投资型购买者两种。购买能力是对自用型购买者的主要约束条件;而对投资型购买者来说,其拥有物业后所能获取的预期收益的大小,往往决定了其愿意支付的价格水平。

2.2.2　房地产市场的运行环境

房地产市场的运行环境是指影响房地产市场运行的各种因素的总和。在整个市场经济体系中,房地产市场并不是孤立存在的,它时刻受到社会经济体系中各方面因素的影响,同时也会对这些因素产生反作用。按照这些影响因素的性质,可以将房地产市场的运行环境分为以下八类：社会环境、政治环境、经济环境、金融环境、法律制度环境、技术环境、资源环境和国际环境。

（1）社会环境是指一定时期和一定范围内人口的数量及其文化、教育、职业、性别、年龄等结构，家庭的数量及其结构，各地的风俗习惯和民族特点等。

（2）政治环境是指政治体制、政局稳定性、政府能力、政策连续性以及政府和公众对待外资的态度等。它涉及资本的安全性，是投资者最敏感的问题之一，包括国家对房地产业的支持度，制定的政策法规对房地产企业的保护、限制等。

（3）经济环境是指在整个经济系统内，存在于房地产业之外，而又对房地产市场有影响的经济因素和经济活动。例如城市或区域总体经济发展水平、就业状况、居民收入与支付能力、产业与结构布局、基础设施状况、利率和通货膨胀率等。

（4）金融环境是指房地产业所处的金融体系和支持房地产业发展的金融资源。金融体系包括金融政策、金融机构、金融产品和金融监管。金融资源则涵盖了针对房地产权益融资和债务融资的金融服务种类和金融支持力度等。

（5）法律制度环境是指与房地产业有关的现行法律法规与相关政策，包括土地制度、产权制度、税收制度、住房制度、交易制度等。

（6）技术环境是指一个国家或地区的技术水平、技术政策、新产品开发能力以及技术发展动向等。

（7）资源环境是指影响房地产市场发展的土地、能源、环境和生态等自然资源条件。

（8）国际环境是指经济全球化背景下国际政治、经济、社会和环境状况或发生的事件与关系。它是一种动态的过程，是国家以外的结构体系对一国的影响和一国对国家以外结构体系的影响所做出的反应之间的相互作用、相互渗透和相互影响的互动过程。

房地产市场的运行环境中，由社会环境、经济环境和政治环境分别决定的社会因素、经济因素和政策因素，是影响房地产市场发展的基本因素（表2-1）。

表 2-1 房地产市场的运行环境及其影响因素

房地产市场的运行环境	主要影响因素
社会环境	人口数量和结构、家庭结构及其变化、家庭生命周期、传统观念及消费心理、社会福利、社区和城市发展形态等
政治环境	政治体制、政局稳定性、政府能力、政策连续性，政府及公众对待外资的态度等
经济环境	经济发展状况、产业与结构布局、基础设施状况、工资及就业水平、家庭收入及其分布、支付能力与物价水平等
金融环境	宏观金融政策、金融工具完善程度、资本市场发育程度等

（续表）

房地产市场的运行环境	主要影响因素
法律制度环境	土地制度、产权制度、税收制度、住房制度、交易制度和城市发展政策等
技术环境	建筑材料、建筑施工技术和工艺、建筑设备的进步，信息技术和节能减排技术、可持续发展技术的发展和应用等
资源环境	土地、环境和能源等资源约束
国际环境	经济全球化和国际资本流动

2.2.3　房地产市场的周期循环

由于经济的发展带动或产生了对商业、居住和服务设施的空间需求，从而带来房地产市场的兴起。因此从本质上讲，房地产业的发展是由整体经济的发展决定的。从一个较长的历史时期来看，社会经济的发展体现为周期性的运动。相应地，房地产业的发展也存在周期循环的特性。

1. 房地产周期循环的定义

房地产周期循环是指房地产业活动或其投入与产出有相当的波动现象，且此现象重复发生。

2. 房地产周期循环的原因

（1）经济周期

宏观经济周期的波动是房地产市场波动的基本原因，房地产行业具备周期性的特点，对国民经济的起落极为敏感。这种周期性与市场经济的发达程度密切相关，市场经济越发达，周期性特点越明显。

国民经济较快的发展速度促进了城市经济社会的发展和人民生活水平的提高，使房地产这一基本的生产和生活需求与日俱增，为房地产市场的迅速扩展提供了发展的轨迹和空间。但是一旦国民经济发生波动，首先受到影响的必然是房地产业。这主要是由于房地产业本身发展建设需要能源、建筑、机械等众多行业的支持，而且其需求量与国家整体经济形势密切相关。更重要的是房地产开发是负债经营，我国房地产开发企业需要的大量资金大多依靠银行贷款，当经济过热需要宏观调控时，特别是政府严格控制信贷资金时，房地产很快就由繁荣转向衰退。

此外，虽然房地产开发对政策及宏观环境变化比较敏感，但由于房地产开发产品价值量大且从开始运作到最后回收投资、实现利润的一个循环往往持续数年，且有一定实力的开发企业为获得长期稳定的收益往往采取滚动发展的策略，因此即使受到外界环境和政策的制约,其开发高潮仍会在惯性作用下延续一段时间再缓慢回落。从这一角度分析,房地产的发展周期要慢于整体经济的发展周期,在国民经济尚未完成增长周期的情况下房地产业不会先行出现反周期的运动。

(2)房地产投资

房地产投资是房地产周期波动的直接原因。投资具有很强的能动性,房地产投资所形成的资产是房地产市场发展的基本生产要素。投资本身容易发生波动,因为投资房地产有较强的预期性和随机性,如果预期房地产上升则投资会迅速增加,相反投资会急剧减少,而且投资的"加速数"使其波动幅度较大。

从投资与市场的关系来看,房地产投资波动将直接导致房地产市场的波动。房地产投资既决定了房地产项目及产品(主要是房屋)的供给,同时又形成了房地产市场的需求。房地产投资的增长造成可供选择的产品增加、竞争加剧、服务不断提高,使市场繁荣度增加,也大大提高了需求。可以说,房地产市场的迅速扩大主要是靠投资拉动的;而房地产市场的萎缩、疲软与房地产投资量的减少是联系紧密的。

(3)城市化进程

城市化进程的快速推进,将极大推动房地产价格的上行波动,其主要原因是城市土地价值由于连续投入开发的不断升值和城市积聚效应带来的房产价值的不断增加。但城市化进程是一种综合性过程,它因时因地因人而发生变化,经济发展程度和国家政策及管理都会极大地影响其结果,就是说城市化并非总是持续上升的过程,在连续过程中很可能会因为经济、政治的原因发生中断或停滞。另外一种情况就是城市化本身蕴涵着与之相反的趋势,即在形成积聚的同时也不断地形成分散,从经济学的角度看,城市化进程也有它的边际成本,一旦超大城市的积聚所带来的成本超过其效益,城市化进程自然就会停止。从欧洲和新加坡的发展历史看,城市扩张的最后必然向卫星式的市镇分散,房地产价格也必然发生变化。所以说当城市化快速推进或者发生停滞时,房地产价格必然发生波动。

(4)供求因素

房地产是一种特殊商品。首先是其不动产特性,这一特性不仅决定了房地产商品的弱流动性表现,还使得每件房地产商品都具有其唯一性和特殊性,而对这种唯一性和特殊性的追求往往可能放大价格的供求波动。其次是房地产的资产属性。房地产不仅是一种生产和生活的消费商品,而且具有投资品的特征,这种双重属性往往加剧对房地产商品的目标投向和对它的保值增值预期。还有就是房地产商品的资本附加性很强,它不像普通消费品随着使用价值的损耗和消失而完成价值的消减和转移,它有更长的使用价值年限,并且在追加投入的状况下能够极大地实现价值的增加。这三种特性往往加强了房地产商品的供求-价格关系表现,甚至使之发生扭曲,从而造成比较明显和剧烈的价格波动。

（5）生产者与消费者的心理因素

所有的经济行为都以人类所具有的某种心理状态为依据。在经济活动的扩张、收缩过程中,既有物质性原因,又有心理状态的原因,即人们对未来实际经济状况看法的变动。由于房地产经济活动的特殊性,较其他经济周期波动而言,房地产周期波动的心理因素更为重要,其原因如下：

一是房地产投资者或购买者对未来期望过高。

二是房地产投资者或购买者的从众行为。

三是房地产开发投资的酝酿期长,即从投资决策、施工建造、竣工验收到房屋的销售使用所需要的时间长。

（6）政策因素

政府不但是经济体制改革的推动者和经济制度变迁的供给者,同时还是产业政策的制定者和宏观经济的调控者。

首先,从产业管理角度来分析,在不完全竞争和不完全开放的房地产市场上,针对市场失灵而进行的宏观产业调控一旦出现失误,会形成对房地产经济运行的干扰与冲击。

其次,从体制改革角度来分析,可以看到政府行为对房地产经济波动的影响。在影响房地产供求关系的各种因素中,与房地产有关的经济体制与管理制度发挥着十分重要的作用。

再次,与宏观经济运行过程中的政策周期相类似,在经济扩张政策与经济收缩政策的相互交替变动作用下,使得房地产经济具有明显的政策周期特征。政策因素作为经济周期的外部冲击力量对我国房地产周期波动发挥着重要作用。

（7）其他因素

其他因素包括如市场信息不充分、政治冲击、生产时间落差、季节性调整、总体经济形势等。

其实,造成房地产周期循环的原因是多方面的,也是很复杂的。正是由于房地产市场的这种周期循环特性,造成了房地产投资系统风险中的"周期风险"。

3. 传统房地产周期理论的主要内容

传统房地产周期理论的主要内容包括：在市场供求平衡的前提下,房地产市场会正常运作,且这种平衡性会持续一定的时期；在此时期内,投入房地产市场的资金的利润预期保持不变,投资者具有自我调节投资量的能力。房地产市场的发展呈现一种自我修正的周期性,且不同周期之间的时间差异和投资回报差异微乎其微。

根据传统房地产周期理论,房地产市场的发展呈现出一种自我修正的模式。在每一个运行周期中,均经过扩张、缓慢、萧条、调节、复苏和再扩张的过程,如图 2-1 所示。具体包括的阶段是：确认对新入住或使用空间的需求,促使新建筑产生；受到新建筑的刺激而导致经济扩张;经济的持续扩张进一步刺激新建筑;新建筑超过空间需求,导致超额建筑;调节,因需求减少而导致新建筑活动剧烈减缓;复苏,需求开始增加而消化已有超额建筑;恢复到空间市场供需均衡状况;经济的持续扩张导致对新建筑需求的增加;再扩张,确认对新入住或使用空间的需求,促使新建筑产生。

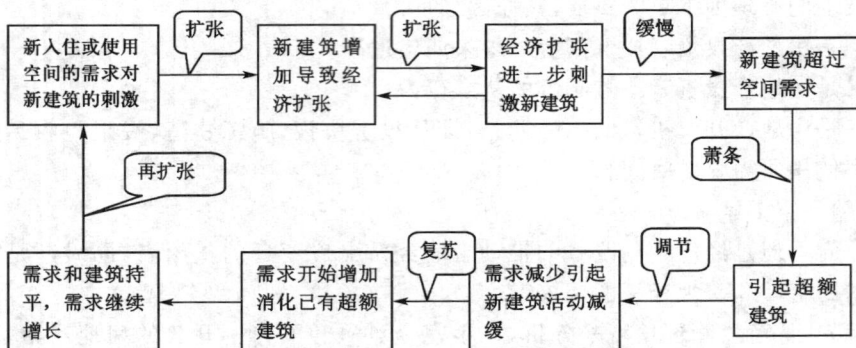

图 2-1　传统房地产周期理论的内容

4. 分析房地产周期运动的新观念

上述传统房地产周期理论在政治、经济状况基本稳定或预期稳定的情况下,是有效的。但是,众所周知,均衡是瞬间的状态,不均衡才是真实的、永续的。因此,建立在市场均衡前提下的传统的房地产周期理论在实践中不可能得到广泛的应用。从现代房地产周期研究的结论来看:经济扩张与创造就业已不再是线性关系;就业机会增加与空间需求也不再同比增长;经济活动的扩张不再立即绝对导致新建筑增加(如经济复苏不会立即导致新建筑产生)。在一个稳定可预测的经济环境中,了解长期、未来力量及其内涵相对来说并不十分重要,但在不确定、不连续且正处于转变的经济环境中,必须强调对未来可能变化的全盘了解,而不仅是利用过去作预测。

5. 房地产市场的自然周期

不论供给是短缺还是过剩,需求是超过还是少于现存的供给数量,市场机制的作用总能在市场周期运动中找到一个供需平衡点。专家认为,从历史多个周期变化的资料中计算出的长期平均空置率(又称合理空置率或结构空置率),就是房地产市场自然周期的平衡点。从供需相互作用的特性出发,房地产市场自然周期可分为四个阶段:

(1)复苏阶段

在房地产周期波动过程中,复苏阶段是承继萧条阶段而出现的,因此一般经历时间较长。这一阶段的主要特征为:

①在复苏阶段初期,房地产供给大于需求,房地产交易量不大,投资量也不大,价格与租金水平较低,房价已经明显停止下跌并逐渐有上升势头。

②经过一段时间的恢复,购房者逐渐增多,少数房地产投机者入市,房地产需求开始上升,房地产交易量有所增加,同时由于建筑成本的增加,房价有所上升,房地产开发投资逐渐增多。随后房地产需求趋旺,刺激房价回升,市场加速复苏。

③在市场加速复苏的刺激下,人们对房地产市场充满乐观预期,在国家宏观政策对房地产业扩张的形势下,金融机构和房地产投资机构加大对房地产的投资,并带动了与房地产业密切相关的多个行业长速发展。同时房地产投资者大量涌入市场,房地产市场交易量快速上升,价格上涨,房地产空置率大幅下降,土地市场开始活跃。

(2)繁荣阶段

经过复苏阶段后,房地产周期波动便进入繁荣阶段,并达到周期循环的波峰,这一阶段持续时间相对较短。这一阶段的主要特征是:

①房地产开发企业进一步加大对土地及物业开发项目与建设数量的投资,房地产市场的高额利润吸引了众多其他行业企业纷纷前来投资。于是市场供给大量增加,市场交易数量激增,房价越涨越高。

②房地产需求进一步增加,由于房地产投机者的增长速度快于自用购房者的增长速度,炒房行为导致房价高涨到市场无力承担的程度,真正自用购房者被迫退出市场,房地产空置率开始增加,房地产泡沫逐渐形成并不断加大,政府开始出台一系列限制炒楼的政策措施。

③随着政府出台的收缩政策开始发生作用,房地产投资利率提高、运营费用增加等原因导致房地产投资总量开始出现回落,房地产供给减少。同时,房地产销售市场达到饱和极限,房地产交易量明显下降,房地产空置率增加,销售价格开始回调。在这一时期,人们开始对房地产市场产生悲观预期。

(3)衰退阶段

由于房地产供给量减少,销售难度加大,自用购房者需求减少,房地产周期由盛转衰,这预示着房地产衰退阶段的到来。这一阶段主要特征为:

①随着房地产紧缩政策效应的进一步显现,房地产投资回报率下降、投资风险加大,房地产投资额下降,新开工的房地产项目急剧减少,房地产市场的交易价格和交易数量都出现萎缩、衰退的趋势。

②由于自用购房者被迫挤出市场,有效需求降低,房地产投机者转手困难,房地产价格开始急剧下跌。因此,房地产交易在大幅度回调的低价格水平和低交易数量的基础上维持。

③由于房价大幅下降,交易数量锐减,房地产企业的利润大幅下调,导致一些实力较差、抗风险能力较弱的开发商因资金债务等问题而宣告破产。

（4）萧条阶段

经过衰退阶段之后，房地产周期便进入持续时间相对较长的萧条阶段。这一阶段的主要特征是：

①房地产销售价格和租金水平继续沿着衰退阶段的跌势下降，房地产交易量进一步减少，空置率居高不下，房地产商破产现象更为普遍，房地产泡沫完全破灭。

②在房地产业总体水平加剧下滑之后，由于受到房地产开发成本以及房地产正常需求水平的双重支持，房地产市场从急剧下降转变为波动相对平稳的阶段。同时政府也逐渐减少对房地产的限制性政策干预，部分放宽对房地产投资、交易等方面限制，以期待房地产市场有所稳定或回升。

销售和出租住宅需求变化如图 2-2 所示。

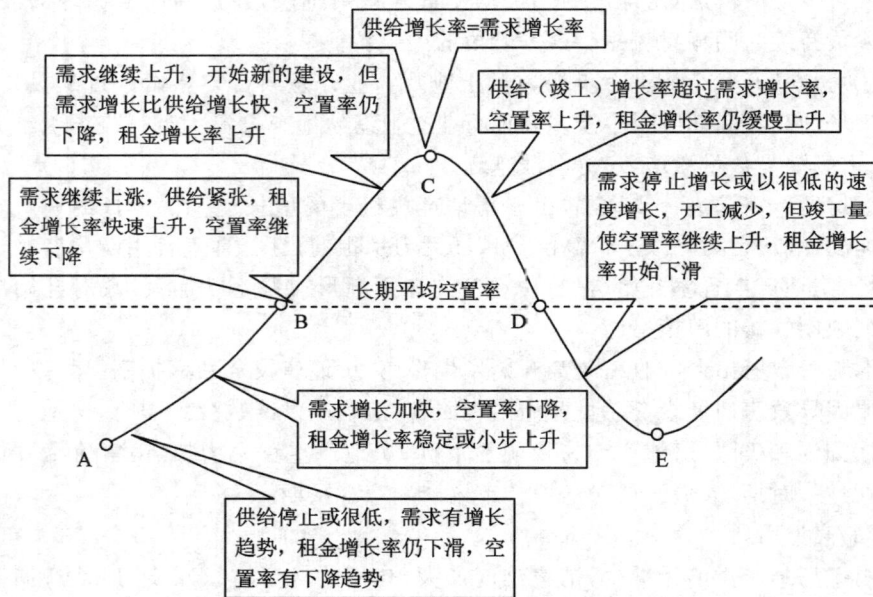

图 2-2　销售和出租住宅需求变化示意图

6.房地产市场的投资周期

随着自然周期的运动，投资于房地产市场上的资金流也呈现出周期性变动，形成投资周期。

（1）当房地产市场自然周期处在谷底并开始向第一阶段运动的时候，很少有资本向存量房地产投资，更没有资本投入新项目的开发建设。在这段时间，市场上只有可以承受高风险的投资者。由于租金和经营现金流已经降到最低水平，存量房地产的价格达到或接近了最低点，承受不住财务压力的业主或开发商会忍痛割售，大量不能归还抵押贷款的物业会被抵押权人收回拍卖。

（2）随着自然周期运动通过第一阶段，投资者对投资回报的预期随着租金的回升而提高，部分投资者开始小心翼翼地回到市场当中来，寻找以低于重置成本的价格购买存量房地产的机会。这类资本的流入使房地产市场通过平衡点，并逐渐使租金达到投资者有利可图的水平。在自然周期第二阶段的后半段，由于投资者不断购买存量房地产和投入新项目开发，资本流量显著增加。

（3）当自然周期到达其峰值并进入第三阶段的时候，由于空置率低于平衡点水平，投资者继续购买存量房地产并继续开发新项目。由于资本不断流向存量房地产和新项目的开发，所以此时房地产市场的流动性很高。当投资者最终认识到市场转向下滑时，就会降低对新项目投资的回报预期，同时也降低购买存量房地产时的出价。而存量房地产的业主并没有像投资者那样快地看到了未来市场存在进一步下滑的风险，所以其叫价仍然很高，以至于投资者难以接受，导致房地产市场流动性大大下降，自然周期进入第四阶段。

7. 房地产市场自然周期和投资周期之间的关系

房地产市场的自然周期和投资周期是相互联系和相互影响的，投资周期在第一阶段和第二阶段初期滞后于市场自然周期的变化，在其他阶段则超前于市场自然周期的变化。当资本市场投资可以获得满意的投资回报时，投资者拟投入房地产市场的资本就需要高于一般水平的投资回报，使资本流向房地产市场的时机滞后于房地产市场自然周期的变化，导致房地产市场价格下降，经过一段时间后，房地产市场上的空置率也会开始下降。

如果可供选择的资本市场投资收益率长期偏低，例如投资者在股票和债务市场上无所作为时，有最低投资收益目标的投资者就会在并非合适的市场自然周期点上，不断地将资金（权益资本和借贷资本）投入房地产市场中的存量房地产和新开发建设项目，以寻找较高的投资收益。这样做的结果，使初期房地产市场价格上升，经过一段时间后，房地产市场上的空置率也开始上升。

2.2.4　房地产市场中的泡沫与过热

1. 房地产泡沫

（1）房地产泡沫的定义

查尔斯·P. 金德尔伯格（Charles P Kindle Berger）在为《新帕尔格雷夫经济学辞典》撰写的"泡沫"词条中写道："泡沫可以不太严格地定义为：一种资产或一系列资产价格在一个连续过程中的急剧上涨，初始的价格上涨使人们产生价格会进一步上涨的预期,从而吸引新的买者——这些人一般是以买卖资产牟利的投机者,其实对资产的使用及其盈利能力并不感兴趣。随着价格的上涨,常常是预期的逆转和价格的暴跌,由此通常导致金融危机。"

房地产泡沫是指由于房地产投机引起的房地产市场价格与使用价值严重背离,脱离了实际使用者支撑而持续上涨的过程及状态。房地产泡沫是一种价格现象,是房地产行业内外因素,特别是投机性因素作用的结果。

(2)房地产泡沫的成因

房地产作为泡沫经济的载体,本身并不是虚拟资产,而是实物资产。但是,与虚拟经济膨胀的原因相同,房地产泡沫的产生同样是由于投机目的的虚假需求的膨胀,所不同的是,由于房地产价值量大,这种投机需求的实现必须借助银行等金融系统的支持。

一般来说,房地产泡沫的成因主要有三个方面:

①土地的有限性和稀缺性

房地产与老百姓和企事业单位的切身利益息息相关。居者有其屋是一个社会最基本的福利要求,老百姓对居住条件的要求是没有穷尽的;而与企事业发展相关的生产条件和办公条件的改善也直接与房地产密切相关。土地的有限性使人们对房地产价格的上涨历来就存在着很乐观的预期。当经济发展处于上升时期,国家的投资重点集中在基础建设和房屋建设中,这样就使得土地资源的供给十分有限,由此造成许多非房地产企业和私人投资者大量投资于房地产,以期获取价格上涨的好处,房地产交易十分火爆。加上人们对经济前景看好,再用房地产作抵押向银行借贷,炒作房地产,使其价格狂涨。

②购房者过度投资

从目前的情况来看是有钱的人从银行拿钱炒房,没钱的人从银行借钱炒房,中国已经出现了全民炒房的现象。炒房者购房的目的是为了获取买卖价差之间的利润,心理预期房价还将继续上涨,愿意出高价购买原本价格就已经很高的房地产,使得房地产的价格越抬越高,这正如日本金融专家在描述1988年开始的地价与股价暴涨时的公众行为所写"人们不断地参与购买土地和股票,认为只要有这种购买,虽然说不清原因,但价格绝不会崩溃。事实上,地价和股价确实上涨,这又诱使人们接着购买。这正是典型的'泡沫'的产生"。而购房者中还不乏一些恶意炒作者,故意哄抬房价,造成供不应求的假象,使得泡沫成分更加突显。房地产投资的过度增长使得房地产投资的增长速度远远超过了城市化进程的速度,容易造成市场供给与需求的严重不平衡,房屋空置率高,也会导致房地产价格急剧下跌,泡沫破灭。

③银行信贷非理性扩张

克鲁格曼认为在房地产市场中"所有的泡沫都有一个共同点,即都是由银行融资的"。由此可见,银行在房地产泡沫的形成与发展中扮演了重要的角色。由于价值量大的特点,房地产泡沫能否出现,一个最根本的条件是市场上有没有大量的资金存在。因为没有银行信贷资金的支持,房地产业很难积聚大量的资金,没有资金的支持,泡沫也就无从谈起。

从自身利益考虑,银行也是盈利企业,而向房地产市场发放贷款所获得的利率往往要高于其他优质公司可获得的贷款利率,所以即使有非常严格的政策调控,银行也非常乐意发放房地产贷款。另外,由于房地产是不动产,容易查封、保管和变卖,银行部门认为这种贷款风险很小,在利润的驱动下也非常愿意向房地产投资者发放以房地产作抵押的贷款。此外,由于数据的缺乏、银行对危机的短视、不正当激励机制等使得银行部门过于乐观地估计抵押物的价值,从而加强了借款人投资于房地产的融资能力,进一步加剧了房地产价格的上涨和产业的扩张。

（3）房地产泡沫的危害

①造成经济结构和社会结构失衡

房地产泡沫的存在意味着投资于房地产有更高的投资回报率。在泡沫经济期间,大量的资金向房地产行业集聚,投机活动猖獗。

②导致金融危机

房地产业与银行的关系密切,主要是由房地产业投入大、价值高的特点决定的。一旦房地产泡沫破裂,银行就成为最大的买单者。银行与一般企业不同,安全性对其来说特别重要。一般生产性企业的倒闭只是事关自身和股东,对其他主体的影响较小。而银行的倒闭不仅仅是这家银行自身的事情,而且会引起连锁反应,使其他银行也面临挤兑风险。

③造成生产和消费危机

房地产泡沫的破灭往往伴随着经济萧条、股价下跌等。地价和股价下跌也使企业承受了巨大的资产重估损失。企业收益的减少使得投资不足,既降低了研究开发投资水平,又减少了企业在设备上的投资。生产的不景气导致其员工实际收入的下降。企业倒闭意味着大量的员工失业,收益的下降也会导致不断裁减人员。居民由于经济不景气和个人收入水平的下降,会减少当期的消费,个人消费的萎缩又使生产消费品的产业部门陷入困境。

④引发政治和社会危机

随着房地产泡沫破裂和经济危机的产生,大量的工厂倒闭,失业人数剧增。在金融危机下,犯罪案件激增。由于人们对日益恶化的经济危机感到不满,社会危机逐渐加剧。

（4）房地产泡沫的衡量

我们可以从多个角度来考察房地产市场上是否存在价格泡沫。

①房价收入比。房价收入比是商品住宅平均单套销售价格与居民平均家庭年收入的比值,主要从房价的家庭支出承受能力的角度进行衡量,比值越高,表明居民的支付能力越低,房地产市场存在泡沫的可能性越大或房地产泡沫越严重。

②房地产投资/全社会固定资产投资的比率。该指标是衡量房地产泡沫最为直接的指标。在房地产泡沫高涨的时候,房地产投资增长率肯定持续高涨,并且应该高于固定资产的整体投资增长率,进而带动固定资产投资的高涨。一般国际公认的房地产投资占全社会固定资产投资比重的警戒水平为10%。

③房价增长率/GDP 增长率的比率。该比率越大,意味着房地产的泡沫越大。理论认为,房价与各地区 GDP 密切相关,随着 GDP 的增长,房价会随之上涨。因为 GDP 的增长促使国民收入上涨,即居民个人可支配收入会增加。一方面居民有更多资金投资房地产,产生刚需性和投机性房产购买行为,使房地产需求增加,同时房地产短期供给缺乏弹性,致使房价上升;另一方面,居民将剩余资金存入银行,促使银行增加房地产业的信贷供给,进而加速房价上涨。

另外,"实际价格/理论价格"、"房地产价格指数/居民消费价格指数"、"个人住房抵押贷款增长率/居民平均家庭收入增长率"、"房地产投资需求/房地产使用需求"等指标,都从某一个侧面反映了房地产泡沫的程度。由于房地产泡沫总量的复杂性,很难用单一指标来衡量房地产市场上是否存在价格泡沫,因此国际上通常用综合上述指标构造出的房地产泡沫指数,来反映房地产市场价格泡沫的程度,减少了主观因素对有关结论的影响。

2. 房地产过热

(1)房地产过热的定义

房地产市场中的过度开发有时也称为房地产"过热",是指当市场上的需求增长赶不上新增供给增长的速度时,所出现的空置率上升、物业价格和租金下降的情况。

(2)房地产过热的原因

房地产过热的原因主要有三个方面,即开发商对市场预测的偏差、开发商之间的博弈和非理性行为以及开发资金的易得性。

①开发商对市场预测的偏差

开发商在进行开发决策时,会对市场上的需求状况进行预测。他们在预测时,总是在很大程度上依赖于目前市场上的销售和价格情况。即使当前市场上的热销和价格上涨只是暂时的现象,他们也很容易会认为这种繁荣景象能够长久持续下去,于是造成对未来需求过分乐观的估计。研究表明,对未来需求预测的偏差程度基本上与目前市场价格增长速度呈正相关,即目前市场价格增速越快,对未来估计中过分乐观的程度就会越大。这时开发商往往会加大投资,大批项目上马,待到竣工时,市场形势已经不如所预期的那样喜人,容易产生房屋积压、空置率上升的过度开发景象。

②开发商之间的博弈和非理性行为

开发商之间的博弈和非理性行为也会加剧这种市场过度开发的情况。开发商只要一看到市场机会就会迫不及待地去投资开发,殊不知有时这些市场机会是有限的,只需少量开发商的介入就能满足。但是每个开发商都想抢先得到市场机会,而不会进行内部协调,于是一哄而上,生怕自己被落下了。况且如果已经得到土地,与其将土地空置产生机会成本,还不如赶快开工建设。这种非理性的行为往往会使过度开发现象更加严重。

③开发资金的易得性

从获取开发资金的难易程度来看,如果开发商很容易获得资金支持,而投入的自有资金较少,他们在进行投资决策时往往会缺乏仔细和审慎的考虑,从而产生道德风险。特别是目前我国的开发商融资渠道单一,无论是开发贷款还是预售商品住宅抵押贷款基本都是从商业银行获得,这种高杠杆式的融资方式,再加上房地产市场中信息不完全的程度较高,对高利润的追求将会使开发商难以对市场做出客观和冷静的判断。

3. 房地产泡沫和房地产过热的区别与联系

(1)房地产泡沫和房地产过热的区别

①过热和泡沫是反映两个不同层面的市场指标。房地产过热反映的是市场上的供求关系。当新增供给的增长速度超过了需求的增长速度,就产生了过度开发现象。而泡沫则是反映市场价格和实际价值之间的关系。如果市场价格偏离实际价值太远,而且这种偏离是由于过度投机所产生的,房地产泡沫就出现了。

②过热和泡沫在严重程度和危害性方面不同。房地产泡沫比房地产过热的严重程度更高,危害更大,属于房地产市场不正常的大起大落。房地产泡沫一旦产生,就很难通过自我调整而恢复至平衡状态。

③房地产过热和房地产泡沫在周期循环中所处的阶段不同。如果投机性泡沫存在的话,往往会出现在周期循环的上升阶段。房地产过热一般存在于循环的下降阶段,这时供给的增长速度已经超过需求的增长速度,空置率上升,价格出现下跌趋势。也就是说,当泡沫产生时,市场还处在上升阶段;而出现过热的现象时,市场已经开始下滑了。从另一个角度来说,如果泡沫产生,就必然会引起房地产过热;但房地产过热却不一定是由泡沫引发的。

④从市场参与者的参与动机来看:过热表现为投资者基于土地开发利用的目的而加大投资,通常是为获得长期收益;而泡沫则表现为市场参与者对短期资本收益的追逐,他们不考虑土地的用途和开发,通常表现为增加现期的购买与囤积,以待价格更高时抛出。

（2）房地产泡沫和房地产过热的联系

房地产泡沫和房地产过热，都是用来描述房地产市场中房地产实际价格对房地产基本市场价值的偏离，是房地产价格中非基本价格的不同程度的体现，这是两者的共同点。"过热"不一定就产生泡沫，但"过热"是市场产生"泡沫"的前提，也是诱因之一。如果在房地产周期循环的上升阶段，投机性行为没有得到有效抑制（包括市场规则和政府政策），市场信息的不透明程度较高，且开发商的财务杠杆也比较高，那么开发商做出非理性预期的可能性就比较大且投机性行为容易迅速蔓延。在这种情况下房地产泡沫比较容易产生，同时会伴随过度开发、银行资产过多地向房地产行业集中等现象。

2.3 政府对房地产市场的干预

政府合理确定自己在房地产市场运行中的角色，着眼于建立市场运行规则和监督规则的执行，是政府对房地产市场实施有效管理的关键。政府管理房地产市场的主要职能，应该是实施有效的宏观调控和按市场发育程度建立清晰完备的法制系统，保障房地产市场参与者的合法权益，使房地产市场活动纳入法制的轨道。

2.3.1 政府干预房地产市场的原则

政府政策应具有的共同特征是：公平、效率、连续、系统、协调、前瞻性和引导性。政府干预房地产市场的政策也不例外。但由于房地产特殊的位置固定性、价格昂贵性和耐久性，对干预其发展的政策也具有相应的特殊原则。

1. 目标的确定性

政府干预房地产市场的政策必须有明确的目标。政策的预评价首先要考察这些目标的必要性和可行性；政策的后评价则要分析这些目标的实现程度、实际受益者是否与目标受益者相吻合、是否有负面作用等。这些目标通常包括：

（1）使存量房地产资源得到最有效的使用。在任何时候，都有一个房地产存量来满足当前的生产生活需要。政府通常更关注新建商品房的入住情况，忽视存量房地产的空置问题；或对两者的重视程度不匹配，这就很难使存量房地产资源发挥最大的效用。

（2）保证为各类生产生活需要提供适当的入住空间。以住宅市场为例：长期的住房政策必须有改善住房质量的目标，必须对家庭居住偏好（在住宅产权、类型、位置）加以考虑，政府应允许超过需要数量的住宅剩余存在，因为空置住宅作为住宅市场上的"蓄水池",可为居民变更住所提供方便,迫使已不符合居住标准的住宅被及时淘汰,满足部分家庭对拥有第二住所的需要。

（3）引导新建项目的位置选择。在选择新建项目位置时,要考虑当前不同类型物业的短缺情况、就业机会和物业需求的未来变化、当前的基础设施状况和城市总体规划的要求,以避免或减少新建项目空置。

（4）满足特殊群体的需要。例如,在城市住宅建设中,某些家庭,如老人和残疾人等,对住房有特殊要求的,政府必须有与之相关的政策,从建设、分配和使用等方面做出特殊安排,以满足其住房需要。又例如,随着新经济即知识经济时代的到来,发展高新技术,就成为提高中国综合国力的重要手段,因此对于高新技术产业发展所需要的土地,就需采取特殊的优惠政策。

2. 政策的连续性与协调性

政策的连续性与协调性,首先要求体现新旧政策的衔接。新的干预市场的政策必须建立在总结历史经验教训的基础上,而不是一味地全盘否定或沿袭旧政策;同时,还要紧紧围绕政策的终极目标,系统而全面地制定分阶段的措施。

其次,还要体现与相关政策的衔接配套。处在改革发展中的中国经济,有许多政策总量纷繁复杂。例如,土地使用制度改革政策,就牵涉到企业制度的调整、住房制度的改革;而住房制度的改革,更涉及一系列相关制度如工资制度、人事制度、户籍制度等的改革,可以说,住房制度的变革牵一发而动全身。

最后,还应体现多元性与系统性的统一。目前,我国正处于建立社会主义市场经济的初级阶段,社会成员的阶层差异日益突现。从富裕阶层到贫困阶层的客观存在和各阶层人员观念的差异,要求相应的政策具备多元化的特征。同时,房地产市场作为一个有机的整体,要求政府政策必须完整统一,以利于房地产市场的协调发展。

3. 政策的针对性和导向性

政府除了制定宏观的调控政策外,还必须针对不同类型物业的供给、分配和消费途径,制定具有针对性的具体政策。同时这种政策还要有明确的导向性,以帮助市场的参与者准确把握自己的行为取向。

4. 政策的公平性和效率

公平和效率及其相互协调,是评价政策的重要方面。政府制定政策的原则是:既要通过资源和利益的公平分配来维持社会的稳定;又要通过资源的优化配置来推动社会的进步和发展。然而,公平和效率常常是矛盾的,有时为了确保基本的公平,要牺牲一定的效率;有时为了保证效率又不得不放弃必要的公平。如何处理好其相互关系,是政府制定政策的重点和难点。

2.3.2 政府宏观调控房地产市场的手段

对于一个完善的房地产市场而言,市场的自由运作非常重要。政府的土地政策,不能过分参与及干预房地产市场的自由运作。这样才能保证本地及外来投资者对当地房地产市场的信心,进而保证房地产市场的稳定发展以及整个社会经济的安定繁荣,但是宏观调控也非常重要。宏观调控房地产市场的手段包括土地政策、税收政策等。

1. 土地政策

无论是宏观经济的计划指导,还是市场运行过程中的调控,土地供应计划的作用都十分大。没有土地供应,房地产开发和商品房供给就无从谈起。在我国现行土地制度下,政府是唯一的土地供给者,政府的土地供应政策对房地产市场的发展与运行有决定性影响。

土地政策对房地产市场的影响主要包括两个途径:一是土地价格对房价的影响。土地价格是房价的成本之一,土地价格的增加会引起房地产开发企业的成本增加,房地产企业的投资规模下降,房地产市场的供给减少,最终影响房价。相反,土地价格下降,房地产市场供给增加。二是土地供应量对房地产价格的影响。土地供应量决定房地产开发企业可开发的土地量,影响房地产企业的投资规模,从而影响房地产市场的供给,最终影响房地产价格。

2. 住房政策

目前我国城市住宅的供给主要有三类,即廉租房、经济适用房和市场价商品住宅。其中,廉租房面向最低收入家庭,其供应、分配和经营完全由政府控制,廉租房不能进入市场流通;经济适用房是具有社会保障性质的政策性商品住房,政府对其建设在土地供应和税费征收上给予很多优惠,但其销售价格和销售对象,要受政府的指导;市场价商品住宅则采取完全市场化的方式经营,是城市房地产市场的主要组成部分。如果政府对廉租房和经济适用房的供给和分配政策控制不严格,就会使市场价商品住宅受到前两类住宅的冲击。政府的住房分配和消费政策,对商品住宅市场的调控作用也是显而易见的。

3. 金融政策

房地产业与金融业息息相关。金融业的支持是房地产业繁荣必不可少的条件,房地产信贷也为金融业提供了广阔的发展天地。对房地产而言,由于所需资金投入规模较大,仅靠自有资金难以完成房地产的开发,因此金融政策直接影响着房地产的供给变化。金融政策表现最为突出的主要是货币供应变动和利率变动。

当货币供应量增加时,利率下降,银行贷款可供量增加,开发商增加开发贷款需求,住房供应增加,购房者购房活跃。随着房地产需求上涨,受短期房地产供给刚性影响,房价上涨,交易量增加,房地产市场进入扩张期。随后价格上升导致货币贬值,在房地产保值升值效应带动下,会加快房地产经济进入严重的通货膨胀阶段。如果货币供应增长低于房地产商品流通对货币的需求限度,就会出现有效需求不足,导致商品房积压,房地产经济处于萎缩阶段。

利率对房地产经济的影响首先体现在两个方面:一是对房地产开发投资的影响,利率的高低会直接影响开发成本和利润;二是对房地产消费的影响,利息高低影响到消费者的贷款信心、还款压力和支付能力等。

此外,外商投资政策、房地产资产证券化政策以及房地产资本市场创新渠道的建立,也会通过影响房地产资本市场上的资金供求关系,进而起到对房地产开发、投资和消费行为的调节作用。因此,发展房地产金融,通过信贷规模、利率水平、贷款方式、金融创新等金融政策调节房地产市场,是政府调控房地产市场的一个重要手段。

4. 税收政策

房地产税收政策是政府调控房地产市场的核心政策之一。正确运用税收杠杆不但可以理顺分配关系、保证政府土地收益,还可以通过税赋差别体现政府的税收政策和产业政策,进而对抑制市场投机、控制房地产价格、规范房地产市场交易行为等方面起到明显的作用。例如,美国通过免除公司所得税这一税务优惠政策,推动了房地产投资信托行业的发展壮大。世界上许多国家和地区,通过个人购房税务优惠政策,有效推动了住房自有率的提高。我国自 1998 年以来也曾成功运用降低契税的措施,促进了住房二级市场的发展;在 2005 年年初运用交易环节的营业税和契税政策,有效遏制了商品房市场上的投机需求和对高档豪华住宅的需求;还从 2003 年开始研究物业税的相关政策,准备通过物业税制度的实施,来调整居民和机构拥有房地产资产的行为,减轻地方政府对土地使用权出让收入的依赖,建立起一个长期稳定的地方政府财政收入来源渠道。

5. 城市规划

城市规划以合理利用土地、协调城市物质空间布局、指导城市健康有序地发展为己任,对土地开发、利用起指导作用。原有的城市规划带有传统计划经济的色彩,市场经济体系建立后,其科学性、适用性都面临着严峻的挑战。我国部分城市如深圳特区已开始进行城市规划图则体系的改革,将规划分为发展策略、次区域发展纲要、法定图则、发展大纲图和详细蓝图等五个层次,高层次的规划应能指导土地的开发和供应,低层次的细部规划应能为土地出让过程中确定规划要点提供依据。整个规划力求体现超前性、科学性、动态性和适用性。

　　实际上,社会经济发展计划、城市规划、土地供应计划都对土地配置,因而也对房地产市场的运行起重要作用,政府供应土地的过程应是具体实施国民经济计划、城市规划的过程。面对日益变化的市场环境,三个计划除改善各自的技术、观念和管理方式外,有必要相互协调,形成土地配置及调控房地产市场的计划体系。

思考题

　　1.房地产市场的运行环境包括哪些方面?

　　2.房地产市场的参与者有哪些? 其角色是什么?

　　3.房地产市场有哪些类型?

　　4.房地产市场有哪些特性?

　　5.为什么存在房地产市场的周期循环现象?

　　6.房地产市场中的泡沫与过热有哪些区别? 如何分析判断你所熟悉的当地房地产市场?

　　7.房地产市场为什么需要政府干预?

　　8.政府干预房地产市场的手段有哪些? 为什么这些手段能够发挥对市场的调控作用?

第 3 章

房地产投资决策

本章提要：

　　本章重点介绍了房地产开发项目投资决策的相关知识,包括房地产投资决策的分析基础、房地产开发项目基础数据分析估算、房地产投资经济评价指标与评价方法、房地产开发项目财务报表的编制以及房地产开发项目可行性研究的相关内容。

3.1 房地产投资决策的分析基础

3.1.1 资金的时间价值

生产建设过程中的大小投资活动,从发生、发展到结束,都有一个时间上的延续过程。对于投资者来说,资金的投入与收益的获得往往构成一个时间上有先有后的现金流量序列,客观地评价房地产投资项目的经济效果或对不同投资方案进行经济比较时,不仅要考虑支出和收入的数额,还必须考虑每笔现金流量发生的时间,以某一个相同的时间点为基准,把不同时间点上的支出和收入折算到同一个时间点上,才能得出正确的结论。

在不同的时间付出或得到同样数额的资金在价值上是不等的。也就是说,资金的价值会随时间发生变化。今天可以用来投资的一笔资金,即使不考虑通货膨胀因素,也比将来可获得的同样数额的资金更有价值。因为当前可用的资金能够立即用来投资并带来收益,而将来才可取得的资金则无法用于当前的投资,也无法获得相应的收益。

不同时间发生的等额资金在价值上的差别称为资金的时间价值。这一点,从将货币存入银行,或是从银行借款为例来说明最容易理解。如果现在将 1000 元存入银行,一年后得到的本利和为 1120 元,经过 1 年而增加的 120 元,就是在 1 年内让出了 1000 元货币的使用权而得到的报酬。也就是说,这 120 元是 1000 元在 1 年中的时间价值。

对于资金的时间价值,可以从两个方面理解:

首先,随着时间的推移,资金的价值会增加,这种现象叫资金增值。资金是属于商品经济范畴的概念,在商品经济条件下,资金是不断运动着的。资金的运动伴随着生产与交换的进行,生产与交换活动会给投资者带来利润,表现为资金的增值。资金增值的实质是劳动者在生产过程中创造了剩余价值。从投资者的角度来看,资金的增值特性使资金具有时间价值。

其次,资金一旦用于投资,就不能用于即期消费。牺牲即期消费是为了能在将来得到更多的消费,个人储蓄的动机和国家积累的目的都是如此。从消费者的角度来看,资金的时间价值体现为放弃即期消费的损失所应做的必要补偿。

资金时间价值的大小,取决于多方面的因素。从投资的角度来看主要表现为:投资利润率,即单位投资所能取得的利润;通货膨胀率,即对因货币贬值造成的损失所应做的补偿；风险因素，即对因风险的存在可能带来的损失所应做的补偿。

对资金时间价值的计算方法与银行利息的计算方法相同。实际上，银行利息也是一种资金时间价值的表现方式，利率是资金时间价值的一种标志。

3.1.2 利息与利率

资金时间价值用什么来衡量呢？衡量资金时间价值的大小有两个尺度，一是绝对尺度，二是相对尺度。利息是资金时间价值的一种重要表现形式，通常我们用利息额的多少作为衡量资金时间价值的绝对尺度，用利率作为衡量资金时间价值的相对尺度。

1. 单利与复利

利息的计算方法有单利计息和复利计息两种。

（1）单利计息

单利计息是仅按本金计算利息、利息不再生息，其利息总额与借贷的时间成正比。单利计息时的利息计算公式为：

$$I_t = P \times i_d$$

式中：I_t 为第 t 个计息周期的利息额；P 为本金；i_d 为计息周期单利利率。

在以单利计息的情况下，本利和 F 为：

$$F = P + I = P + P \times i_d \times n = P(1 + n \times i_d)$$

计算本利和 F 时，要注意式中 n 和 i_d 反映的时期要一致。

（2）复利计息

复利计息指将上期利息结转为本金来一并计算本期利息的计算方式。也就是借款人在每期末不支付利息，而将利息结转为下期的本金，一并计算利息。即通常所说的"利滚利"。其计算公式如下：

$$I_t = i \times F_{t-1}$$

式中：i 为计息周期复利利率；F_{t-1} 为第 $t-1$ 期期末复利本利和。

则复利计算本利和的公式为：

$$F = P \cdot (1 + i)^n$$

2. 名义利率与实际利率

在以上讨论中，都是以年为计息周期的，但在实际中，计息周期有年、季、月等，也就是说，计息周期可以短于一年。这样就出现了不同计息周期的利率换算问题。也就是说，当利率标明的时间单位与计息周期不一致时，就出现了名义利率和实际利率的区别。

例如,某笔住房抵押贷款按月还本付息,其月利率为 0.5%,通常称为"年利率 6%,每月计息一次"。这里的年利率 6% 称为"名义利率"。当按单利计算利息时,名义利率和实际利率是一致的;当按复利计息时,上述"年利率 6%,每月计息一次"的实际利率就不等于名义利率(6%)。

例如,年利率为 12%,存款额为 1000 元,期限为一年,复利计息,分别以一年 1 次计息;一年 4 次按季利率计息,一年 12 次按月利率计息,则一年后的本利和分别为:

一年 1 次计息 $F=1000\times(1+12\%)=1120$(元)

一年 4 次计息 $F=1000\times(1+3\%)^4=1125.51$(元)

一年 12 次计息 $F=1000\times(1+1\%)^{12}=1126.83$(元)

这里的 12%,对于一年 1 次计息情况既是实际利率又是名义利率;3% 和 1% 称为周期利率。由上述计算可知:名义利率=周期利率×每年计息周期数。

对于一年计息 4 次和 12 次来说,12% 就是名义利率,而一年计息 4 次时的实际利率 $=(1+3\%)^4-1=12.55\%$;一年计息 12 次时的实际利率 $=(1+1\%)^{12}-1=12.68\%$

按照上述例子,可以推导出名义利率与实际利率之间的关系:

$$i=\frac{I}{P}=\left(1+\frac{r}{m}\right)^m-1$$

式中:i 为实际利率;r 为名义利率;r/m 为周期利率;m 为一年内的复利周期数。

3.1.3 资金等值的计算公式

在资金时间价值的计算中,等值是一个十分重要的概念。资金等值是指在考虑时间因素的情况下,不同时点的绝对值不等的资金可能具有相同的价值,也可以解释为"与某一时间点上一定金额的实际经济价值相等的另一时间点上的价值"。在以后的讨论中,我们把等效值简称为等值。

例如,现在借入 100 元,年利率是 15%,一年后要还的本利和为 115 元。这就是说,现在的 100 元与一年后的 115 元虽然绝对值不等,但它们是等值的,即其实际经济价值相等。

通常情况下,在资金等效值计算中,人们把资金运动起点时的金额称为现值,把资金运动结束时与现值等值的金额称为终值或未来值,而把资金运动过程中某一时间点上与现值等值的金额称为时值。

1. 一次支付类型公式

(1)一次支付终值公式

一次支付终值就是求终值。也就是说,在项目初期投入资金 P,n 个计息周期后,在计息周期利率为 i 的情况下,需要多少资金来弥补初期投入的资金 P?这个问题与复利本利和计算相同,根据复利计息的公式,一次支付 n 年末的终值 F 与现值 P 之间的计算公式为:

$$F = P \cdot (1+i)^n$$

式中:$(1+i)^n$ 就叫做一次支付终值系数。

（2）一次支付现值公式

当已知终值 F 和利率 i 时,很容易得到求复利计息的现值 P 的计算公式:

$$P = \frac{F}{(1+i)^n} = F(1+i)^{-n}$$

式中:系数 $\frac{1}{(1+i)^n}$ 称为一次支付现值系数。

2. 等额序列支付类型公式

（1）等额序列支付现值公式

等额序列支付是指在现金流量图上的每一个计息周期期末都有一个等额支付金额 A。其现值可以这样确定:把每一个 A 看做是一次支付中的 F,用一次支付复利计算公式求其现值,然后相加,即可得到所求的现值。计算公式是:

$$P = A\left[\frac{(1+i)^n-1}{i(1+i)^n}\right] = \frac{A}{i}\left[1-\frac{1}{(1+i)^n}\right]$$

式中:$\frac{(1+i)^n-1}{i(1+i)^n}$ 称为等额支付现值系数。

（2）资金回收公式

由上式可以得到当现值 P 和利率 i 为已知时,求复利计息的等额序列支付 A 的计算公式:

$$A = F\left[\frac{i(1+i)^n}{(1+i)^n-1}\right]$$

式中:$\frac{i(1+i)^n}{(1+i)^n-1}$ 称为资金回收系数。

（3）等额序列支付终值公式

所谓等额序列支付终值公式就是在已知 A 的情况下求 F。因为前面已经有了 P 和 A 之间的关系,我们也已经知道了 P 和 F 之间的关系,所以很容易就可以推导出 F 和 A 之间的关系。计算公式为:

$$F = A \cdot \frac{(1+i)^n-1}{i}$$

式中:$\frac{(1+i)^n-1}{i}$ 称为等额支付终值系数。

（4）储存基金公式

由上式可以得到当终值 F 和利率 i 为已知时，求复利计息的等额序列支付 A 的计算公式：

$$A = F \cdot \frac{i}{(1+i)^n - 1}$$

式中：$\dfrac{i}{(1+i)^n - 1}$ 称为储存基金系数。

3. 等差序列公式

等差序列是一种等额增加或减少的现金流量序列。换句话说，这种现金流量序列的收入或支出每年以相同的数量发生变化。例如，物业的维修费用往往随着房屋及其附属设备的陈旧程度而逐年增加，物业的租金收入通常随着房地产市场的发展逐年增加等。逐年增加的收入或费用，虽然不能严格地按线性规律变化，但可根据多年资料，整理成等差序列以简化计算。

（1）等差序列现值公式

如果以 G 表示收入或支出的年等差变化值，第一年的现金收入或支出的流量 A_1 已知，则第 n 年年末现金收入或支出的流量为 $A_1 + (n-1)G$，计算等差序列现值系数的公式为：

$$P = A_1 \frac{(1+i)^n - 1}{i(1+i)^n} + \frac{G}{i}\left[\frac{(1+i)^n - 1}{i(1+i)^n} - \frac{n}{(1+i)^n}\right]$$

（2）等差序列终值公式

若要将等差现金流量序列换算成等值等额序列支付 A，则公式为：

$$A = A_1 + G\left[\frac{1}{i} - \frac{n}{(1+i)^n - 1}\right]$$

4. 等比序列公式

等比序列是一种等比例增加或减少的现金流量序列。换句话说，这种现金流量序列的收入或支出每年以一个固定的比例发生变化。例如，建筑物的建造成本每年以 10% 的比例逐年增加、房地产的价格或租金水平每年以 5% 的速度逐年增加等。

（1）等比序列现值公式

如果以等比系数 s 表示收入或支出每年变化的百分率，第一年的现金收入或支出的流量 A_1 已知，则第 n 年年末现金收入或支出的流量为 $A_1(1+s)^{n-1}$，计算等比序列现值系数的公式为

$$P = \begin{cases} \dfrac{A_1}{i-s}\left[1 - \left(\dfrac{1+s}{1+i}\right)^n\right] & i \neq s \\ \dfrac{nA_1}{1+i} & i = s \end{cases}$$

（2）等比序列年费用公式

若要将等比现金流量序列换算成等值等额序列支付 A，则公式为

$$A = A_1 \frac{i}{i-s}\left[1 - \frac{(1+s)^n - 1}{(1+i)^n - 1}\right]$$

3.2　房地产开发项目基础数据分析估算

3.2.1　投资估算

　　房地产开发项目投资估算的范围，包括土地费用、前期工程费、房屋开发费、管理费、财务费、销售费用、其他费用及开发期税费等，各项费用的构成复杂、变化因素多、不确定性大，尤其是由于不同建设项目类型的特点不同，其费用构成有较大的差异。

1. 土地费用

　　开发项目土地费用是指为取得开发项目用地而发生的费用。开发项目取得土地使用权有多种方式，所产生的费用各不相同。主要有以下几种：划拨或征用土地的土地征用拆迁费、出让土地的土地出让地价款、转让土地的土地转让费、租用土地的土地租用费、股东投资入股土地的土地投资折价。

　　（1）土地征用拆迁费

　　土地征用拆迁费分为：农村土地征用拆迁费和城镇土地拆迁补偿费。农村土地征用拆迁费主要包括：土地补偿费、青苗补偿费、地上附着物补偿费、安置补助费、新菜地开发建设基金、征地管理费、耕地占用费、拆迁费、其他费用。城镇土地拆迁补偿费主要包括：地上建筑物、构筑物、附着物补偿费，搬家费，临时搬迁安置费，周转房摊销以及对于原用地单位停产、停业补偿费，拆迁管理费和拆迁服务费等。

　　（2）土地出让地价款

　　土地出让地价款是国家以土地所有者的身份，将土地使用权在一定年限内让与土地使用者，并由土地使用者向国家支付的土地使用权出让地价款。以出让形式取得城市熟地土地使用权时，土地出让地价款由土地出让金、拆迁补偿费和城市基础设施建设费构成；以出让形式获得城市毛地土地使用权时，土地出让地价款由土地使用权出让金和城市基础设施建设费构成，获得此类土地使用权的开发商，需要进行房屋拆迁和土地开发活动，并相应支付城镇土地拆迁补偿费。

土地出让地价款的数额由土地所在城市、地区、地段、土地用途及使用条件等许多方面因素决定。许多城市对土地制定了基准地价,具体宗地的土地出让地价款要在基准地价的基础上加以适当调整确定。

(3)土地转让费

土地转让费是指土地受让方向土地转让方支付的土地使用权的转让费。依法通过土地出让或转让方式取得的土地使用权可以转让给其他合法使用者。土地使用权转让时,地上建筑物及其他附着物的所有权随之转让。

(4)土地租用费

土地租用费是指土地租用方向土地出租方支付的费用。以租用方式取得土地使用权可以减少项目开发的初期投资,但在房地产项目开发中较为少见。

(5)土地投资折价

房地产项目土地使用权可以来自房地产项目的一个或多个投资者的直接投资。在这种情况下,不需要筹集现金用于支付土地使用权的获取费用,但一般需要将土地使用权评估作价。

2. 前期工程费

前期工程费主要包括开发项目的前期规划、设计、可行性研究、水文地质勘测以及"三通一平"等土地开发工程费支出。

项目的规划、设计、可行性研究所需的费用支出一般可用百分比估算。一般情况下,规划设计费为建安工程费的 3% 左右,可行性研究费占项目总投资的 1%～3%,水文、地质勘探所需的费用可根据所需工作量结合有关收费标准估算,一般为设计概算的 0.5% 左右。

"三通一平"等土地开发费用,主要包括地上原有建筑物、构筑物拆除费用,场地平整费用和通水、电、路的费用。这些费用可根据实际工作量,参照有关计费标准估算。

3. 房屋开发费

房屋开发费包括建筑安装工程费、公共配套设施建设费和基础设施建设费。

(1)建筑安装工程费

建筑安装工程费是指建造房屋建筑物所发生的建筑工程费用(结构、建筑、特殊装修工程费)、设备采购费用和安装工程费用(给排水、电气照明及设备安装、空调通风、弱电设备及安装、电梯及其安装、其他设备及安装等费用)等。

当房地产项目包括多个单项工程时,应对各个单项工程分别估算建筑安装工程费用。

（2）公共配套设施建设费

公共配套设施建设费是指居住小区内，为居民服务配套建设的各种非营利性的公共配套设施（或公建设施）的建设费用。主要包括居委会、派出所、托儿所、幼儿园、公共厕所、停车场等。一般按规划指标和实际工程量估算。

（3）基础设施建设费

基础设施建设费是指建筑物 2 米以外和项目红线范围内的各种管线、道路工程的建设费用。主要包括：自来水、雨水、污水、煤气、热力、供电、电信、道路、绿化、环卫、室外照明等设施的建设费用，各项设施与市政设施干线、干管、干道等的接口费用。一般按实际工程量估算。

在投资估算阶段，房屋开发费中各项费用的估算，可以采用单元估算法、单位指标估算法、工程量近似匡算法、概算指标法、概预算定额法，也可以根据类似工程经验进行估算。具体估算方法的选择，应视资料的可获得性和费用支出的情况而定。比较常用的方法有以下几种：

①单元估算法。单元估算法是指以基本建设单元的综合投资乘以单元数得到项目或单项工程总投资的估算方法。如以每间客房的综合投资乘以客房数估算一座酒店的总投资，以每张病床的综合投资乘以病床数估算一座医院的总投资等。

②单位指标估算法。单位指标估算法是指以单位工程量投资乘以工程量得到单项工程投资的估算方法。一般来说，土建工程、给排水工程、照明工程可按建筑平方米造价计算，采暖工程按耗热量（千卡/小时）指标计算，变配电安装按设备容量（千伏安）指标计算，集中空调安装按冷负荷量（千卡/小时）指标计算，供热锅炉安装按每小时产生蒸汽量（立方米/小时）指标计算，各类围墙、室外管线工程按长度（米）指标计算，室外道路按道路面积（平方米）指标计算等。

③工程量近似匡算法。工程量近似匡算法采用与工程概预算类似的方法，先近似匡算工程量，配上相应的概预算定额单价和取费，近似计算项目投资。

④概算指标法。概算指标法采用综合的单位建筑面积和建筑体积等建筑工程概算指标计算整个工程费用。

4. 管理费

管理费是指房地产开发企业的管理部门为组织和管理开发经营活动而发生的各种费用。主要包括：管理人员工资、职工福利费、办公费、差旅费、折旧费、修理费、工会经费、职工教育经费、社会保险费、董事会费、咨询费、审计费、诉讼费、排污费、房地产税、土地使用税、技术转让费、技术开发费、无形资产摊销、开办费摊销、业务招待费、坏账损失、存货盘亏、毁损和报废损失以及其他管理费用。

管理费可按项目总投资的 3%～5% 估算。如果房地产开发企业同时开发若干个房地产项目，管理费应该在各个项目间合理分摊。

5.财务费用

财务费用是指企业为筹集资金而发生的各项费用,主要为借款或债券的利息,还包括金融机构手续费、融资代理费、承诺费、外汇汇兑净损失以及企业筹资发生的其他财务费用。利息的计算,可参照金融市场利率和资金分期投入的情况按复利计算;利息以外的其他融资费用,一般占利息的10%左右。

6.销售费用

销售费用是指房地产开发企业在销售房地产产品过程中发生的各项费用,以及专设销售机构或委托销售代理的各项费用。包括销售人员工资、奖金、福利费、差旅费,销售机构的折旧费、修理费、物料消耗费、广告宣传费、代理费、销售服务费及销售许可证申领费等。进行销售费用估算时,通常以销售收入为基础,取一个百分率计算,这个百分率一般为4%左右。

7.开发期税费

房地产开发项目投资估算中应考虑项目开发期所负担的各种税金和地方政府或有关部门征收的费用。主要包括:固定资产投资方向调节税、市政支管线分摊费、供电贴费、用电权费、分散建设市政公用设施建设费、绿化建设费、电话初装费、建材发展基金、人防工程费等。各项税费应根据当地有关法规标准估算。

8.其他费用

其他费用主要包括临时用地费和临时建设费、工程造价咨询费、总承包管理费、合同公证费、施工执照费、工程质量监督费、工程监理费、竣工图编制费、工程保险费等杂项费用。这些费用一般按当地有关部门规定的费率估算。

9.不可预见费

不可预见费根据项目的复杂程度和上述各项费用估算的准确程度,以上述各项费用之和的3%～5%估算。

当房地产开发项目竣工后采用出租或自营方式经营时,还应估算项目经营期间的运营费用。运营费用通常包括:人工费、公共设施设备运行费、维修及保养费、绿地管理费、卫生清洁与保安费用、维修与保养费、办公费、保险费、房产税、广告宣传及市场推广费、租赁代理费、不可预见费。

3.2.2 收入、利润估算

1.营业收入

营业收入指向社会出售、出租房地产商品或自营时的货币收入。房地产投资项目的营业收入主要包括销售收入、租金收入和自营收入。

（1）销售收入

房地产开发项目的销售收入包括土地转让收入、商品房销售收入和配套设施销售收入。计算公式为：

$$销售收入＝可出售建筑面积×销售单价$$

这里应该注意可出售建筑面积的变化对销售收入的影响以及由于规划设计的原因导致不能售出面积的增大对销售收入的影响。

（2）租金收入

租金收入包括出租房屋租金收入和出租土地租金收入，计算公式为：

$$租金收入＝可出租建筑面积×租金单价$$

对于出租的情况，还应考虑空置期（项目竣工后暂时找不到租客的时间）和空置率（未租出建筑面积占总建筑面积的百分比）对年租金收入的影响。没有考虑空置率或出租率的租金收入叫潜在总收入或毛租金收入；考虑了空置率或出租率以后，如果该物业中还有其他收入（如自动售货机、洗衣房收入等），那么从潜在总收入中扣除空置和租金损失，再加上其他收入，就得到了该物业的实际总收入或有效总收入。

（3）自营收入

自营收入是指开发企业以完成后的房地产为其进行商品、服务业等经营活动的载体，通过综合性的自营方式得到的收入。

在进行自营收入估算时应充分考虑目前已有的商业和服务业设施对房地产项目建成后产生的影响，以及未来商业、服务业市场可能发生的变化对房地产项目的影响。

2. 利润

利润是企业经济目标的集中表现，企业进行房地产开发投资的最终目的是获取开发或投资利润。房地产开发投资者不论采用何种直接的房地产投资模式，其销售收入扣除经营成本、期间费用和销售税金后的盈余部分，称为投资者的经营利润，这是房地产企业新创造价值的一部分，要在全社会范围内进行再分配。经营利润中的一部分由国家以税收的方式无偿征收，作为国家或地方的财政收入；另一部分留给企业，作为其可分配利润、企业发展基金、职工奖励及福利基金、储备基金等。根据财务核算和分析的需要，企业利润可分为经营利润、利润总额（又称实现利润）、税后利润和可分配利润等四个层次。

经营利润＝营业收入－经营成本－期间费用－经营税金及附加－土地增值税

营业收入＝销售收入＋租金收入＋自营收入

销售收入＝土地转让收入＋商品房销售收入＋配套设施销售收入

租金收入＝出租房屋租金收入＋出租土地租金收入

期间费用＝管理费用＋销售费用＋财务费用

利润总额＝经营利润＋营业外收支净额

税后利润＝利润总额－所得税

可供分配利润＝税后利润－（法定盈余公积金＋法定公益金＋未分配利润）

3.2.3　成本费用和税金估算

1. 成本

房地产投资中的成本包括开发产品成本和经营成本两个概念。

开发产品成本是指房地产开发项目建成时，按照国家有关财务和会计制度，转入房地产产品的开发建设投资。当房地产开发项目有多种产品时，可以通过开发建设投资的合理分摊，分别估算每种产品的产品成本。

经营成本是指房地产出售、出租时，将开发产品成本按照国家有关财务和会计制度结转的成本。主要包括：土地转让成本、商品房销售成本、配套设施销售成本和房地产出租经营成本。对于分期收款的房地产项目，房地产销售成本和出租经营成本通常按照销售或出租收入占全部销售收入和出租收入的比率，计算本期应结转的经营成本。

2. 期间费用

开发项目的期间费用是指企业行政管理部门为组织和管理开发经营活动而发生的销售费用、管理费用和财务费用。房地产开发项目用于销售时，期间费用计入开发建设投资中的管理、财务和销售费用，不另行计算；房地产开发项目用于出租或自营时，开发期的期间费用计入开发建设投资中，经营期的期间费用计为经营费用。

3. 税金

目前我国房地产开发企业纳税的主要税种有：

（1）经营税金及附加。包括营业税、城市维护建设税和教育费附加，又称"两税一费"。营业税是从应纳税房地产销售收入或出租收入中征收的一种税。营业税税额的计算方法是：营业税税额＝应纳税销售（出租）收入×税率，目前营业税税率为5%。城市维护建设税和教育费附加，是依托于营业税征收的一种税费，分别为营业税的7%和3%。

（2）城镇土地使用税和房产税

城镇土地使用税是房地产开发企业在开发经营过程中占用国有土地应缴纳的一种财产税，视土地等级、用途按占用面积征收；房产税是投资者拥有房地产时应缴纳的一种财产税,按房产原值或出租收入的一定比例征收。城镇土地使用税和房产税在企业所得税前列支。

(3)企业所得税

企业所得税是对实行独立经济核算的房地产开发企业,按其应纳税所得额征收的一种税。

$$所得税税额＝应纳税所得额×税率$$
$$应纳税所得额＝实现利润－允许扣除项目的金额$$

房地产开发企业所得税税率一般取 25%。

目前我国采取的纳税方式一般按预售收入一定比例预先缴纳,待开发项目竣工后再进行所得税清算。

3.3　房地产投资经济评价指标与评价方法

房地产开发投资项目经济评价的目的,是考察项目的盈利能力和清偿能力。盈利能力指标,是用来考察项目盈利能力水平的指标,包括静态指标和动态指标两类。其中:静态指标是在不考虑资金时间价值因素影响的情况下,直接通过现金流量计算出来的经济评价指标,这些指标计算简便,通常在概略评价时采用;动态指标,则考虑了资金时间价值因素的影响,要对发生在不同时间的效益、费用计算资金的时间价值,将现金流量进行等值化处理后计算评价指标。动态评价指标,能比较全面地反映投资方案整个计算期的经济效果,适用于详细可行性研究阶段的经济评价和计算期较长的投资项目。清偿能力指标,是指考察项目计算期内偿债能力的指标。除了投资者重视项目的偿债能力外,为项目提供融资的金融机构更加重视项目偿债能力的评价结果。

3.3.1 盈利指标计算方法

1.财务净现值

财务净现值($FNPV$),是指项目按行业的基准收益率或设定的目标收益率,将项目计算期内各年的净现金流量折算到开发活动起始点的现值之和,是房地产开发项目财务评价中的一个重要经济指标。基准收益率是净现值计算中反映资金时间价值的基准参数,是导致投资行为发生所要求的最低投资回报率,称为最低要求收益率。决定基准收益率大小的因素主要是资金成本和项目风险。

财务净现值的计算公式为

$$FNPV = \sum_{t=0}^{n} (CI - CO)_t (1 + i_c)^{-t}$$

式中:$FNPV$ 为项目在起始时间点的财务净现值;i_c 为基准收益率或设定的目标收益率;CI 为现金流入量;CO 为现金流出量;$(CI - CO)_t$ 为项目在 t 年的净现金流量;n 为计算期,即项目的开发或经营周期(年、半年、季度或月)。

$FNPV > 0$,表示该投资项目可实现的投资收益率超过用做折现率的最低投资期望收益率。据此判断该投资项目可以盈利。

$FNPV < 0$,表示该投资项目可实现的投资收益率低于用做折现率的最低投资期望收益率。但并不代表投资项目是亏本的。

$FNPV = 0$,表示该投资项目可实现的投资收益率正好等于用做折现率的最低投资期望收益率。但并不代表投资项目盈亏平衡。

即:$FNPV \geqslant 0$,项目在财务上可以接受;反之,不可以接受。

房地产开发项目计算期选取规则:

(1)当房地产开发项目出售时,计算期为开发期和销售期之和。开发期是从购买土地使用权开始到项目竣工验收的时间周期,包括准备期和建造期;销售期是从正式销售(含预售)开始到销售完毕的时间周期;当预售商品房时,开发期与销售期有部分重叠时间。

(2)当房地产开发项目出租或自营时,计算期为开发期与经营期之和。经营期为预计出租经营或自营的时间周期;以土地使用权剩余年限和建筑物经济使用寿命中较短的年限为最大值。为简便计算,也可根据分析精确度的要求,取 10~20 年。

2. 财务内部收益率

财务内部收益率($FIRR$),是指项目在整个计算期内,各年净现金流量现值累计等于零时的折现率,是评估项目盈利性的基本指标。其计算公式为

$$\sum_{t=0}^{n} (CI - CO)_t (1 + FIRR)^{-t} = 0$$

式中:CI 为现金流入量;CO 为现金流出量;$(CI - CO)_t$ 为项目在 t 年的净现金流量;n 为计算期,即项目的开发或经营周期(年、半年、季度或月)。

财务内部收益率的经济含义是在项目寿命期内,项目内部未收回投资的每年净收益率。同时意味着,到项目寿命期终了时,所有投资可以被完全收回,也表明了项目投资所能支付的最高贷款利率。

财务内部收益率可以通过内插法求得。计算 $FIRR$ 的一般步骤如下:

(1)设初始折现率值 i_1,并计算对应的财务净现值 $FNPV(i_1)$;

（2）若 $FNPV(i_1) \neq 0$，则根据 $FNPV(i_1)$ 是否大于零，再设 i_2，计算对应的 $FNPV(i_2)$。

① 若 $FNPV(i_1) > 0$，则设 $i_2 > i_1$；

② 若 $FNPV(i_1) < 0$，则设 $i_2 < i_1$。

（3）重复第二个步骤，直到出现 $FNPV(i_1) > 0$，$FNPV(i_2) < 0$ 或 $FNPV(i_1) < 0$，$FNPV(i_2) > 0$。

（4）用线性内插法求得 $FIRR$ 近似值：

$$FIRR \approx i^* = i_1 + \frac{FNPV_{i_1}}{FNPV_{i_1} + |FNPV_{i_2}|} \times (i_2 - i_1)$$

式中：$FNPV_{i_1}$ 为较低的折现率 i_1 对应的正的财务净现值；$FNPV_{i_2}$ 为较高的折现率 i_2 对应的负的财务净现值；i_1 为使财务净现值出现正值的折现率；i_2 为使财务净现值出现负值的折现率。

由于上式计算误差与 i_1 和 i_2 之间的差距有关，且 i_1 和 i_2 之间的差距越大，误差也越大，因此为了保证 $FIRR$ 的精确，i_1 和 i_2 之间的差距一般以不超过 2% 为宜，最大不要超过 5%。

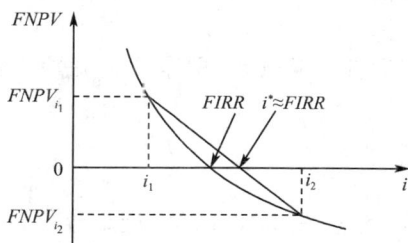

图 3-1　线性内插法求出 $FIRR$

财务内部收益率计算出来后，可通过与基准收益率进行比较来判断方案是否可行，即：

① 若 $FIRR \geqslant i_c$，则方案财务效果可行；

② 若 $FIRR < i_c$，则方案财务效果不可行。

3. 动态投资回收期

动态投资回收期 P'_t，是指当考虑现金流折现时，项目以净收益抵偿全部投资所需的时间，是反映开发项目投资回收能力的重要指标。对房地产投资项目来说，动态投资回收期是自投资起始点算起，累计净现值等于零或出现正值的年份（即为投资回收终止年份），其计算公式为

$$\sum_{t=0}^{P'_t} (CI - CO)_t (1 + i_c)^{-t} = 0$$

动态投资回收期以年表示,在实际应用中,可根据项目现金流量表中的净现金流量的现值,用下列公式近似计算:

$$P'_t = \left[\begin{array}{c}\text{累计净现金流量的现值开始}\\ \text{出现正值的年份数}\end{array}\right] - 1 + \frac{\text{上年累计净现金流量现值的绝对值}}{\text{当年的净现金流量的现值}}$$

在项目财务评价中,动态投资回收期(P'_t)与基准动态回收期(P'_c)相比较,如果$P'_t \leq P'_c$,则开发项目在财务上就是可以接受的。动态投资回收期指标一般用于评价开发完结后用来出租经营或自营的房地产开发项目,也可用来评价置业投资项目。

4. 静态投资回收期

静态投资回收期(P_t)是指在不考虑资金时间价值的前提下,用项目各年的净收益来回收全部投资所需要的期限。静态投资回收期可以自项目建设开始年算起,也可以自项目投产年算起,但应注明本书若无特殊说明,静态投资回收期从建设开始年算起。其表达式为:

$$\sum_{t=0}^{P_t} (CI - CO)_t = 0$$

静态投资回收期的求解可借助现金流量表,根据净现金流量来计算,其具体又分为以下两种情况。

(1)当项目建成投产后各年净收益(即净现金流量)均相同时,静态投资回收期的计算公式如下:

$$P_t = \frac{I}{A}$$

式中:I为项目投入的全部资金;A为每年的净现金流量。

(2)考虑各建设项目的实际情况,各年净收益相同的情况是很少见的,因为设备运转、人员管理等都有一个试运行的过程,因此,大多数项目在刚刚投产的前几年收益是不相同的。当项目建成投产后各年的净收益不相同时,静态投资回收期可根据累计净现金流量求得。计算公式为:

$$P_t = \left[\begin{array}{c}\text{累计净现金流量开始}\\ \text{出现正值的年份数}\end{array}\right] - 1 + \frac{\text{上年累计净现金流量的绝对值}}{\text{当年的净现金流量}}$$

将计算出的静态投资回收期P_t与所确定的基准静态投资回收期P_c进行比较,若$P_t \leq P_c$,表示项目投资能在规定的时间内收回,则可以考虑接受该项目。

5. 成本利润率

成本利润率(RPC),指开发利润占总开发成本的比率,是初步判断房地产开发项目财务可行性的一个经济评价指标。成本利润率的计算公式为

$$RPC = \frac{(GDV - TDC)}{TDC} \times 100\% = \frac{DP}{TDC} \times 100\%$$

式中:GDV 为项目总开发价值;TDC 为项目总开发成本;DP 为开发利润。

计算项目总开发价值时,如果项目全部销售,则等于总销售收入扣除销售税金后的净销售收入;如果项目用于出租,则为项目在整个持有期内净经营收入和净转售收入的现值累计之和。

项目总开发成本,是房地产开发项目在开发经营期内实际支出的成本,在数值上等于开发建设投资,包括土地费用、前期工程费用、基础设施建设费用、建筑安装工程费用、公共配套设施建设费用、开发间接费用、财务费用、管理费用、销售费用、开发期税费、其他费用和不可预见费用等。

计算房地产开发项目的总开发价值和总开发成本时,可依评估时的价格水平进行估算,因为在大多数情况下,开发项目的收入与成本支出受市场价格水平变动的影响大致相同,使项目收入的增长基本能抵消成本的增长。

开发商利润实际是对开发商所承担的开发风险的回报。成本利润率一般与目标利润率进行比较,超过目标利润率,则该项目在经济上是可接受的。目标利润率水平的高低,与项目所在地区的市场竞争状况、项目开发经营周期长度、开发项目的物业类型以及贷款利率水平等相关。

一般来说,对于一个开发周期为 2 年的商品住宅开发项目,其目标成本利润率应为 35%～45%。

成本利润率是开发经营期的利润率,不是年利润率。成本利润率除以开发经营期的年数,也不等于年成本利润率,因为开发成本在开发经营期内逐渐发生,而不是在开发经营期开始时一次投入。

6. 投资利润率

投资利润率是指项目经营期内一个正常年份的年利润总额或项目经营期内年平均利润总额与项目总投资的比率,它是考察项目单位投资盈利能力的静态指标。对于经营期内各年的利润变化幅度较大的项目,应计算经营期内年平均利润总额与项目总投资的比率,其计算公式为

投资利润率＝年利润总额或年平均利润总额/项目总投资×100%

利润总额＝经营收入(含销售、出租、自营)－经营成本－运营费用－销售税金

销售税金＝营业税＋城市维护建设税＋教育费附加

项目总投资＝开发建设投资＋经营资金

投资利润率可以根据损益表中的有关数据计算求得。在财务评价中,将投资利润率与行业平均利润率对比,以判别项目单位投资盈利能力是否达到本行业的平均水平。

7. 资本金利润率

资本金利润率是指项目经营期内一个正常年份的年利润总额或项目经营期内的年平均利润总额与资本金的比率,它反映投入项目的资本金的盈利能力。资本金是投资者为房地产开发投资项目投入的资本金或权益资本。资本金利润率的计算公式为

资本金利润率＝年利润总额或年平均利润总额/资本金×100%

3.3.2 清偿指标计算方法

1. 借款偿还期

借款偿还期是指项目开发经营期内使用可用作还款的利润、折旧、摊销及其他还款资金偿还项目借款本息所需要的时间。计算公式为:

$$I_d = \sum_{t=1}^{P_d} (R_p + D + R_o - R_r)$$

式中:P_d 为借款偿还期(从借款开始年计算);I_d 为投资借款本金和利息之和(不包括已用自有资金支付的部分);R_p 为第 t 年可用于还款的利润;D 为第 t 年可用于还款的折旧和摊销费;R_o 为第 t 年可用于还款的其他收益;R_r 为第 t 年企业留利。

在实际工作中,借款偿还期可直接根据资金来源与运用表或借款还本付息计算表推算,其具体推算公式如下:

$$P_d = (借款偿还后出现盈余的年份数 - 借款开始的年份数) +$$

$$\frac{当年应偿还借款额}{当年可用于还款的资金额}$$

当借款期限满足贷款机构的要求期限时,即认为项目是有清偿能力的。

关于建设期贷款利息的计算,如果按实际贷款、还款日期计算将十分繁杂,为简化计算,一般规定借款发生当年均在年中支付,按半年计息,其后年份按全年计息;还款当年按年末还款,按全年计息。有关建设期贷款利息的计算将在财务评价中详细介绍,这里仅介绍每年应计利息的公式:

$$每年应计利息 = \left(年初借款本息累计 + \frac{本年借款额}{2} \right) \times 年利率$$

2. 利息备付率

利息备付率也称已获利息倍数,指项目在借款偿还期内各年可用于支付利息的税息前利润与当期应付利息的比值。

$$利息备付率 = \frac{息税前利润}{当期应付利息}$$

式中:当期应付利息是指计入总成本费用的全部利息。

$$息税前利润 = 营业收入 - 营业税及附加 - 息税前总成本$$

利息备付率可以按年计算,也可以按整个借款期计算。但按年计算的利息备付率更能反映偿债能力。

利息备付率从付息资金来源的充裕性角度反映项目偿付债务利息的能力,它表示使用项目息税前利润付利息的保证倍率。一般房地产开发项目,利息备付率应当大于 2,否则,表示项目的付息能力保障程序不完善。尤其是当利息备付率低于 1 时,表示项目没有足够的资金支付利息,偿债风险很大。

3. 偿债备付率

偿债备付率指项目在借款偿还期内,各年可用于还本付息资金与当期应还付息金额的比值。它表示可用于计算还本付息的资金偿还借款本息的保障程度。

$$偿债备付率 = \frac{可用于还本付息资金}{当期应还本付息金额}$$

式中:可用于还本付息资金包括可用于还款的折旧和摊销、成本中列支的利息费用、可用于还款的利润等;当期应还本付息金额包括当期应还贷款的本金及计入成本的利息。

偿债备付率可以按年计算,也可以按项目整个借款期计算。同样,按年计算的偿债备付率更能反映偿债能力。

偿债备付率表示可用于还本付息的资金偿还借款本息的保证倍数,偿债备付率高,表明可用于还本付息的资金保障程度高。正常情况下偿债备付率应大于 1,且越高越好。当指标小于 1 时,表示当资金来源不足以偿付当期债务,需要通过短期借款偿付当期债务。

3.4　房地产开发项目财务报表的编制

房地产开发项目财务报表包括基本报表和辅助报表。一些基础性数据(如成本、收入等)都存储于辅助报表中,这些辅助报表通过某种对应关系生成基本报表。通过基本报表就可以对项目进行财务盈利能力、清偿能力及资金平衡分析。

3.4.1 基本报表

1. 现金流量表

现金流量表反映房地产项目开发经营期内各期(年、半年或季度、月)的现金流入和现金流出,用以计算各项动态和静态评价指标,进行开发项目财务盈利能力分析。按投资计算基础的不同,现金流量表分为:

(1)全部投资现金流量表(表 3-1)。该表不分投资资金来源,以全部投资作为计算基础,用以计算全部投资财务内部收益率、财务净现值及投资回收期等评价指标,考察项目全部投资的盈利能力,为各个投资方案(不论其资金来源及利息多少)进行比较建立共同的基础。

表 3-1 全部投资现金流量表

序号	项目	合计	建设期		投产期		达到设计能力生产期			
			1	2	3	4	5	6	⋯	n
1	现金流入									
1.1	营业收入									
1.2	补贴收入									
1.3	回收固定资产余值									
1.4	回收全部流动资金									
2	现金流出									
2.1	建设投资									
2.2	流动资金									
2.3	经营成本									
2.4	销售税金及附加									
2.5	维持运营投资									
3	所得税前净现金流量									
4	所得税前累计净现金流量									
5	调整所得税									
6	所得税后净现金流量									
7	累计所得税后净现金流量									

计算指标:所得税前　　　　　　　　　　　　所得税后

财务内部收益率($FIRR$)=　　　　　　　　财务内部收益率($FIRR$)=

财务净现值($FNPV_{i_c}$)=　　　　　　　　财务净现值($FNPV_{i_c}$)=

投资回收期(P_t)=　　　　　　　　　　　投资回收期(P_t)=

(2)资本金现金流量表(表 3-2)。该表从投资者整体的角度出发,以投资者的出资额作为计算基础,把借款本金偿还和利息支付视为现金流出,用以计算资本金财务内部收益率、财务净现值等评价指标,考察项目资本金的盈利能力。

表 3-2　　　　　　　　　　　　　资本金现金流量表

序号	项目	合计	建设期		投产期		达到设计能力生产期			
			1	2	3	4	5	6	…	n
1	现金流入									
1.1	营业收入									
1.2	补贴收入									
1.3	回收固定资产余值									
1.4	回收流动资金									
2	现金流出									
2.1	项目资本金									
2.2	借款本金偿还									
2.3	借款利息支出									
2.4	经营成本									
2.5	销售税金及附加									
2.6	所得税									
2.7	维持运营投资									
3	净现金流量									
4	累计净现金流量									

计算指标:资本金财务内部收益率＝

2. 财务计划现金流量表

该表反映房地产项目开发经营期内各期的资金盈余或短缺情况,用于选择资金筹措方案,制订适宜的借款及偿还计划,见表 3-3。

表 3-3　　　　　　　　　　　　　财务计划现金流量表

序号	项目	合计	建设期		投产期		达到设计能力生产期			
			1	2	3	4	5	6	…	n
1	经营净现金流量									
1.1	现金流入									
1.1.1	营业收入									
1.1.2	回收固定资产余值									
1.1.3	回收流动资金									
1.2	现金流出									
1.2.1	经营成本									
1.2.2	营业附加税									
1.2.3	所得税									
2	投资净现金流量									
2.1	现金流入									
2.2	现金流出									
2.2.1	建设投资									

(续表)

序号	项目	合计	建设期		投产期		达到设计能力生产期			
			1	2	3	4	5	6	…	n
2.2.2	流动资金									
3	筹资净现金流量									
3.1	现金流入									
3.1.1	资本金投入									
3.1.2	建设资金借款									
3.1.3	流动资金借款									
3.2	现金流出									
3.2.1	利息支出									
3.2.2	偿还本金									
3.2.3	应付利润									
4	净现金流量(1+2+3)									
5	累计盈余资金									

3. 利润及利润分配表

该表反映房地产项目开发经营期内各期的利润总额、所得税及各期税后利润的分配情况,用以计算投资利润率、资本金利润率及资本金净利润率等评价指标,见表 3-4。

表 3-4 利润及利润分配表

序号	项目	合计	建设期		投产期		达到设计能力生产期			
			1	2	3	4	5	6	…	n
1	营业收入									
2	总成本费用									
3	销售税金及附加									
4	利润总额									
5	弥补以前年度亏损									
6	应纳所得税额									
7	所得税									
8	净利润									
9	期初未分配利润									
10	可供分配利润									
11	法定盈余公积金									
12	可供投资者分配的利润									
13	应付投资者各方利润									
14	未分配利润									
15	息税前利润＋年利息支出									
16	息税折旧摊销前利润＋折旧＋摊销									

应该指出的是,房地产开发企业发生的年度亏损,可以用下一年度的所得税税前利润弥补,下一年度税前利润不足弥补的,可以在 5 年内延续弥补。5 年内不足弥补的,用税后利润弥补。在实际操作中,房地产开发项目的所得税,采用了按销售收入一定比例预征的方式,即不论项目整体上是否已经盈利,只要实现了销售收入,就按其一定比例征收所得税。

税后利润的分配顺序,首先是弥补企业以前年度的亏损,然后是提取法定盈余公积金和公益金,之后是可向投资者分配的利润。

4. 资产负债表

资产负债表反映企业一定时期全部资产、负债和所有者权益的情况,见表 3-5。在对房地产开发项目进行独立的财务评价时,不需要编制资产负债表。但当房地产开发经营公司开发或投资一个新的房地产项目时,通常需要编制该企业的资产负债表,以计算资产负债率、流动比率、速动比率等反映企业财务状况和清偿能力的指标。

表 3-5　资产负债表

序号	项目	合计	建设期		投产期		达到设计能力生产期			
			1	2	3	4	5	6	···	n
1	资产									
1.1	流动资产									
1.1.1	应收账款									
1.1.2	存货									
1.1.3	现金									
1.1.4	累计盈余资金									
1.1.5	其他流动资产									
1.2	在建工程									
1.3	固定资产									
1.3.1	原值									
1.3.2	累计折旧									
1.3.3	净值									
1.4	无形及递延资产净值									
2	负债及所有者权益									
2.1	流动负债总额									
2.1.1	应付账款									
2.1.2	其他流动负债									
2.2	中长期借款									
2.3	所有者权益									
2.3.1	资本金									
2.3.2	资本公积金									
2.3.3	累计盈余公积金									
2.3.4	累计未分配利润									

基本报表按照独立法人房地产项目(项目公司)的要求进行科目设置;非独立法人房地产项目基本报表的科目设置,可参照独立法人项目进行,但应注意费用与效益在项目上的合理分摊。

3.4.2 辅助报表

辅助报表包括项目总投资估算表、开发建设投资估算表、经营成本估算表、土地费用估算表、前期工程费估算表、基础设施建设费估算表、建筑安装工程费用估算表、公共配套设施建设费估算表、开发期税费估算表、其他费用估算表、销售收入与经营税金及附加估算表、出租收入与经营税金及附加估算表、自营收入与经营税金及附加估算表、投资计划与资金筹措表和借款还本付息估算表。

3.5 房地产开发项目可行性研究

3.5.1 可行性研究的工作阶段

可行性研究是在投资前期所做的工作。它分为四个工作阶段,每阶段的内容由浅到深。

1. 投资机会研究

该阶段的主要任务是对投资项目或投资方向提出建议,即在一定的地区和部门内,以自然资源和市场的调查预测为基础,寻找最有利的投资机会。

投资机会研究分为一般投资机会研究和特定项目的投资机会研究。前者又分三种:地区研究、部门研究和以利用资源为基础的研究,目的是指明具体的投资方向。后者是要选择确定项目的投资机遇,将项目意向变为概略的投资建议,使投资者可据以决策。

投资机会研究的主要内容有:地区情况、经济政策、资源条件、劳动力状况、社会条件、地理环境、国内外市场情况、工程项目建成后对社会的影响等。

对投资机会研究相当粗略,主要依靠笼统的估计而不是依靠详细的分析。该阶段投资估算的精确度为±30%,研究费用一般占总投资的 0.2%～0.8%。

如果机会研究认为是可行的,就可以进行下一阶段的工作。

2. 初步可行性研究

初步可行性研究亦称"预可行性研究",是在机会研究的基础上,进一步对项目建设的可能性与潜在效益进行论证分析。主要解决的问题包括：

(1)分析机会研究的结论,在详细资料的基础上做出是否投资的决定;

(2)是否有进行详细可行性研究的必要;

(3)有哪些关键问题需要进行辅助研究。

在初步可行性研究阶段,需对以下内容进行粗略的审查:市场需求与供应、建筑材料供应状况、项目所在地区的社会经济情况、项目地址及其周围环境、项目规划设计方案、项目进度、项目销售收入与投资估算、项目财务分析等。

初步可行性研究阶段投资估算的精度可达±20%,所需费用占总投资的0.25%~1.5%。所谓辅助研究是对投资项目的一个或几个重要方面进行单独研究,用作初步可行性研究和详细可行性研究的先决条件,或用以支持这两项研究。

3.详细可行性研究

详细可行性研究即通常所说的可行性研究。详细可行性研究是开发建设项目投资决策的基础,是在分析项目技术、经济可行性后作出投资与否决策的关键步骤。

这一阶段对建设投资估算的精度为±10%,所需费用:小型项目占投资的1.0%~3.0%,大型复杂的工程占0.2%~1.0%。

4.项目的评估和决策

按照国家有关规定,对于大中型和限额以上的项目及重要的小型项目,必须经有权审批单位委托有资格的咨询评估单位就项目可行性研究报告进行评估论证。未经评估的建设项目,任何单位不准审批,更不准组织建设。

项目评估是由决策部门组织或授权于建设银行、投资银行、咨询公司或有关专家,代表国家对上报的建设项目可行性研究报告进行全面审核和再评估。

3.5.2　可行性研究的步骤

可行性研究按以下五个步骤进行。

1.接受委托

在项目建议被批准之后,开发商即可委托咨询评估公司对拟开发项目进行可行性研究。双方签订合同协议,明确规定可行性研究的工作范围、目标意图、进度安排、费用支付办法及协作方式等内容。承担单位接受委托时,应获得项目建议书和有关项目背景介绍资料,搞清楚委托者的目的和要求,明确研究内容,制订计划,并收集有关的基础资料、指标、规范、标准等基本数据。

2. 调查研究

调查研究主要从市场调查和资源调查两方面进行。市场调查应查明和预测市场的供给和需求量、价格、竞争能力等，以便确定项目的经济规模和项目构成。资源调查包括建设地点、开发项目用地、交通运输条件、外围基础设施、环境保护、水文地质、气象等方面的调查，为下一步的规划方案设计、技术经济分析提供准确的资料。

3. 方案选择和优化

根据项目建议书的要求，结合市场和资源调查，在收集到的资料和数据的基础上，建立若干可供选择的开发方案，进行反复的方案论证和比较，会同委托部门明确方案选择的重大原则问题和优选标准，采用技术经济分析的方法，评选出合理的方案。研究论证项目在技术上的可行性，进一步确定项目规模、构成、开发进度。

4. 财务评价和综合评价

对经上述分析后所确定的最佳方案，在估算项目投资、成本、价格、收入等基础上，对方案进行详细的财务评价和综合评价。研究论证项目在经济上的合理性和盈利能力，进一步提出资金筹措建议和项目实施总进度计划。

5. 编制可行性研究报告

经过上述分析与评价，即可编制详细的可行性研究报告，推荐一个以上的可行方案和实施计划，提出结论性意见、措施和建议，作为决策者决策依据。

3.5.3　可行性研究的内容

由于开发项目的性质、规模和复杂程度不同，可行性研究的内容亦不尽相同，各有侧重。一般来说，房地产开发项目可行性研究应包括以下主要内容：

1. 项目概况

具体内容包括：项目名称、开发建设单位；项目的地理位置，如项目所在城市、区和街道，项目周围主要建筑物等；项目所在地周围的环境状况，主要从工业、商业及相关行业现状及发展潜力、项目建设的时机和自然环境等方面说明项目建设的必要性和可行性；项目的性质及主要特点；项目开发建设的社会、经济意义；可行性研究工作的目的、依据和范围。

2. 开发项目用地的现状调查及拆迁安置方案的制订

（1）土地调查。包括开发项目用地范围内的各类土地面积及使用单位等。

（2）人口调查。包括开发项目用地范围内的总人口数、总户数以及需拆迁的人口数、户数等。

（3）调查开发项目用地范围内建筑物的种类、各种建筑物的数量及面积、需要拆迁的建筑物种类、数量和面积等。

（4）调查生产、经营企业以及个体经营者的经营范围、占地面积、建筑面积、营业面积、职工人数、年营业额、年利润额等。

（5）调查各种管线。主要应调查上水管线、雨水管线、污水管线、热力管线、燃气管线、电力和电信管线的现状及规则目标和其可能实现的时间。

（6）调查其他地下、地上物。开发项目用地范围内地下物调查要了解的内容包括水井、人防工程、菜窖、各种管线等；地上物调查要了解的内容包括各种树木、植物等。开发项目用地的现状一般要附平面示意图。

（7）制订拆迁计划。

（8）制订安置方案。包括需要安置的总人数和户数、需要安置的各房屋套数及建筑面积、需要安置的劳动力人数等。

3. 市场分析和建设规模的确定

具体内容包括：市场供给现状分析及预测、市场需求现状分析及预测、市场交易的数量与价格分析及预计、服务对象分析、租售计划制订、拟建项目建设规模的确定。

4. 规划设计方案的选择

（1）市政规划方案选择。市政规划方案的主要内容包括各种市政设施的布置、来源、去路和走向，大型商业房地产开发项目重点要规划安排好交通布局和共享空间等。

（2）项目构成及平面布置。

（3）建筑规划方案选择。建筑规划方案的内容主要包括各单项工程的占地面积、建筑面积、层数、层高、房间布置、各种房间的数量、建筑面积等等，附规划设计方案详图。

5. 资源供给条件分析

资源供给条件分析主要内容包括：建筑材料的需要量、采购方式和供应计划，施工力量的组织计划，项目施工期间的动力、水等供应方案，项目建成投入生产或使用后水、电、热力、煤气、交通、通信等供应条件。

6. 环境影响评价

环境影响评价主要内容包括：建设地区的环境现状，主要污染源和污染物，开发项目可能引起的周围生态变化，设计采用的环境保护标准，控制污染与生态变化的初步方案,环境保护投资估算,环境影响的评价结论和环境影响分析,存在问题及建议。

7.项目开发组织机构和管理费用的研究

项目开发组织机构和管理费用的研究主要内容包括:拟订开发项目的管理体制、机构设置及管理人员的配备方案,拟定人员培训计划,估算年管理费用支出情况。

8.开发建设计划的编制

(1)前期开发计划。包括项目从立项、可行性研究、下达规则任务、征地拆迁、委托规则设计、取得开工许可证直至完成开工前准备等一系列工作计划。

(2)工程建设计划。包括各个单项工程的开、竣工时间,进度安排,市政工程的配套建设计划等。

(3)建设场地的布置。

(4)施工队伍的选择。

9.项目经济及社会效益分析

(1)项目总投资估算。包括开发建设投资和经营资金两部分。

(2)项目投资来源、筹措方式的确定。

(3)开发成本估算。

(4)销售成本、经营成本估算。

(5)销售收入、租金收入、经营收入和其他营业收入估算。

(6)财务评价。分析计算项目投资回收期、财务净现值、财务内部收益率和投资利润率、借款偿还期等技术经济指标,对项目进行财务评价。

(7)国民经济评价。对于工业开发区等大型房地产开发项目,还需运用国民经济评价方法计算项目财务净现值、财务内部收益率等指标,对项目进行国民经济评价。

(8)风险分析。一方面结合政治形势、国家方针政策、经济发展趋势、市场周期、自然等方面因素的可能变化,进行定性风险分析;另一方面采用盈亏平衡分析、敏感性分析、概率分析等分析方法进行定量风险分析。

(9)项目环境效益、社会效益及综合效益评价。

10.结论及建议

(1)运用各种数据从技术、经济、财务等诸方面论述开发项目的可行性,并推荐最佳方案。

(2)提出存在的问题及相应的建议。

3.5.4　可行性研究报告的编制

1.可行性研究报告的构成

在正式写作前,先要筹划一下可行性研究报告应包括的内容。一般来说,一份正式的可行性研究报告应包括封面、摘要、目录、正文、附表和附图六个部分。

(1)封面。要能反映评估项目的名称、为谁所作、谁作的评估以及可行性研究报告写作的时间。

(2)摘要。用简洁的语言,介绍被评估项目所处地区的市场情况、项目本身的情况和特点、评估的结论。摘要的读者对象是没有时间看详细报告但又对项目的决策起决定性作用的人,所以摘要的文字要字斟句酌,言必达意,绝对不能有废词冗句,字数以不超过 1000 字为宜。

(3)目录。如果可行性研究报告较长,最好要有目录,以使读者能方便地了解可行性研究报告所包括的具体内容以及前后关系,使之能根据自己的兴趣快速地找到其所要阅读的部分。

(4)正文。这是可行性研究报告的主体,一般要按照逻辑顺序,从总体到细节循序进行。要注意的是,报告的正文也不要太繁琐。报告的厚度并非是取得信誉的最好方法,重要的是尽可能简明地回答未来读者所关心的问题。对于一般的可行性研究报告,通常包括的具体内容有:项目总说明、项目概况、投资环境研究、市场研究、项目地理环境和附近地区竞争性发展项目、规划方案及建设条件、建设方式与进度安排、投资估算及资金筹措、项目评估基础数据的预测和选定、项目经济效益评价、风险分析、结论与建议等 12 个方面。项目可行性研究报告如用于向国家计划管理部门办理立项报批手续,还应包括环境分析、能源消耗及节能措施、项目公司组织机构等方面的内容。因此,报告的正文中应包括哪些内容,要视评估的目的和未来读者所关心的问题来具体确定,没有固定不变的模式。

(5)附表。对于正文中不便于插入的较大型表格,为了使读者便于阅读,通常将其按顺序编号附于正文之后。按照在评估报告中出现的顺序,附表一般包括:项目工程进度计划表、财务评估的基本报表和辅助报表、敏感性分析表。当然,有时在投资环境分析、市场研究、投资估算等部分的表格也可以附表的形式出现在报告中。

(6)附图。为了辅助文字说明,使读者很快建立起空间的概念,通常要有一些附图。这些附图一般包括:项目位置示意图、项目规划用地红线图、建筑设计方案平面图、项目所在城市总体规划示意图和与项目性质相关的土地利用规划示意图、项目用地附近的土地利用现状图和项目用地附近竞争性项目分布示意图等。有时附图中还会包括评估报告中的一些数据分析图,如直方图、饼图、曲线图等。

当然,有时报告还应包括一些附件,如国有土地使用权证、建设用地规划许可证、建设工程规划许可证、建设工程施工许可证、销售(预售)许可证、审定设计方案通知书、建筑设计方案平面图、公司营业执照、经营许可证等。这些附件通常由开发商或委托评估方准备,与评估报告一同送给有关读者。

2.可行性研究报告正文的写作要点

按照前述报告正文中应包含的内容,现将写作要点介绍如下:

(1)项目总说明。在项目总说明中,应着重就项目背景、项目主办者或参与者、项目评估的目的、项目评估报告编制的依据及有关说明等向读者予以介绍。

(2)项目概况。在这一部分内容中,应重点介绍项目的合作方式和性质、项目所处的位置、项目拟建规模和标准、项目所需市政配套设施的情况及获得市政建设条件的可能性、项目建成后的服务对象。

(3)投资环境研究。主要包括当地总体社会经济情况、城市基础设施状况、土地使用制度、当地政府的金融和税收等方面的政策、政府鼓励投资的领域等。

(4)市场研究。按照所评估项目的特点,分别就当地与所评估项目相关的土地市场、居住物业市场、写字楼物业市场、零售商业物业市场、酒店市场、工业物业市场等进行分析研究。市场研究的关键是占有大量的第一手市场信息资料,通过列举市场交易实例,令读者信服你对市场价格、供求关系、发展趋势等方面的理解。

(5)项目地理环境和附近地区竞争性发展项目。这一部分主要应就项目所处的地理环境(邻里关系)、项目用地的现状(熟地还是生地、需要哪些前期土地开发工作)和项目附近地区近期开工建设或筹备过程中的竞争性发展项目予以分析说明。竞争性发展项目的介绍十分重要,它能帮助开发商做到知己知彼,正确地为自己所发展的项目进行市场定位。

(6)规划方案及建设条件。主要介绍开发项目的规划建设方案和建设过程中市政建设条件(水、电、路等)是否满足工程建设的需要。在介绍规划建设方案的过程中,可行性研究报告撰写者最好能根据所掌握的市场情况,就项目的规模、档次、建筑物装修标准和功能面积分配等提出建议。

(7)建设方式及进度安排。项目的建设方式是指建设工程的发包方式。发包方式的差异往往会带来工程质量、工期、成本等方面的差异,因此,这里有必要就建设工程的承发包方式提出建议。这一部分中还应就建设进度安排、物料供应(主要建筑材料的需要量)作出估计或估算,以便为投资估算做好准备。

(8)投资估算及资金筹措。这一部分的主要任务是就项目的总投资进行估算,并按项目进度安排情况做出投资分年度使用计划和资金筹措计划。项目总投资的估算,应包括项目投资概况、估算依据、估算范围和估算结果,一般投资估算结果汇总中应包括土地费用、前期工程费、房屋开发费、管理费、销售费用、财务费用、其他费用、不可预见费和开发期税费。投资分年度使用计划实际是项目财务评价过程中有关现金流入的主要部分,应该分别就开发建设投资和建设投资利息列出。资金筹措计划主要是就项目投资的资金来源进行分析,包括资本金、贷款和预售(租)收入三个部分。应该特别指出的是,当资金来源中包括预售(租)收入时,还要和后面的销售(出租)收入计划配合考虑。

(9)项目评估基础数据的预测和选定。这一部分通常包括销售收入测算、成本及税金和利润分配三个部分。要测算销售收入,首先要根据项目设计情况确定按功能分类的可销售或出租面积的数量;再依市场研究结果确定项目各部分功能面积的租金或售价水平;然后再根据工程建设进度安排和开发商的市场销售策略,确定项目分期销售或出租的面积及收款计划;最后汇总出分年度的销售收入。成本及税金部分,一是要对项目的开发建设成本、流动资金、销售费用和投入运营后的经营成本进行估算;二是对项目需要缴纳的税费种类及其征收方式和时间、税率作出说明,以便为后面的现金流分析提供基础数据。利润分配,主要反映项目的获利能力和可分配利润的数量,属于项目盈利性分析的内容。

(10)项目经济效益评价。这是项目评估报告中最关键的部分,在这里,要充分利用前述各部分的分析研究结果,对项目的经济可行性进行分析。这部分的内容,一般包括现金流量分析、资金来源与运用表及贷款偿还分析。现金流量分析,要从全部投资和资本金两个方面对反映项目经济效益的财务内部收益率、财务净现值和投资回收期进行分析测算。资金来源与运用表,集中体现了项目自身资金收支平衡的能力,是财务评价的重要依据。贷款偿还分析,主要是就项目的贷款还本付息情况作出估算,用以反映项目在何时开始、从哪项收入中偿还贷款本息,以及所需的时间,以帮助开发商安排融资计划。

(11)风险分析。一般包括盈亏平衡分析和敏感性分析,根据委托方的要求,有时还要进行概率分析。风险分析的目的,就是就项目面临的主要风险因素(如建造成本、售价、租金水平、开发周期、贷款利率、可建设建筑面积等)的变化对项目财务评价指标(如财务内部收益率、财务净现值和投资回收期等)的影响程度进行定量研究;对当地政治、经济、社会条件可能变化的影响进行定性分析。

其中,盈亏平衡分析主要是求取项目的盈亏平衡点,以说明项目的安全程度;敏感性分析则要说明影响项目经济效益的主要风险因素(如总开发成本、售价、开发建设周期和贷款利率等)在一定幅度内变化时,对全部投资和资本金的财务评价指标的影响情况。

敏感性分析一般分单因素敏感性分析和多因素敏感性分析(两种或两种以上因素同时变化)。敏感性分析的关键是找出对项目影响最大的敏感性因素和最可能、最乐观、最悲观的几种情况,以便项目实施过程中的操作人员及时采取对策并进行有效的控制。

概率分析目前在我国应用尚不十分普遍,因为概率分析所需要依据的大量市场基础数据目前还很难收集。但精确的概率分析在西方发达国家的应用日渐流行,因为概率分析能通过模拟市场可能发生的情况,就项目获利的数量及其概率分布、最可能获取的收益及其可能性大小给出定量的分析结果。

(12)可行性研究的结论。可行性研究的结论主要是说明项目的财务评价结果,表明项目是否具有较理想的财务内部收益率(是否达到了同类项目的社会平均收益率标准),是否有较强的贷款偿还和自身平衡能力和较强的抗风险能力,以及项目是否可行。

思考题

1.简述房地产开发项目可行性研究的工作程序。

2.房地产开发项目投资、成本、费用有哪些联系与区别?

3.简述出售型、出租型房地产开发项目总投资的构成。

4.房地产开发项目总投资中的开发期税费主要包括哪些?

5.房地产开发项目财务评价中的基本财务报表有哪几种?各有什么作用?

6.房地产开发项目财务评价中有哪些盈利能力分析指标?其中哪些属于动态评价指标?

7.房地产开发项目财务评价中有哪些清偿能力分析指标?

计算题

1.已知某笔贷款的年利率为15%,借贷双方约定按季度计息,问该笔贷款的实际利率是多少?

2.某开发商向银行贷款2000万元,期限为3年,年利率为8%。若该笔贷款的还款方式为期间按季度付息、到期后一次偿还本金,则开发商每次为该笔贷款支付的利息总和是多少?如果计算先期支付利息的时间价值,则贷款到期后开发商实际支付的利息又是多少?

3.某家庭预计在今后10年内的月收入为16000元,如果其中的30%可用于支付住房抵押贷款的月还款额,年贷款利率为12%,问该家庭有偿还能力的最大抵押贷款额是多少?

4.某家庭以抵押贷款方式购买了一套价值为 25 万元的住宅,如果该家庭首期付款为房价的 30%,其余为在 10 年为按月等额偿还的抵押贷款,年贷款利率为 15%,问月还款额为多少? 如果该家庭 25% 的收入可以用来支付住房消费,问该家庭的月收入应为多少才能购买上述住宅?

5.某购楼者拟向银行申请 60 万元的商业抵押贷款,银行根据购楼者的未来收入增长情况,为他安排了等比递增还款抵押贷款。若年抵押贷款利率为 6.6%,期限为 15 年,购楼者的月还款额增长率为 0.5%,问该购楼者第 10 年最后一个月份的月还款额是多少?

6.某家庭欲购买一套面积为 80 平方米的经济适用住宅,单价为 3500 元/平方米,首付款为房价的 25%,其余申请公积金和商业组合抵押贷款。已知公积金和商业贷款的利率分别为 4.2% 和 6.6%,期限均为 15 年,公积金贷款的最高限额为 10 万元。问该家庭申请组合抵押贷款后的最低月还款额是多少?

7.某家庭以 4000 元/平方米的价格购买了一套建筑面积为 120 平方米的住宅,银行为其提供了 15 年期的住房抵押贷款,该贷款的年利率为 6%,抵押贷款价值比例为 70%。如果该家庭在按月等额还款 5 年后于第 6 年年初一次性提前偿还了贷款本金 8 万元,问从第 6 年开始的抵押贷款月还款额是多少?

案例分析

1.判断项目可行性

某投资者以 10000 元/平方米的价格购买了一栋建筑面积为 27000 平方米的写字楼用于出租经营,该投资者在购买该写字楼的过程中,又支付了相当于购买价格 4% 的契税、0.5% 的手续费、0.5% 的律师费用和 0.3% 的其他费用。其中,相当于楼价 30% 的购买投资和各种税费均由投资者的资本金(股本金)支付,相当于楼价 70% 的购买投资来自期限为 15 年、固定利率为 7.5%、按年等额还款的商业抵押贷款。假设在该写字楼的出租经营期内,其月租金水平始终保持 160 元/平方米,前三年的出租率分别为 65%、75% 和 85%,从第 4 年开始出租率达到 95% 且在此后的出租经营期内始终保持该出租率。出租经营期间的运营成本为毛租金收入的 28%。如果购买投资发生在第 1 年的年初,每年的净经营收入和抵押贷款还本付息支出均发生在年末,整个出租经营期为 48 年,投资者全部投资和资本金的目标收益率分别为 10% 和 14%。试计算该投资项目全部投资和资本金的财务净现值和财务内部收益率,并判断该项目的可行性。

2.财务基础数据估算

【背景】

工程项目概况：

(1)某工程项目建设期为2年,运营期为6年。

(2)项目投资估算总额为3600万元,其中:预计形成固定资产3060万元(含建设期贷款利息为60万元),无形资产540万元。固定资产使用年限为10年,净残值率为4%,固定资产余值在项目运营期末收回。

(3)无形资产在运营期6年中,均匀摊入成本。

(4)流动资金为800万元,在项目的生命周期期末收回。

(5)项目的设计生产能力为年产量120万件,产品售价为45元/件,销售税金及附加的税率为6%,所得税税率为33%,行业基准收益率为8%。

(6)项目的资金投入、收益和成本等基础数据见表3-6。

(7)还款方式按实际偿还能力测算。长期贷款利率为6%(按年计息);流动资金贷款利率为4%(按年计息)。

【问题】

(1)编制项目的借款偿还计划表;

(2)编制项目的总成本费用估算表;

(3)编制项目损益和利润分配表,完成财务数据估算任务;

(4)完成项目的财务评价。

表3-6   某工程项目资金收入、收益及成本表   单位:万元

序号	年份\项目	1	2	3	4	5~8
1	建设投资: 自有资金 贷款(不含利息)	1200	340 2000			
2	流动资金: 自有资金 贷款		300 100	400		
3	年销售量(万件)			60	90	120
4	年经营成本			1682	2360	3230

第 **4** 章

房地产开发程序与管理

本章提要：

　　房地产开发是一项系统而又复杂的工程,其包括的内容和环节非常多,需要若干个部门协同配合,才能很好地完成这项工作。本章介绍了房地产开发的含义及房地产开发的具体程序,以及各程序中所包括的具体内容。通过本章的学习,能很好地了解房地产开发的有关概念、开发的具体程序及相关管理规定;理解房地产开发程序各阶段中的具体内容;掌握投资决策、建设等各阶段的注意事项。

4.1 房地产开发管理概述

在当代社会发展中,由于人口持续增长、技术进步、人类生活品位和工作方式的不断变化,社会对通过房地产开发来改造人居环境的需求是永恒的。在房地产开发中,房地产开发商的主要目的是在获取最大利润的同时尽可能降低风险;而政府在房地产开发方面的目标,则是既要促进城市空间开发、带动城市经济增长,又要在不损害环境的条件下,提供完善的城市基础设施服务,改善城市居民的生活质量。

尽管房地产开发的定义非常简单,但房地产开发活动却变得越来越复杂。在进行新项目开发和旧有项目重建的过程中,需要越来越多的人士,包括开发队伍成员、政府管理者、社会公众和专业顾问等协调一致的努力。作为房地产开发过程的组织者——开发商必须确保所有参与者在预算范围内,按计划完成其所承担的工作。因此这里所说的房地产开发管理是指围绕房地产开发而进行的各项管理活动的总称。

4.1.1 房地产开发管理的主体

房地产业涉及国民经济众多领域,房地产开发管理的主体大体上可划分为五类:第一类,是房地产市场主管部门,如住房和城乡建设部主管房地产市场,国土资源部主管土地市场,二者的职责有所交叉;第二类,是有关经济管理部门,如规划、审计、财政、税务、工商行政、物价、银行等部门;第三类,是司法监督机构,如公安、政法、监察等;第四类,是房地产开发企业;第五类,是其他有关部门及人员。具体分工为:房地产市场主管部门、有关经济管理部门分别管理与本部门职责有关的业务,是对房地产市场全过程、全方位进行管理不可缺少的组成部分。司法监督机构负责维护房地产市场的法律秩序,保证房地产市场的正常运行。房地产开发企业负责房地产开发项目的前期策划、可行性研究、项目的前期工作、项目建设过程的管理、项目租售管理等。

4.1.2 房地产开发管理的特点

(1)房地产开发管理是一项复杂的工作。房地产开发项目一般需要运用多种学科的知识来解决问题,其工作涉及多个组织单位,很少有以往的经验可以借鉴,而且项目开发中会有很多不确定因素,使得房地产开发项目管理的复杂性远远高于一般的生产管理。

（2）房地产开发项目管理具有创造性。房地产产品的"独质性"使得房地产开发项目具有一次性的特点,加上购房者越来越强的个性化、多元化的消费倾向,使得在激烈的市场竞争中企业越来越重视项目管理的创造性。

（3）房地产开发项目管理具有前瞻性。房地产项目构思的理念、创意、手段应着重表现为超前性、预见性。房地产开发项目的完成周期少则两三年,多则五六年,甚至更长,如果没有超前的眼光和预见能力,就会造成投入较大而产出较小,给企业带来巨大的损失。这种超前眼光和预见能力表现在:

①项目的可行性研究阶段,要预见到几年后房地产项目开发的市场情况;

②投资分析与决策阶段,要预知未来开发的成本、售价、资金流量的走向;

③规划设计阶段,要在小区规划、户型设计、建筑立面等方面预测未来的发展阶段;

④营销推广阶段,要准确预测未来市场的变化趋势,为销售价格的确定、楼盘包装、广告发布等方面奠定基础。

（4）房地产开发项目管理具有市场性。

（5）房地产开发项目管理涉及的管理部门比较多。

（6）房地产开发项目管理需要多种手段的运用,涉及行政手段、经济手段、金融手段、法律手段和教育手段。

4.2　房地产开发的主要程序

房地产开发的主要程序包括四个阶段,即投资机会选择与决策分析、前期工作、建设阶段和租售阶段。当然,房地产开发的阶段划分并不是一成不变的,某些情况下各阶段的工作可能要交替进行。如果开发工作是遵循一个理论的程序,即项目建设完毕后才去找买家或租客时,开发程序才按上述顺序进行。但如果开发项目在建设前或建设中就预售或预租给置业投资者或使用者的话,则第四阶段就会在第二、第三阶段之前进行。但无论顺序怎样变化,这些阶段能基本上概括大多数居住物业、商业物业及工业物业开发项目的主要实施步骤。

4.2.1　投资机会选择与决策分析

投资机会选择与决策分析是整个开发过程中最重要的一个环节,投资机会选择与决策分析的正确与否直接决定了项目的成败。

1. 投资机会选择

所谓投资机会选择,主要包括投资机会寻找和筛选两个步骤。

在机会寻找过程中,开发商首先要选择开发项目所处的城市或地区,然后根据自己对该地房地产市场供求关系的认识,寻找投资的可能性,亦即我们通常所说的"看地"。此时,开发商面对的可能有几十种投资可能性,对每一种可能性都要根据自己的经验和投资能力,快速地在头脑中初步判断其可行性。在紧接着的机会筛选过程中,开发商就将其投资设想落实到一个具体的地块上,进一步分析其客观条件是否具备,通过与土地当前的拥有者或使用者、潜在的租客或买家、自己的合作伙伴以及专业人士接触,提出一个初步的方案,如认为可行,就可以草签购买土地使用权或有关合作的意向书。

2. 投资决策分析

投资决策分析主要包括市场分析和项目的财务评价两部分工作。

前者主要分析市场的供求关系、竞争环境、目标市场及其可支付的价格水平,后者则是根据市场分析的结果,就项目的经营收入与费用进行比较分析。这项工作要在尚未签署任何协议之前进行。这样,开发商可有充分的时间和自由度来考虑有关问题。

应当注意到,市场研究对于选择投资方向、初步确定开发目标与方案、进行目标市场和开发产品定位等,均起着举足轻重的作用,往往关系到一个项目的成败。

4.2.2 前期工作

当通过投资决策分析确定了具体的开发地点与项目之后,在进行开发项目建设过程开始之前还有许多工作要做,这主要涉及与开发全过程有关的各种合同、条件的谈判与签约。通过初步投资决策分析,开发商可以找出一系列必须在事先估计的因素,在购买土地使用权和签订建设合同之前,必须设法将这些因素尽可能精确地量化。

在初步投资决策分析的主要部分没有被彻底检验之前,开发商应尽量推迟具体的实施步骤,比如购买土地使用权。当然,在所有影响因素彻底弄清楚以后再购买土地是最理想不过了,如果在激烈的市场竞争条件下,为抓住有利时机很难做到这一点时,开发商也应对其可能承担的风险进行分析与评估。

1. 项目立项

项目立项,是房地产项目开发的第一步,即取得政府主管部门(省市发展和改革委员会)对项目的批准文件。

对于房地产开发商来说,在本阶段的主要工作是:起草并向市发改委或市房地产开发管理办公室报送项目建议书,取得批准项目建议书的批复;依据项目建议书批复,编制可行性研究报告报发改委审批获准,并列入本年度固定资产投资计划。(国家发改委已取消了房地产项目立项制度,实行备案制,但也有个别省市仍延续原立项制度。)

(1)项目立项的审批管理

工程建设项目立项审批的承办部门是各市发改委投资处。市发改委在收到开发商的工程建设项目立项申报资料后,根据具体情况,进行现场勘察,对符合条件的,予以批复。对属上级部门审批权限内的项目,由市发改委负责转报。

(2)项目资本金管理

按照国家有关文件的明确要求,房地产开发项目实行资本金制度,投资项目必须首先落实资本金才能进行建设。

投资项目资本金是指在投资项目总投资中由投资者认购的出资额,对投资项目来说它是非债务性资金,项目法人不承担这部分资金的任何利息和债务。投资者可按其出资的比例依法享有所有者权益,也可转让其出资,但不得以任何方式抽出。

项目投资资本金可以用货币出资,也可以用实物、工业产权、非专利技术、土地使用权作价出资,但必须经过有资格的资产评估机构依照法律、法规评估其价值,且不得高估或低估。以工业产权、非专利技术作价出资的比例不得超过投资项目资本金总额的 20%,国家对采用高新技术成果有特别规定的除外。

房地产开发项目实行资本金制度,即规定房地产开发企业承揽项目必须有一定比例的资本金,可以有效地防止企业的不规范行为,减少楼盘"烂尾"等现象的发生。根据国发(2009)27 号《国务院关于调整固定资产投资项目资本金比例的通知》文件规定:保障性住房和普通商品住房项目的最低资本金比例为 20%,其他房地产开发项目的最低资本金比例为 30%。

2. 土地使用权的获取

没有土地,任何开发计划或开发项目的实施都只能是空谈。当完成市场分析和其他前期研究工作并进行了项目评估之后,就要进入实施过程,而实施过程的第一步就是获取土地使用权。根据开发项目的特点,开发商在主要通过有偿出让方式获取土地使用权的同时,也可通过政府行政划拨方式,获得公益性或部分公益性项目的土地使用权。

(1)土地使用权出让

土地使用权出让,是指国家以土地所有者的身份将土地使用权在一定年限内让与土地使用者,土地使用权受让人由此获得对该地块进行开发、经营、管理的权利,并由土地使用者向国家支付土地使用权出让金的行为。

①土地使用权出让的方式

招标出让:招标出让国有建设用地使用权,是指市、县人民政府国土资源行政主管部门(以下简称出让人)发布招标公告,邀请特定或者不特定的自然人、法人和其他组织参加国有建设用地使用权投标,根据投标结果确定国有建设用地使用权人的行为。它主要适用于一些主要的或关键性的发展计划与投标项目。

拍卖出让:拍卖出让国有建设用地使用权,是指出让人发布拍卖公告,由竞买人在指定时间、地点进行公开竞价,根据出价结果确定国有建设用地使用权人的行为。它适用于竞争性强的房地产业、金融业、商业、旅游业和娱乐业用地。

挂牌出让:挂牌出让国有建设用地使用权,是指出让人发布挂牌公告,按公告规定的期限将拟出让宗地的交易条件在指定的土地交易场所挂牌公布,接受竞买人的报价申请并更新挂牌价格,根据挂牌期限截止时的出价结果或者现场竞价结果确定国有建设用地使用权人的行为。这种方式比较市场化和透明化。

协议出让:指国家以协议方式将国有土地使用权在一定年限内出让给土地使用者,由土地使用者向国家支付土地使用权出让金的行为。该方式仅当依照法律、法规和规章的规定不适合采用招标、拍卖或者挂牌方式出让时,方可采用。即"在公布的地段上,同一地块只有一个意向用地者的,方可采取协议方式出让",但商业、旅游、娱乐和商品住宅等经营性用地除外。

2007年9月21日国土资源部第三次部务会议审议通过《招标拍卖挂牌出让国有建设用地使用权规定》,工业、商业、旅游、娱乐和商品住宅等经营性用地以及同一宗地有两个以上意向用地者的,应当以招标、拍卖或者挂牌方式出让。

②土地使用权出让管理

国有土地使用权招标、拍卖或者挂牌出让活动,应当有计划地进行。

市、县人民政府国土资源行政主管部门根据经济社会发展计划、产业政策、土地利用总体规划、土地利用年度计划、城市规划和土地市场状况,编制国有建设用地使用权出让年度计划,报经同级人民政府批准后,及时向社会公开发布。

市、县人民政府国土资源行政主管部门应当按照出让年度计划,会同城市规划等有关部门共同拟订拟招标拍卖挂牌出让地块的出让方案,报经市、县人民政府批准后,由市、县人民政府国土资源行政主管部门组织实施。

(2)土地使用权划拨

土地使用权划拨,是指县级以上人民政府依法批准,在土地使用者缴纳补偿、安置等费用后将该幅土地交付其使用,或者将土地使用权无偿交付给土地使用者使用的行为。对于房地产开发商而言,以行政划拨方式获取土地使用权的,通常涉及私人参与的城市基础设施用地和公益事业项目及国家重点扶持的能源、交通、水利等项目的用地。经济适用房和廉租房项目用地,目前也通过行政划拨方式供地。

以行政划拨方式供应土地时,除使用协议方式外,也逐步开始采用公开招标等竞争性方式。

(3)土地使用权转让

土地使用权转让,是房地产开发企业获取建设项目开发用地的又一途径。广义的土地使用权转让是指土地使用权发生转移的所有行为,包括土地使用权的出让。狭义的土地使用权转让是指通过出让方式获得国家土地使用权的土地使用者,通过买卖、赠与或者其他合法方式将土地使用权再转移的行为。土地使用权转让是土地使用权在不同使用者之间的横向流动,是土地市场最活跃的部分。

根据《城镇国有土地使用权出让和转让暂行条例》的规定,当国有土地使用权转让时,转让双方必须签订转让合同,即以合同的形式进行土地使用权的转让。目前,国有土地使用权转让主要有出售、交换和赠与三种形式。

3. 规划设计与方案报批

(1)开发项目选址、定点审批。开发商首先需持发改委批准的立项文件、开发建设单位或其主管部门申请用地的函件、工程情况简要说明和选址要求、拟建方案、开发项目意向位置的1/2000 或 1/500 地形图及其他相关材料,向城市规划管理部门提出开发项目选址、定点申请,由城市规划管理部门审核后,向城市土地管理部门等发征询意见表。待有关部门填好征询意见表后,开发商持该征询意见表、征地和安置补偿方案及经城市土地管理部门盖章的征地协议、项目初步设计方案、批准的总平面布置图或建设用地图,报城市规划管理部门审核后,由城市规划管理部门下发《选址规划意见通知书》。

(2)申请《建设用地规划许可证》。开发商持市发改委批准征用土地的计划任务书、市政府批准征用农田的文件(使用城市国有土地时,需持城市土地管理部门的拆迁安置意见)、1/2000 或 1/500 的地形图、《选址规划意见通知书》、要求取得的有关协议与函件及其他相关资料,向城市规划管理部门提出申请。经城市规划管理部门审核后颁发《建设用地规划许可证》。《建设用地规划许可证》主要规定了用地性质、位置和界限。土地使用者在取得《建设用地规划许可证》后,方可办理土地使用权权属证明。

(3)规划设计条件审批。开发商需持市发改委批准的计划任务书、开发商对拟建项目的说明、拟建方案示意图、地形图(单位建筑1/500,居住区1/2000,其中一份画出用地范围)和设计单位提供的控制性规划方案及其他相关资料,向城市规划管理部门提出申请,经城市规划管理部门审核后,下达《规划设计条件通知书》及用地红线图。《规划设计条件通知书》主要规定了征地面积、规划建设用地面积、总建筑面积、容积率、建筑密度、绿化率、建筑后退红线距离、建筑控制高度和停车位个数等。

（4）设计方案审批。开发商应自行委托有规划设计资格的设计机构完成不少于两个方案设计，然后持设计方案报审表、项目各设计方案的总平面图（单位建筑1/500、居住区 1/2000，其中一份画出用地范围）、各层平立剖面图、街景立面图（1/100 或 1/200）等、方案说明书及其他相关资料，向城市规划管理部门提出设计方案审批申请，城市规划管理部门接此申请后，协同其他有关单位审查该详细规划设计方案并提出修改或调整意见。之后，开发商根据审查意见对设计方案进行调整修改，再报城市管理部门审批。审批通过后，由城市规划管理部门签发"规划设计方案审批通知书"。

（5）申请《建设工程规划许可证》。开发商需持由城市建设主管部门下发的年度施工任务批准文件、工程施工图纸、工程档案保证金证明、其他行政主管部门审查意见和要求取得的有关协议（如使用水、电、煤气、热力等的协议），向城市规划管理部门提出申请，城市规划管理部门接此申请后，将负责主持召开市政配合会，组织有关单位进行综合图会签等工作，最后签发《建设工程规划许可证》。

4. 建设工程招标

（1）招标方式

招标方式可以分为公开招标和邀请招标。房地产开发商可依照开发项目的建设规模和复杂程度选择招标方式。

①公开招标

公开招标，是指招标人以招标公告的方式邀请不特定的法人或者其他组织投标。进行公开招标时，开发商或其委托的招标代理机构，可通过海报、报刊、广播、电视等手段，在一定范围内，如全市、全国，大项目甚至可在全世界公开发布招标公告，或直接将招标公告寄给具有投标潜力的某些公司，以招揽具备相应条件而又愿意参加的一切承包商前来投标。

公开招标使开发商有较大的选择范围，开发商可以在众多的投标者之间选择报价合理、工期短、信誉良好的承包商，同他签订承包合同，将工程委托他负责完成。这种公开竞争的方式会促使承包商努力提高开发项目建设工程的质量，缩短工期并降低成本造价。

公开招标通常适用于工程项目规模较大、建设周期较长、技术复杂的开发项目建设。此时开发商不易掌握其造价和控制工期，因而可以通过公开招标方式，从中选择提供合理标价和较短工期的承包商作为承包单位。

按常规，开发商公开招标项目应授标给最低报价者，除非该最低报价者的标价是不合理的或根本无法实现的。

②邀请招标

邀请招标，是指招标人以投标邀请书的方式邀请特定的法人或者其他组织投标。邀请招标也称选择性招标。进行邀请招标时,开发商或其委托的招标代理机构可向所信任的、具有相应资格的建筑承包商发送招标通知书或招标邀请函,邀请其参加开发项目建设投标。邀请招标是非公开招标方式的一种。被邀请参加投标的承包商通常为3~10。

开发商或其委托的招标代理机构可以在自己熟悉的承包商之间进行选择,或者先公开发布通知,邀请承包商报名,经过资格预审后再选定邀请对象。

采取邀请招标方式,由于被邀请参加竞争的投标人有限,开发商不仅可以节省招标费用,而且可以提高招标工作的效率,节省时间。但是这种招标方式限制了竞争范围,把许多可能的竞争者排除在外,这样也就缩小了开发商的选择余地。

邀请招标方式一般适用于那些工程性质比较特殊,要求有专门经验的技术人员和专业技术、只有少数承包商能够胜任的建设项目,或者是公开招标的结果未产生中标单位的建设项目,以及由于工期紧迫或保密的要求等原因而不宜公开招标的建设工程。

(2)招标程序

按照一般做法,房地产开发项目招标程序如下:

①申请招标

如果房地产开发建设项目列入了城市年度开工计划,开发商获得了土地使用权,领取了建设用地许可证和建设工程规划许可证,完成了拆迁安置工作,施工现场具备了"三通一平"或"七通一平"的建设条件,并且施工图纸齐备,资金和主要建筑材料已落实,那么开发商即可到当地建设主管部门办理建设工程开工审批手续。经批准后持建设主管部门同意招标的"建设工程开工审批表"和"招标申请书",开发商可向当地招投标管理部门登记、申请招标,并领取招标用表。开发商只有在获得招标批准后,方可进行招标。

②编制招标文件

招标文件是开发商向投标人介绍工程情况和招标条件的重要文件,也是签订工程承包合同的基础。招标人应当根据招标项目的特点和需要编制招标文件。

招标文件应包括:工程综合说明,招标方式及对发包单位的要求,招标项目的技术要求,钢材、木材、水泥及其他主要材料(包括特殊材料)与设备的供应方式,工程款支付方式及预付款的百分比,合同条件和合同文本,投标须知,招标人认为应向投标人明确的问题,招标文件附件,对投标人资格审查的标准、投标报价要求和评标标准等所有实质性要求和条件以及拟签订合同的主要条款。

③编制招标工程标底

标底是招标工程的预期价格,是审核投标报价、评价、决标的重要依据之一。

通过制订标底,使开发商预先明确自己在拟建工程中应承担的财务义务,从而安排资金计划。招标工程的标底可由开发商邀请有资格的概预算人员编制,亦可委托有营业执照的招标代理机构代编,并与编制招标文件同时进行。开发商必须把工程标底送当地合同预算审查机关确认,密封后再经当地招标管理办公室核准方能生效。

当前,编制招标工程标底的方法很多,按其所用的基础数据不同,可分为以施工图预算为基础编制;以概算额或扩大综合定额为基础编制;以平方米造价包干为基础编制等。

④确定招标方式,发布招标公告或邀请投标函

开发商完成标底编制后,即可决定采取何种招标方式,并在招标申请书中提出,经当地招标管理部门批准后实施。开发商根据所批准的形式,发布投标公告或邀请投标函。

采取公开招标方式时,招标人应当发布招标公告。开发商可视工程性质和规模,通过国家指定的报刊、信息网络或者其他媒介发布招标公告。招标公告应当载明招标人的名称和地址,招标项目的性质、数量、实施地点和时间以及获取招标文件的办法等事项。

招标人采用邀请招标方式时,应当向三个以上具备承担招标项目能力、资信良好的特定法人或者其他组织发出投标邀请书。

⑤投标人资格审查

投标人资格审查的目的在于了解投标人的技术和财务实力以及施工经验,限制不符合条件的单位盲目参加投标,以使招标能获得比较理想的结果。在公开招标时,投标人资格审查通常放在发售招标文件之前进行,审查合格者才准许购买招标文件,故称之为资格预审。在邀请招标情况下,则在评标的同时进行资格审查。

开发商对投标人进行资格审查时应考虑以下几个方面:企业注册证明和技术等级;主要施工经历;技术力量简况;施工机械设备简况;在施工的承建项目;资金和财务状况。

如果采用邀请招标方式,投标人还需向开发商扼要说明对招标工程准备采用的主要施工方法。外地建筑企业参加投标,还需持有建设工程所在地城市主管部门签发的投标许可证。

⑥招标工程交底及答疑

开发商发出招标文件,招标人踏勘现场之后,开发商应邀请投标人的代表开会,进行工程交底,并解答疑问。工程交底的内容,主要是介绍工程概况,明确质量要求、验收标准及工期要求,若要由开发商供料,则应说明供料情况、材料款和工程款的支付方式以及投标注意事项等。

⑦开标、评标和决标

投标截止后,开发商应按规定的时间开标。开标会议由招标人即开发商主持,邀请各投标人和当地公证机构以及招标管理部门参加。开标时,由投标人或者其推选的代表检查投标文件的密封情况,也可以由招标人委托的公证机构检查并公证;经确认无误后,由工作人员当众拆封,宣读投标人名称、投标价格和投标文件的其他主要内容,并在预先准备好的表册上逐项登记。开标后,如果全部投标人的报价都超出标底过多,经复核标底无误,开发商可宣布本次投标无效,另组织招标。

评标由招标人依法组建的评标委员会负责。开标后首先应排除无效标书,并经公证人员检查确认,然后由评标委员会从工程技术和财务的角度审查评议有效的标书。评审的标准是中标单位拥有足以胜任招标工程的技术和财务实力,信誉良好,报价合理。评标委员在评审各有效投标后,应按标价从低到高的顺序列出清单,并写出评估报告,推荐一、二、三名候选的中标单位,交给开发商作最后抉择。

对一般不太复杂的工程,开发商可在开标会议上当场决定中标单位,同时公布标底,并通知未中标单位退回招标文件、领回押金的时间和地点。规模较大、内容复杂的工程,则应对开发商与评标委员会推荐的候选中标单位,就技术力量、施工方案、机械设备、材料供应以及决定其标价的其他因素进行调查与磋商,全面衡量,择优决标。决标后,开发商应立即向中标单位发出中标通知书。

⑧签订合同

中标通知书发出后,开发商和中标单位应在约定期限内就签订合同进行磋商,双方就合同条款达成协议。签订了合同,开发商的招标工作即告圆满结束。

5. 开工申请与审批

建设工程招标工作结束后,开发商就可以向工程所在地的县级以上人民政府建设行政主管部门申请领取施工许可证。

(1)申请领取施工许可证应具备的条件

①已经办理该建筑工程用地批准手续,获得了《国有土地使用权证》和《建设用地规划许可证》。

②在城市规划区的建筑工程,已经取得《建设工程规划许可证》。

③施工场地已经基本具备施工条件,需要拆迁的,已经获得《拆迁许可证》且拆迁进度符合施工要求。

④已经通过招投标确定了施工企业,签署了施工合同。

⑤有满足施工需要的施工图纸及技术资料,施工图设计文件已按规定进行了审查。

⑥有保证工程质量和安全的具体措施。

⑦建设资金已经落实。建设工期不足一年的,到位资金原则上不得少于工程

合同价的 50%,建设工期超过一年的,到位资金原则上不得少于工程合同价的 30%。

⑧法律、行政法规规定的其他条件。

(2)申请办理施工许可证的程序

①建设单位向发证机关领取《建筑工程施工许可证申请表》。

②建设单位持加盖单位及法定代表人印鉴的《建筑工程施工许可证申请表》,并附具备申领施工许可证条件的相关证明文件,向发证机关提出申请。

③发证机关在收到建设单位报送的《建筑工程施工许可证申请表》和所附证明文件后,对于符合条件的,应当自收到申请之日起 15 日内颁发施工许可;对于证明文件不齐全或者失效的,应当限期要求建设单位补正,审批时间可以自证明文件补正齐全后作相应顺延;对于不符合条件的,应当自收到申请之日起 15 日内书面通知建设单位,并说明理由。

④在建筑工程施工过程中,建设单位或者施工单位发生变更的,应当重新申请领取施工许可证。

(3)施工许可证的其他相关规定

①工程投资额在 30 万元以下或者建筑面积在 300 平方米以下的建筑工程,可以不申请办理施工许可证。省、自治区、直辖市人民政府建设行政主管部门可以根据当地的实际情况,对限额进行调整,并报国务院建设行政主管部门备案。必须申请领取施工许可证的建筑工程未取得施工许可证的,一律不得开工。

②任何单位和个人不得将应该申请领取施工许可证的工程项目分解为若干限额以下的工程项目,规避申请领取施工许可证。

③建设单位应当自领取施工许可证之日起 3 个月内开工,因故不能按期开工的,应当在期满前向发证机关申请延期,并说明理由;延期以两次为限,每次不超过 3 个月。既不开工又不申请延期或者超过延期次数、时限的,施工许可证自行废止。

④在建的建筑工程因故中止施工的,建设单位应当自中止施工之日起两个月内向发证机关报告,报告内容包括中止施工的时间、原因、在施部位、维修管理措施等,并按照规定做好建筑工程的维护管理工作。建筑工程恢复施工时,应当向发证机关报告;中止施工满 1 年的工程恢复施工前,建设单位应当报发证机关核验施工许可证。

6. 与市政设施的接驳

房地产开发项目在项目立项,列入固定资产年度投资计划后,即可与自来水公司、供电公司、热电公司、煤气公司、市政养护部门进行接触商洽,起草协议,办理供水、供电、供热、供气、排污的手续,并按规定支付有关费用。此外,在建设施工过程中,还会涉及道路挖掘和道路占用等方面的问题。

7. 前期工作的其他环节

除上述六个主要环节的工作外,房地产开发过程的前期工作可能还包括:征地、拆迁、安置、补偿;施工现场的水、电、路通和场地平整;安排短期和长期信贷;对拟开发建设的项目寻找预租(售)的客户;进一步分析市场状况,初步确定目标市场、租金或售价水平;制订项目开发过程的监控策略;洽谈开发项目保险事宜等。

上述工作完成后,对项目应再进行一次财务评估。因为前期工作需要花费一定时间,而决定开发项目成败的经济特性可能已经发生了变化。所以,明智的开发商在其初始投资分析没有得到验证,或修订后的投资分析报告还没有形成一个可行的开发方案之前,通常不会轻举妄动。

作为一条行业准则,开发商必须时刻抑制自己过高的乐观态度,并且保持一种"健康的怀疑"态度来对待其所获得的专业咨询意见。使自己既不期望过高的租金、售价水平,也不期望过低的开发成本。同时,开发商还必须考虑到某些意外事件可能导致的损失。如果开发商这样做了,即使他可能会失去一些投资机会,但也会避免由于盲目决策带来的投资失误。

4.2.3　建设阶段

建设阶段,是指开发项目从开工到竣工验收所经过的过程。开发商在建设阶段的主要工作目标,就是要在投资预算范围内,按项目开发进度计划的要求,高质量地完成建筑安装工程,使项目按时投入使用。开发商在建设阶段所涉及的管理工作,就是从业主的角度,对建设过程实施包括质量、进度、成本、合同、安全等在内的工程项目管理。房地产开发过程中的工程项目管理,可由开发商自己组织的管理队伍管理,也可委托监理机构负责管理。

1. 质量控制

质量控制,是指项目管理机构以合同中规定的质量目标或以国家标准、规范为目标所进行的监督与管理活动,包括决策阶段、设计阶段和施工阶段的质量控制。在工程项目施工阶段,质量控制的任务主要是在施工过程中及时发现施工工艺规程是否满足设计要求和合同规定,对所选用的材料和设备进行质量评价,对整个施工过程中的工程质量进行评估,将取得的质量数据和承包商履行职责的程序,与国家有关规范、技术标准、规定进行比较,并做出评判。

施工阶段的工程质量控制工作主要包括以下几个方面:

(1)对原材料的检验。材料质量的好坏直接影响工程的质量,因此为了保证材料质量,应当在订货阶段就向供货商提供检验的技术标准,并将这些标准列入订购合同中。有些重要材料应当在签订购货合同前取得样品或样本,材料到货后再与样品或样本进行对照检查,或进行专门的化验或试验。未经检验或不合格的材料切忌与合格的材料混装入库。

(2)对工程中的配套设备进行检验。在各种设备安装之前均应进行检验和测试,不合格的要避免采用。工程施工中应确立设备检查和试验的标准、手段、程序、记录、检验报告等制度;对于主要设备的试验与检查,可考虑到制造厂进行监督和检查。

(3)确立施工中控制质量的具体措施,主要包括如下方面:

①对各项施工设备、仪器进行检查,特别是校准各种仪器仪表,保证在测量、计量方面不出现严重误差。

②控制混凝土质量。混凝土工程质量对建筑工程的安全有着极其重要的影响,必须确保混凝土浇筑质量。应当有控制混凝土中水泥、砂、石和水灰比的严格计量手段,制订混凝土试块制作、养护和试压等管理制度,并由专人监督执行。试块应妥善保存,以便将来进行强度检验,在浇灌混凝土之前,应当由专职人员检查挖方、定位、支模和钢筋绑扎等工序的正确性。

③对砌筑工程、装饰工程和水电安装工程等制定具体有效的质量检查和评定办法,以保证质量符合合同中规定的技术要求。

(4)确立有关质量文件的档案制度。汇集所有质量检查和检验证明文件、试验报告,包括分包商在工程质量方面提交的文件。

2. 进度控制

进度控制,是指以项目进度计划为依据,综合利用组织、技术、经济和合同等手段,对建设工程项目实施的时间管理。建设工程进度控制工作的主要内容包括:对项目建设总周期目标的论证与分析;编制项目建设工程进度计划;编制其他配套进度计划;监督项目施工进度计划的执行;施工现场的调研与分析。

建设项目建设总周期的论证与分析,就是对整个项目进行通盘考虑,全面规划,用以指导人力、物力的运用和时间、空间的安排,最终确定经济合理的建设方案。

(1)工程进度计划的编制

①首先,应将全部工程内容分解和归纳为单项工程或工序,单项工程或工序分解的细致程度,可以根据工程规模的大小和复杂程度确定。一个施工项目首先可分为房屋建设工程、室外道路工程、各种室外管道工程等较大的子项工程,每一子项工程又分为土方工程、基础工程、钢结构制作与安装工程、屋面工程、砌筑工程、地面工程、其他建筑工程、设备安装工程等。

②统计计算每项工程内容的工作量。一般情况下,用工程量表中的计量单位来表示工作量,例如,土方工程和混凝土工程用立方米表示;管道工程用延米表示;钢筋加工用吨表示。另外,工程进度亦可用完成的投资额占总投资额的比例来表示。

③计算每个单项工程工作量所需时间,可用天数表示。此处的工作时间是指按正常程序和施工总方案中所选用的施工设备的水平,以熟练工人正常工效计算。

④按正常施工的各个单项工程内容的逻辑顺序和制约关系,排列施工先后次序,从每项施工工序的可能最早开工日期推算下去,可以得出全部工程竣工所需的周期;再逆过来,从上述竣工日期向前推算,可以求出每一施工工序的最迟开工日期。如果最早可能开工日期早于最晚开工日期,则说明该项工序有可供调节的机动时间。该项工序只要在最早开工和最迟开工时间之间任何时候开工,均不会影响项目的竣工日期。

(2)进度管理及计划调整

进度计划的制订有两种方法,一种是应用传统的水平进度计划(横道图法),另一种是网络计划(网络图法)。

①横道图法

这是一种用直线线条,在时间坐标上表示出单项工程进度的方法。由于横道图制作简便,明了易懂,因而在我国各行各业进度管理中普遍采用,对于一些并不十分复杂的建筑工程,采用这种图表是比较合适的。

横道图的缺点是从图中看不出各项工作之间的相互依赖和相互制约的关系,看不出一项工作的提前或落后对整个工期的影响程度,看不出哪些工序是关键工作。

②网络图法

网络图法是以网络图的形式来表达工程进度计划的方法。在网络图中可确切地表明各项工作的相互联系和制约关系;还可以计算出工程各项工作的最早和最晚开始时间,从而可以找出关键工作和关键线路。

所谓关键线路是指在该工程中,直接影响工程总工期的那一部分连贯的工作。通过不断改善网络计划,可以求得各种优化方案。例如工期最短;各种资源最均衡;在某种有限制的资源条件下,编出最优的网络计划;在各种不同工期下,选择工程成本最低的网络计划等。

此外,在工程实施过程中,根据工程实际情况和客观条件的变化,可随时调整网络计划,使得计划永远处于最切合实际的最佳状态,保证该项工程以最小的消耗,取得最大的经济效益。网络图有单代号网络、双代号网络和时标网络三种表现形式。

（3）其他配套进度计划

除了工程进度计划外，还有其他与之相关的进度计划，例如，材料供应计划、设备周转计划、临时工程计划等。这些进度计划的实施情况影响着整个工程的进度。

①材料供应计划。根据工程进度计划，确定材料、设备的数量和供货时间，以及各类物资的供货程序，制订供应计划。

②设备周转计划。根据工程进度的需要制订设备周转计划，包括模板周转，起重机械、土方工程机械的使用等。

③临时工程计划。临时工程包括：工地临时居住房屋、现场供电、给排水等。

（4）进度控制中应关注的因素

影响工程进度的因素很多，需要特别重视的有以下几方面：

①材料、设备的供应情况。包括各项设备是否完成，计划运到日期；各种材料的供货厂商是否落实，何时交货，检验及验收办法等。

②设计变更。设计的修改往往会增加工作量，延缓工程进度。

③劳动力的安排情况。工人过少会完不成进度计划中规定的任务，而工人过多则会由于现场工作面不够而造成窝工，因而也完不成任务。所以要适当安排工人。

④气象条件。应时刻注意气象条件，天气不好（如下雨、下雪），则安排室内施工（如装修），天气晴朗时，加快室外施工进度。

3. 成本控制

成本控制是监督成本费用、降低工程造价的重要手段。房地产开发商的利润来自于租售收入和总开发成本的差值，而工程成本又是总开发成本的主要组成部分，所以降低工程成本就能增加开发商利润。

（1）成本控制的主要工作内容

除项目投资决策、设计和工程发包阶段的成本控制外，项目施工阶段的成本控制主要包括如下几个方面的工作：

①编制成本计划，确定成本控制的目标。工程成本费用是随着工程进度逐期发生的，根据工程进度计划可以编制成本计划。为了便于管理，成本计划可分解为五个方面：材料设备成本计划、施工机械费用计划、人工费成本计划、临时工程成本计划、管理费成本计划。根据上述成本计划的总和，即能得出成本控制总计划。在工程施工中，应严格按照成本计划实施。对于计划外的一切开支，应严格控制。如果某部分项目有突破成本计划的可能，应及时提出警告，并及时采取措施控制该项成本。

②审查施工组织设计和施工方案。施工组织设计和施工方案对工程成本支出影响很大。科学合理的施工组织设计和施工方案，能有效地降低工程建设成本。

③控制工程款的动态结算。建筑安装工程项目工程款的支付方式,包括按月结算、竣工后一次结算、分段结算和其他双方约定的结算方式等。工程款结算方式不同,对开发商工程成本支出数额有较大影响。从开发商的角度来说,工程款的支付越向后拖越有利,但承包商也有可能因为自身垫资或融资能力有限而影响工程质量和进度。

④控制工程变更。在开发项目的实施过程中,由于多方面情况的变更(如客户对户型布置提出了与原设计方案不同的要求),经常出现工程量变化、施工进度变化,以及开发商与承包商在执行合同中的争执等问题。工程变更所引起的工程量的变化和承包商的索赔等,都有可能使项目建设成本支出超出原来的预算成本。因此,要尽可能减少和控制工程变更的数量。

(2)控制工程成本的做法和手段

①强化"成本"意识,加强全面管理。成本控制涉及项目建设中各部门甚至每一个工作人员,强化"成本"意识,协调各部门共同参与成本控制工作,这是最基本的做法。

②确定成本控制的对象。工程成本中有些费用所占比例大,是主要费用,有些所占比例小,是次要费用。有些费用是变动费用,有的则是固定费用。在制订成本控制计划之前,要详细分析成本组成,分清主要费用与次要费用、变动费用与固定费用。成本控制的主要对象是主要费用中的变动费用。当然,工程成本中的主要费用与次要费用、固定费用与变动费用都是相对而言的,其划分标准视工程规模和项目性质而定。

③完善成本控制制度。完好的计划应当由完善的制度来保证实施。成本管理人员应当首先编制一系列标准的报表,规定报表的填报内容与方法。例如,每日各项材料的消耗表、用工记录(派工单)、机械使用台班与动力消耗情况记录等。另外,还应规定涉及成本控制的各级管理人员的职责,明确成本控制人员与现场管理人员的合作关系和具体职责划分。现场管理人员要积累原始资料和填报各类报表,由成本控制人员整理、计算、分析并定期编写成本控制分析报告。

④制订有效的奖励措施。成本控制的奖励措施对调动各级各类人员降低成本的积极性非常有益。除物质奖励和精神奖励外,为有突出贡献的人员提供职级晋升和国内外考察机会等,也是非常有效的方法。

4. 合同管理

随着中国建筑市场的日趋完善和逐渐与国际惯例接轨,合同管理在现代建筑工程项目管理中的地位越来越重要,已经成为与质量控制、进度控制、成本控制和信息管理等并列的一大管理职能。

（1）合同管理的作用

①确定了工程实施和工程管理的工期、质量、价格等主要目标，是合同双方在工程中进行各种经济活动的依据。

②规定了合同双方在合同实施过程中的经济责任、利益和权利，是调节合同双方责权利关系的主要手段。

③履行合同、按合同办事，是工程施工过程中双方的最高行为准则，合法合同一经签署，则成为一个法律文件，具有法律约束力。

④一个项目的合同体系决定了该项目的管理机制，开发商通过合同分解或委托项目任务，实施对项目的控制。

⑤合同管理是合同双方在工程实施过程中解决争执的依据。

（2）房地产开发项目的主要合同关系

①开发商的主要合同关系。开发商为了顺利地组织实施其所承担的开发项目，需要在开发过程中签署一系列的合同，这些合同通常包括：土地使用权出让或转让合同、勘察设计合同、融资合同、咨询合同、工程施工合同、采购合同、销售合同、联合开发或房地产转让合同等。

②承包商的主要合同关系。承包商是工程施工的具体实施者，是工程承包（或施工）合同的执行者。由于承包商不可能，也不需要必备履行工程承包合同的所有能力，因此他通常将许多专业工作委托出去，从而形成了以承包商为核心的复杂合同关系。承包商的主要合同关系包括：工程承包合同、分包合同、供应（采购）合同、运输合同、加工合同、租赁合同、劳务供应合同、保险合同、融资合同、联合承包合同等。

（3）合同管理的主要工作内容

建设工程合同管理工作，包括建设工程合同的总体策划、投标招标阶段的合同管理、合同分析与解释及合同实施过程中的控制。

①在建设工程合同总体策划阶段，开发商和承包商要慎重研究确定影响整个工程、整个合同实施的根本性、方向性重大问题，确定工程范围、承包方式、合同种类、合同形式与条件、合同重要条款、合同签订与实施过程中可能遇到的重大问题以及相关合同在内容、时间、组织及技术等方面的协调等。

②由于投标招标对合同的整个生命周期有根本性的影响，通过对招标文件、合同风险、投标文件等的分析和合同审查，明确合同签订前应注意的问题，就成为投标招标阶段合同管理的主要任务。

③合同分析是从合同执行的角度去分析、补充和解释合同的具体内容和要求。要通过合同分析具体落实合同执行战略，同时，还要通过合同分析与解释，使每一个项目管理的参与者明确自己在整个合同实施过程中的位置、角色及与相关内外部人员的关系，客观、准确、全面地念好"合同经"。

④合同实施过程中的控制是立足于现场的合同管理,其主要工作包括合同实施监督、合同跟踪、合同诊断和合同措施的决策等。建立合同实施保证体系,完善合同变更管理和合同资料的文档管理,是搞好合同实施控制的关键。

5. 安全管理

工程建设中安全管理的原则是安全第一、预防为主。

在规划设计阶段,要求工程设计符合国家制定的建筑安全规程和技术规范,保证工程的安全性能。在施工阶段,要求承包商编制施工组织设计时,应根据建筑工程的特点制订相应的安全技术措施;对专业性较强的工程项目,应当编制专项安全施工组织设计,并采取安全技术措施。

为了达到安全生产的目的,要求承包商在施工现场采取维护安全、防范危险、预防火灾等措施;有条件的,应当对施工现场实行封闭管理。施工现场对毗邻的建筑物、构筑物和特殊作业环境可能造成损害的,建筑施工企业应当采取安全防护措施。

对于可能出现的:①需临时占用规划批准范围以外场地,②可能损坏道路、管线、电力、邮电通信等公共设施,③需要临时停水、停电、中断道路交通,④需要进行爆破作业等情况,开发商应按照国家有关规定办理申请批准手续。

施工现场的安全由建筑施工企业负责。实行施工总承包的,由总承包单位负责。分包单位向总承包单位负责,服从总承包单位对施工现场的安全生产管理。

开发商或其委托的监理工程师应监督承包商建立安全教育培训制度,对危及生命安全和人身健康的行为有权提出批评、检举和控告。开发商与承包商还要认真协调安排工程安全保险事宜,按双方约定承担支付保险费的义务。

6. 信息管理

建设工程项目的信息包括在项目决策过程、实施过程(设计准备、设计、施工和物资采购过程等)和运行过程中产生的信息,以及其他与项目建设有关的信息(如项目的组织类信息、管理类信息、经济类信息、技术类信息和法规类信息)。

据国际有关文献资料介绍,建设工程项目实施过程中存在的诸多问题,其中三分之二与信息交流(信息沟通)的问题有关,如建设工程项目10%～33%的费用增加与信息交流存在的问题有关;在大型建设工程项目中,信息交流的问题导致工程变更和工程实施的错误占工程总成本的3%～5%。由此可见信息管理的重要性。

(1)业主方和项目参与各方都有各自的信息管理任务,为充分利用和发挥信息资源的价值、提高信息管理的效率,以及实现有序的和科学的信息管理,各方都应编制各自的信息管理手册,以规范信息管理工作。信息管理手册描述和定义信息管理做什么、谁做、什么时候做和其工作成果是什么等,它的主要内容包括:信息管理的任务(信息管理任务目录);信息管理的任务分工表和职能分工表;信息的分类；信息的编码体系和编码；信息输入输出模型；各项信息管理工作的工作流程图；信息流程图；信息处理的工作平台及其使用规定；各种报表和报告的格式，以及报告周期；项目进展的月度报告、季度报告、年度报告和工程总报告的内容及其编制；工程档案管理制度；信息管理的保密制度等。

（2）项目管理班子中各个工作部门的管理工作都与信息处理有关，而信息管理部门的主要工作任务是：负责编制信息管理手册，在项目实施过程中进行信息管理手册的必要的修改和补充，并检查和督促其执行；负责协调和组织项目管理班子中各个工作部门的信息处理工作；负责信息处理工作平台的建立和运行维护；与其他工作部门协同组织收集信息、处理信息和形成各种反映项目进展和项目目标控制的报表和报告；负责工程档案管理等。

7. 竣工验收

房地产开发商对于确已符合竣工验收条件的开发项目，都应按有关规定和国家质量标准，及时进行竣工验收。对竣工的开发项目和单项工程，应尽量建成一个验收一个，并抓紧投入经营和交付使用，使之尽快发挥经济效益。

（1）竣工验收的要求

当开发项目完工并具备竣工验收条件后，由承包商按国家工程竣工验收有关规定，向开发商提供完整竣工资料及竣工验收报告，并提出竣工验收申请。之后，开发商负责组织有关单位进行验收，并在验收后给予认可或提出修改意见。承包商按要求修改，并承担由自身原因造成修改的费用。

在正式办理竣工验收之前，开发商为了做好充分准备，需要进行初步检查。初步检查是指在单项工程或整个开发项目即将竣工或完全竣工之后，由开发商先自行检查工程质量、隐蔽工程验收资料、关键部位施工记录、按图施工情况及有无漏项等。根据初步检查情况，由工程项目的监理工程师列出需要修补的质量缺陷"清单"，这时承包商应切实落实修复这些缺陷，以便通过最终的正式验收。进行初步检查对加快扫尾工程，提高工程质量和配套水平，加强工程技术管理，促进竣工和完善验收都有好处。

（2）竣工验收的依据

开发项目或单体工程，其竣工验收的依据是：经过审批的项目建议书、年度开工计划、施工图纸和说明文件、施工过程中的设计变更文件、现行施工技术规程、施工验收规范、质量检验评定标准，以及合同中有关竣工验收的条款。工程建设规模、工程建筑面积、结构形式、建筑装饰、设备安装等应与各种批准文件、施工图纸、标准保持一致。

（3）竣工验收的工作程序

开发项目竣工验收的工作程序一般分为两个阶段。

①单项工程竣工验收。在开发小区总体建设项目中,一个单项工程完工后,根据承包商的竣工报告,开发商首先进行检查,并组织施工单位(承包商)和设计单位整理有关施工技术资料(如隐蔽工程验收单,分部分项工程施工验收资料和质量评定结果,设计变更通知单,施工记录、标高、定位、沉陷测量资料等)和竣工图纸。然后,由房地产开发商组织承包商、设计单位、客户(使用方)、质量监督部门,正式进行竣工验收,开具竣工证书。

②综合验收。综合验收是指开发项目按规划、设计要求全部建设完成,并符合施工验收标准后,即应按规定要求组织综合验收。验收准备工作以开发商为主,组织设计单位、承包商、客户、质量监督部门进行初验,然后邀请有关城市建设管理部门,如建委、计委、建设银行、人防、环保、消防、开发办公室、规划局等,参加正式综合验收,签发验收报告。

单项工程竣工验收和综合验收之后,应进行竣工验收备案。开发商应当自建设工程竣工验收合格之日起15日内,将建设工程竣工验收报告和规划,公安消防、环保等部门出具的认可文件或者准许使用文件报建设行政主管部门或者其他有关部门备案。

在组织竣工验收时,应对工程质量的好坏进行全面鉴定。工程主要部分或关键部位若不符合质量要求会直接影响使用和工程寿命,应进行返修和加固,然后再进行质量评定。工程未经竣工验收或竣工验收未通过的,开发商不得使用、不得办理客户入住手续。

(4)竣工结算

在工程竣工验收报告经开发商认可后,承包商应向开发商递交竣工结算报告及完整的结算资料,双方按照协议书约定的合同价款及专用条款约定的合同价款调整内容,进行工程竣工结算。开发商收到承包商递交的竣工结算报告及结算资料后通常要在1个月内予以核实,给予确认或者提出修改意见。开发商确认竣工结算报告后,应及时通知经办银行向承包商支付工程竣工结算价款。承包商收到竣工结算价款后,通常应在半个月内将竣工工程交付开发商。

(5)编制竣工档案

技术资料和竣工图是开发建设项目的重要技术管理成果,是使用单位安排生产经营的需要。物业管理公司依据竣工图和技术资料进行管理和进一步改建、扩建。因此,开发项目竣工后,要认真组织技术资料的整理和竣工图的绘制工作,编制完整的竣工档案,并按规定分别移交给房屋产权所有者和城市档案馆。

①技术资料

前期工作资料:开发项目的可行性研究报告、项目建议书及批准文件、勘察资料、规划文件、设计文件及其变更资料,地下管线埋设的实际坐标、标高资料,征地拆迁报告及核准图纸、原状录像或照片资料、征地与拆迁安置的各种许可证和协议书,施工合同、各种建设事宜的请示报告和批复文件等。

土建资料:开工报告,建(构)筑物及主要设备基础的轴线定位、水准测量及复核记录,砂浆和混凝土试块的试验报告,原材料检验证明,预制构件、加工件和各种钢筋的出厂合格证和实验室检查合格证,地基基础施工验收记录,隐蔽工程验收记录,分部分项工程施工验收记录,设计变更通知单,工程质量事故报告及处理结果,施工期间建筑物或构筑物沉降观测资料,竣工报告及竣工验收报告。

安装方面的资料:设备安装记录,设备、材料的验收合格证,管道安装、试漏、试压的质量检查记录,管道和设备的焊接记录,阀门、安全阀试压记录,电气、仪表检验及电机绝缘、干燥等检查记录,照明、动力、电信线路检查记录,工程质量事故报告和处理结果,隐蔽工程验收单,设计变更及工程资料,竣工验收单等。

②竣工图

开发项目的竣工图是真实地记录各种地下、地上建筑物和构筑物等详细情况的技术文件,是对工程进行验收、维护、改建、扩建的依据。

技术资料齐全,竣工图准确、完整,符合归档条件,这是工程竣工验收的条件之一。在竣工验收之前不能完成的,应在验收后双方商定期限内补齐。

4.2.4　租售阶段

当建设阶段结束后,开发商除了要办理竣工验收和政府批准入住的手续外,往往要看预计的开发成本是否被突破,实际工期较计划工期是否有拖延。但开发商此时更为关注的是:在原先预测的期间内能否以预计的租金或价格水平为项目找到买家或使用者。在很多情况下,开发商为了分散投资风险,减轻债务融资的压力,在项目建设前或建设过程中就通过预租或预售的形式落实了买家或使用者。但在有些情况下,开发商也有可能在项目完工或接近完工时才开始市场营销工作。

1. 商品房预售管理

商品房预售是指房地产开发企业将正在建设中的房屋预先出售给承购人,由承购人支付定金或房价款的行为。

房地产开发企业进行商品房预售,应当向承购人出示商品房预售许可证,售楼广告和说明书必须载明商品房预售许可证的批准文号,未取得商品房预售许可证的,不得进行商品房预售。

房地产开发企业在预售商品住宅之前,应当公示有资质的测绘单位出具的商品房预售面积测绘技术报告书和下列分摊情况:被分摊的共用部位的名称、用途、所在位置、面积;参与分摊共用建筑面积的商品房的名称、用途、所在位置、面积、分摊系数;不分摊的共用部位。共用建筑面积的分摊情况经公示并与第一个预购人签订预售合同后,房地产开发企业不得更改。房地产开发企业与预购人签订的预售合同中应当附有上述经公示的共用建筑面积分摊的内容。其他商品房预售时,房地产开发企业应当明示共用建筑面积分摊情况。

房地产开发企业交付预售商品房,应当取得建筑工程竣工验收备案表、商品房面积实测技术报告书以及预售合同约定的其他交付条件。

2. 商品房现售管理

《商品房销售管理办法》第七条要求,商品房现售应当符合以下条件:现售商品房的房地产开发企业应当具有企业法人营业执照和房地产开发企业资质证书;取得土地使用权证书或者使用土地的批准文件;持有建设工程规划许可证和施工许可证;已通过竣工验收;拆迁安置已经落实;供水、供电、供热、燃气、通信等配套基础设施具备交付使用条件,其他配套基础设施和公共设施具备交付使用条件或者已确定施工进度和交付日期;物业管理方案已经落实。

房地产企业在商品房销售过程中不得出现以下行为:不得在未解除商品房买卖合同前,将作为合同标的物的商品房再行销售给他人;不得采取返本销售或者变相返本销售的方式销售商品房;不得采取售后包租或者变相售后包租的方式销售未竣工商品房;商品住宅按套销售,不得分割拆零销售。

3. 经济适用房出售管理

经济适用房是指政府提供政策优惠,限定套型面积和销售价格,按照合理标准建设,面向城市低收入住房困难家庭供应,具有保障性质的政策性住房。这里所说的城市低收入住房困难家庭,是指城市和县人民政府所在地镇的范围内,家庭收入、住房状况等符合市、县人民政府规定条件的家庭。

城市低收入家庭申请购买经济适用住房应同时符合下列条件:

(1)具有当地城镇户口;

(2)家庭收入符合市、县人民政府划定的低收入家庭收入标准;

(3)无房或现住房面积低于市、县人民政府规定的住房困难标准。

经济适用住房建设用地以划拨方式供应,单套的建筑面积控制在 60 平方米左右。经济适用住房建设项目免收城市基础设施配套费等各种行政事业性收费和政府性基金。经济适用住房项目外基础设施建设费用,由政府负担。

经济适用住房的价格以保本微利为原则,销售基准价格及浮动幅度由有定价权的价格主管部门会同经济适用住房主管部门,依据经济适用住房价格管理的有关规定,在综合考虑建设、管理成本和利润的基础上确定并向社会公布。房地产开发企业实施的经济适用住房项目利润率按不高于 3‰ 核定;市、县人民政府直接组织建设的经济适用住房只能按成本价销售,不得有利润。

另外,单位集资合作建房也是经济适用住房的组成部分,距离城区较远的独立工矿企业和住房困难户较多的企业,在符合土地利用总体规划、城市规划、住房建设规划的前提下,经市、县人民政府批准,可以利用单位自用土地进行集资合作建房。

4.3 房地产开发企业管理

4.3.1 房地产开发企业的设立条件

房地产开发企业是依法设立的具有企业法人资格的经济实体。1998 年颁布实行的《城市房地产开发经营管理条例》,对房地产开发企业的设立、管理都有明确规定。设立房地产开发企业应具备下列条件:

(1)有符合公司法人登记要求的名称和组织机构。

(2)有适应房地产开发经营需要的固定的办公用房。

(3)注册资本在 100 万元以上。

(4)有 4 名以上持有资格证书的房地产专业、建筑工程专业的专职技术人员,两名以上持有资格证书的专职会计人员。

(5)法律法规规定的其他条件。

省、自治区、直辖市人民政府可以根据本地方的实际情况,对设立房地产开发企业的注册资本和专业技术人员的条件做出高于以上要求的规定。

4.3.2 房地产开发企业资质等级

为了加强对房地产开发企业的管理,规范房地产开发企业行为,住房与城乡建设部于 2000 年 3 月发布了第 77 号令《房地产开发企业资质管理规定》,表明国家对房地产开发企业实行资质管理。

房地产开发企业资质按照企业条件分为四个资质等级,见表 4-1。

表 4-1　房地产开发企业资质等级

资源等级	注册资本/万元	从事房地产开发经营的时间/年	近3年房屋建筑面积累进竣工量/万平方米	连续几年建筑工程质量合格率达到100%/年	上一年房屋建筑施工面积/万平方米	专业管理人员/人		
						房地产、建筑、经济管理专业人员	中级以上职称管理人员	持有资格证书的专职会计人员
一级资质	≥5000	≥5	≥30	5	≥15	≥40	≥20	≥4
二级资质	≥2000	≥3	≥15	3	≥10	≥20	≥10	≥3
三级资质	≥800	≥2	≥5	2	—	≥10	≥5	≥2
四级资质	≥100	≥1	—	已竣工的建筑工程		≥5	—	≥2

另外,各资质等级的房地产开发企业还必须具备完善的质量保证体系,商品住宅销售中实行《住宅质量保证书》和《住宅使用说明书》制度,并且从未发生过重大工程质量事故。

4.3.3　房地产开发企业的设立程序

新设立的房地产开发企业,应当自领取营业执照之日起 30 日内,持下列文件到登记机关所在地的房地产开发主管部门备案:

(1)营业执照复印件。

(2)企业章程。

(3)验资证明。

(4)企业法定代表人的身份证明。

(5)专业技术人员的资格证书和聘用合同。

房地产开发主管部门应当在收到备案申请后 30 日内,向符合条件的企业核发《暂定资质证书》。《暂定资质证书》有效期为 1 年。房地产开发主管部门可以视企业经营情况,延长《暂定资质证书》有效期,但延长期限不得超过两年。自领取《暂定资质证书》之日起 1 年内无开发项目的,《暂定资质证书》有效期不得延长。

4.3.4　房地产开发企业资质管理机构及管理

1.房地产开发企业资质管理机构

国务院建设行政主管部门负责全国房地产开发企业的资质管理工作,县级以上地方人民政府房地产开发主管部门负责本行政区域内房地产开发企业的资质管理工作。

2.房地产开发企业资质登记实行分级审批

一级资质由省、自治区、直辖市建设行政主管部门初审,报国务院建设行政主管部门审批;二级及二级以下资质的审批办法由省、自治区、直辖市人民政府建设行政主管部门制定。

3.房地产开发企业资质实行年检制度

对于不符合原定资质条件或者有不良经营行为的企业,由原资质审批部门予以降级或注销资质证书。企业有下列行为之一的,由原资质审批部门公告资质证书作废,收回证书,并可处以1万元以上3万元以下的罚款:

(1)隐瞒真实情况,弄虚作假骗取资质证书的。

(2)无正当理由不参加资质年检,被视为年检不合格的。

(3)工程质量低劣,发生重大工程质量事故的。

(4)超越资质等级从事房地产开发经营的。

(5)涂改、出租、出借、转让、出卖资质证书的。

4.3.5　房地产开发企业的类型

1.按照企业所有制性质分类

(1)公有制房地产开发企业

公有制房地产开发企业按公有程度不同,又可细分为国家所有制房地产开发企业和集体所有制房地产开发企业。目前,国家所有制房地产开发企业在中国城市房地产开发经营市场中占主导地位,也是房地产开发企业体制改革的主要对象。

(2)合资房地产开发企业

合资房地产开发企业是由外商和国内企业联合组建的房地产开发企业,是引进外资和国外先进的房地产开发经营技术的重要渠道。

(3)私有房地产开发企业

私有房地产开发企业是个人所有的从事房地产开发的企业。

2.按照开发经营对象分类

(1)专门从事土地和城市基础设施开发的房地产开发企业

这类企业从政府或政府主管部门取得土地使用权,然后对土地进行开发,完成城市基础设施的建设,最后将开发好的土地转给其他用地单位。

(2)专门从事地上建筑物和构筑物建设的房地产开发企业

这类企业主要从二级市场上取得土地使用权,然后在土地上建设各类房屋和构筑物,最后将建成的建筑物和构筑物出租或出售。

（3）房地产综合开发企业

这类企业把土地和房屋作为统一的开发经营对象进行综合开发、建设。

3.按照政府对企业的干预程度分类

（1）商业性房地产开发企业

即指从项目决策、资金融通一直到产品的竣工租售完全以市场价格为导向的房地产开发企业,这类企业追求的是市场利润最大化。

（2）政策性房地产开发企业

即接受国家指定的房地产开发经营任务,不完全按照商业性原则开发经营房地产的企业。例如,目前在住宅建设中,"安居工程"、"经济适用房"和"廉租房"建设就是此类政策性项目,政府所属的从事"安居工程"的房地产开发企业就是政策性房地产开发企业。

当然,完全的商业性或是政策性的房地产开发企业,在目前的环境下并没有十分明确的划分界限。我们提出这个分类是想说明二者确有不同之处,并且政策性房地产业务对企业来说并不是不存在的。在某些情况下,政策性业务的开展可能会更好地促进商业性房地产开发经营业务。

4.3.6　房地产开发企业的特点

房地产开发企业除具备企业的一般性质外,与其他企业相比,还具有以下一些特点:

1.房地产开发企业是具有地域属性的企业

房地产商品的"不动产"特性决定了房地产开发企业的地域属性。不动产的特性是指房地产商品不像一般商品那样可以因需要在生产、消费等过程中发生空间位置上的移动,或是因空间位置上的移动而改变产品的效用。一般人们只注意到产品的公有属性或私有属性是决定企业制度的主要因素,往往忽视产品地域属性对企业性质和制度选择的影响。实际上,产品的地域属性对企业的性质和制度选择是有影响的。房地产的地域属性决定了房地产开发企业只能在区域性的市场中活动,其经营目标、竞争范围不是全区域性的市场范畴,而只能是地区性的。

2.房地产开发企业是一种资金密集型的综合性经济组织

房地产产品不同于一般商品,其构件复杂而庞大、造价昂贵而投资量大。因此,房地产企业在投资某一房地产项目时,通常要筹集大量的资金。此外,在决定投资某一房地产项目后,不仅要花大量的精力从事流通环节的经营活动,而且常常还要参与房地产生产活动的总体组织与监控，以及房地产使用阶段的综合管理。因此，房地产企业既是资金密集型的企业，也是兼有生产、流通、管理、服务等各种经济活动在内的综合性企业。

3. 房地产开发企业是以房地产项目为单位的经营管理企业

房地产的单件性决定了其生产经营活动要以项目为单位来组织，并按项目管理的规律和方法进行。因此，房地产开发企业是一种项目管理的专业化企业，其经营活动具有明显的单件性。

4. 房地产开发企业是以经济效益为目的的企业

房地产开发企业经营房地产，不是为了自己消费房产和地产，而是希望通过房地产的交换实现其价值，从而获得利润。所以房地产企业不同于一般的为自己使用而购置、建设房地产的建设单位，也不同于专门从事管理服务活动的房地产行政管理部门。

4.3.7 房地产开发企业的运行机制

房地产开发企业组织的建立解决了企业组织管理体制中的"体"这一方面的问题，继之而来的是企业管理中的"制"，即企业管理制度的问题。房地产开发企业管理制度，就是依托企业组织，通过建立起一定的企业组织运行机制，确保企业经营管理工作的正常开展，从而力图有效地解决企业的生存、效率、效益、发展等根本性问题。

1. 我国房地产开发企业的企业制度

我国房地产开发企业是随着改革开放的进程而迅速崛起和发展起来的一个年轻的产业，目前，我国许多房地产开发企业大都是按有限责任公司制和股份有限公司制运作的。其企业制度可分述如下：

(1)房地产有限责任公司

房地产有限责任公司的股东以其出资额为限对公司承担责任，公司以其全部资产对公司的债务承担责任。可以由单一投资主体的国有企业改建为国有独资的房地产有限责任公司；可由多个投资主体，即2个以上50个以下的股东出资建立房地产有限责任公司；外商投资也可以建立房地产有限责任公司。

房地产有限责任公司需成立由全体股东组成的股东会，股东会是公司的权力机构。股东会的职权、议事方式和表决程序应按公司法的规定或由公司章程作出具体规定。股东会按股东出资比例行使表决权。

①公司设立董事会，董事会设董事长1人、副董事长1～2人、董事若干名。董事长为公司法定代表人，董事会对股东会负责。

　　国有独资的房地产有限责任公司不设股东会,但应设立董事会。董事会成员由国家授权投资的机构或者国家授权的部门按照董事会的任期委派或者更换。国家授权投资的机构或者国家授权的部门按照董事会行使股东会的部分职权,决定公司的重大事项;但公司的合并、分立、解散,增减资本和发行公司债券,必须由国家授权投资的机构或者部门决定。

　　在中外合资房地产有限责任公司中,董事会是合营企业的最高权力机构,决定合营企业的一切重大问题。董事会成员不得少于 3 人。董事名额的分配由合营各方按出资比例协商确定。董事会设董事长 1 人,作为合资企业的法定代表。

　　②房地产有限责任公司设经理(总经理),由董事会聘任或者解聘。经理(总经理)对董事会负责。公司经营管理实行经理(总经理)负责制,根据公司规模和业务范围,在公司内可以设立若干管理部门,如计划财务部、工程部、营销部等,分别负责公司的各种经营活动。

　　③房地产有限责任公司经营规模较大的,设立监事会,其成员不少于 3 人;股东人数较少的,可以设 1～2 名监事。董事、经理及财务负责人不得兼任监事。

　　国有独资房地产有限责任公司不设监事会或者监事,由国家授权投资的机构或者国家授权的部门依照法律、行政法规的规定,对国有独资公司的国有资产实施监督管理。职工有参加企业民主管理的权利。董事会成员中应当有公司职工代表,职工代表由公司职工民主选举产生。

　　中外合资房地产有限责任公司不设监事会或者监事,中国合营者的政府主管部门就是合营企业的主管部门。如合营企业有两个或两个以上的中国合营者,且并不隶属于同一部门或地区,则应由有关部门和地区协商确定一个企业主管部门。企业主管部门对合营企业负有指导、帮助和监督的责任。合营企业各方应按中国法律要求和审批程序商签合营企业协议、合同和章程,经审批机构批准后生效。审批机构和登记管理机构对合营企业合同、章程的执行负有监督检查的责任。合营企业各方若在解释或履行合营企业协议、合同章程时发生争议,则应尽量通过友好协商或调解解决。如经过协商或调解无效,则提请仲裁或司法部门解决。

　　(2)房地产股份有限公司

　　房地产股份有限公司可将其全部资本分为等额股份,股东以其所持股份为限对公司承担责任,公司以其全部资产对公司的债务承担责任。

　　股东大会是公司的权力机构。股东出席股东大会,按所持股份行使表决权。

　　房地产股份有限公司设董事会,其成员为 5～19 人。董事会设董事长 1 人,副董事长 1～2 人。董事长为公司的法人代表。董事会对股东大会负责。

　　房地产股份有限公司的经理(总经理)对董事会负责,负责组织公司的经营管理事务。经理(总经理)应根据公司的实际经营业务,设置机构精简、办事效率较高的内部管理机构。公司在研究生产经营重大问题时,应广泛听取公司工会和广大职工的意见和建议。

房地产股份有限公司设监事会,其成员不少于 3 人。监事会由股东代表和公司职工代表组成。国有房地产企业改建为股份有限公司时,发起人可以少于 5 人,但应采取募集设置方式。改建时应对国有资产进行严格评估,严禁低价折股、低价出售或无偿转让给个人。国家授权投资的机构可以依法转让持有的股份,也可以购买其他股东持有的股份。

2. 房地产开发企业的内部管理制度

为保证房地产开发企业的正常运行,除建立科学的组织结构外,还要建立健全合理的内部管理制度,作为企业全体职工的行为规范和准则,以保证房地产开发企业高效率地开展各项工作。根据房地产开发企业运行的特点,其内部管理制度的主要内容有以下几个方面:

(1)开发经营管理制度

这是房地产开发企业的主要管理制度。主要内容有房地产开发工作管理制度、项目前期工作管理办法、房屋营销工作管理制度、材料管理工作制度、计划工作管理制度、计量工作监督制度、合作开发商品房管理制度和拆迁补偿工作管理制度等。

(2)工程技术管理制度

这是有关工程技术方面的管理制度。主要内容有规划、设计和创建工作制度,图纸审核管理制度,工程质量管理制度,设计招标制度,工程项目管理制度,配套工作管理制度,审计工作管理制度,安全生产责任制度,图纸、技术资料管理制度等。

(3)经济核算管理制度

这是有关财务、资金使用方面的管理制度。主要内容有财务工作管理制度,成本工作管理制度,会计核算工作管理制度,经济活动分析工作管理制度,审计工作管理制度,现金管理制度及差旅费报销制度等。

(4)行政人员管理制度

这是公司有关行政人事方面的管理制度。主要内容有秘书工作管理制度,文印、文件工作管理制度,档案管理制度,人事工作管理制度,职工考勤管理制度,办公用品管理制度,机动车辆管理制度,公司用工制度,干部与技术人员考核晋升制度,职工食堂等后勤方面的管理制度等。

（5）物业管理制度

这是有关物业管理、售后服务、经营租赁等方面的管理制度。主要内容有商品房售后管理制度、住宅小区管理制度、房产管理制度、房产租金管理制度和房屋维修管理制度等。

（6）思想政治工作管理制度

主要内容有职工代表大会制度、基层组织工作制度、党组织建设制度等。

需要指出，我国房地产开发企业在借鉴国外现代企业制度的同时，应着重解决好这样一个问题：怎样把建立现代企业管理制度与当前我国社会主义经济建设的具体实际相结合。具体来说，就是要求房地产开发企业的管理制度与当前我国企业的经营制度、企业领导制度以及企业内部经济责任制度、职工代表大会制度和思想政治工作制度等有机地融为一体，从而真正形成一套有中国特色的社会主义企业管理制度体系。

思考题

1. 房地产开发的具体程序是什么？

2. 投资机会选择与决策分析的主要内容是什么？

3. 房地产开发的前期工作包括哪些？

4. 开发商获取土地使用权的途径有哪些？

5. 获取土地使用权的方式有哪些？

6. 申领《施工许可证》的条件是什么？

7. 房地产开发过程的规划管理主要体现在哪些方面？

8. 与市政设施的接驳包括哪些内容？

9. 竣工验收的条件和工作程序是什么？

10. 经济适用房建设有哪些具体的管理规定？

案例分析

【背景】

冲着小区楼房间距有 50 米、小区绿化率为 50% 的宣传广告，上海一些市民先后购买名为"××阁"的商品房。岂料两年后开发商又改变建筑方案,楼房的间距仅为 30.4 米。为此,38 户业主于 2003 年 3 月下旬以商品房预售合同纠纷提起诉讼。

面对起诉,房地产开发商称,小区规划系按照政府提出的要求进行的。业主们的预售合同中,虽附有小区平面示意图,但示意图注明"本规划图属规划阶段方案图,最终以静安规划土地局批准文件为准"。

【问题】

1. 你怎样看待这个案例?
2. 谁有权更改小区规划?

第 5 章

房地产营销管理

本章提要：

    市场营销的起点是市场需求,终点是满足市场需求,房地产营销工作贯穿于房地产项目开发与经营全过程。本章从房地产销售形式和物业代理入手,分析了我国物业代理公司的运作方式和促销手段、广告宣传策略和定价原理及策略。营销是房地产经营的核心,管理是提高营销品质和效率的直接途径。本章的重点是物业代理、房地产促销组合以及定价策略。

5.1 房地产营销渠道

成功的房地产销售过程一般包括三个阶段：①为使潜在的租客或购买者了解物业状态而进行的宣传、沟通阶段；②就有关价格或租金及合同条件而进行的谈判阶段；③双方协商一致后的签约阶段。从房地产市场营销的具体方式来看，主要分为开发商自行租售和委托物业代理两种。

5.1.1 开发商自行租售

由于委托物业代理要支付相当于售价 1‰～3‰的佣金，所以有时开发商愿意自行租售。一般在下述情况下开发商愿采取这样的营销方式。

首先，是在大型房地产开发公司，他们往往有自己专门的市场营销队伍和世界或地区性的销售网络，他们提供的自我服务有时比委托物业代理更为有效。

其次，是在房地产市场价格高涨、市场供应短缺，所开发的项目很受使用者和投资置业人士欢迎，而且开发商预计在项目竣工后很快便能租售出去的项目。

另外，当开发商所发展的项目已有较明确，甚至是固定的销售对象时，也无需再委托物业代理。例如，开发项目在开发前就预租（售）给某一业主，甚至是由业主先预付部分或全部的建设费用时，开发商就没有必要去寻求物业代理的帮助了。

此外，因为销售人员代表公司与客户洽谈、签订协议，所以要求销售人员不仅应具有较高的素质，而且必须掌握房地产专业的相关知识，对所推楼盘非常熟悉，对市场上同类竞争项目也有相当的了解，这样才能更好地向顾客推介楼盘。

5.1.2 委托物业代理

经纪人和代理商是从事购买或销售或二者兼备的洽商工作，但不取得商品所有权。其主要职能在于促成商品的交易，借此赚取佣金作为报酬，他们通常专注于某些产品种类或某些顾客群。房地产市场上的经纪人或代理商通常被称为物业代理。

一般来说，物业代理负责开发项目的市场宣传和租售业务。但为什么要委托代理、委托什么类型的代理、委托物业代理的原则是什么呢？一般要针对具体情况进行分析。尽管有些开发商也有自己的销售队伍，但他们往往还要借助于物业代理的帮助，利用物业代理机构所拥有的某些优势。因为物业代理机构有熟悉市场情况、具备丰富租售知识和经验的专业人员，对所擅长的市场领域有充分的认识，对市场当前和未来的供求关系非常熟悉,或就某类物业的销售有专门的知识和经验,是房地产买卖双方都愿意光顾的地方。

1. 物业代理的作用

传统的房地产经纪人留给人们的印象是,通过传递信息、居间介绍,待交易成功后收取佣金。现代的物业代理则是一个全新的概念,已经从单纯的协助推销逐渐发展为参与开发项目市场营销工作的全过程,其所提供的服务具有很高的专业技术含量。物业代理的作用主要体现在以下几个方面:

(1)通过市场调查,了解潜在的市场需求,准确地预测消费者行为、偏好、潮流与品位,协助开发商或业主进行准确的市场定位。

(2)通过广告等市场宣传活动,对潜在的投资置业人士进行有效的引导。

(3)从房地产开发项目的前期策划到项目租售完毕,物业代理参与整个开发过程,协助开发商最终实现投资收益目标。

(4)按照置业人士提出的有关要求(位置、价格、面积大小、建筑特点等),帮助其选择合适的物业,并为其提供完善的购楼手续服务。

(5)帮助买卖双方进行有关融资安排。例如,有一个信誉良好的机构有物业的使用需求,但没有足够的资金购买,有一个基金组织想投资房地产,但找不到理想的投资项目,又有一个公司想通过出售所拥有的物业以解决财务困难,在这种情况下,物业代理就能通过其掌握的信息,做出安排,使有关三方均能达到自己的目的。

(6)提高市场运行效率。因为很少有集中、固定的房地产市场,房地产又是一种特殊的商品,所以常常需要代理人的服务来寻找买卖双方,使潜在的买家和卖家均能迅速地完成交易,从而提高了房地产市场运行的效率。

2. 物业代理的形式

物业代理的形式通常在委托代理合同上有具体的规定。物业代理的形式主要有以下几种分类方式:

(1)联合代理与独家代理

对于功能复杂的大型综合性房地产开发项目或物业,开发商经常委托联合代理,即由两家或两家以上的代理公司共同承担项目的代理工作。物业代理公司之间有分工,也有合作,通过联合代理合约,规定各代理公司的职责范围和佣金分配方式。对一些功能较为单一的房地产开发项目或物业,或者对于综合性物业中的某种特定用途的物业,开发商常委托某一家拥有销售此类物业经验的物业代理公司负责其物业代理工作,称为独家代理。当然,某些大型物业代理公司亦可能独家代理综合性房地产开发项目或物业。

(2)买方代理、卖方代理和双重代理

依代理委托方的不同,物业代理还可以分为买方代理、卖方代理和双重代理。

对于前两种情况,物业代理只能从买方或卖方单方面收取佣金;对于第三种情况,物业代理可以同时向买卖双方收取佣金,但佣金总额一般不能高于前两种代理形式,而且双重代理的身份应向有关各方事先声明。

(3)首席代理和分代理

对于大型综合性房地产开发项目或物业,开发商或业主也可以委托一个物业代理公司作为项目的首席代理,全面负责项目的物业代理工作。总代理再去委托分代理,负责物业某些部分的代理工作。有时,分代理的委托还必须得到开发商或业主的同意。特殊情况下,开发商或业主还可以直接委托分代理,此时,代理公司的佣金按照各代理公司所承担的责任大小来分配。

不论是采用哪种代理或代理组合,很重要的一点是在开发项目前期就尽快确定下来,以使物业代理公司能就项目发展的规划、设计和评估有所贡献。物业代理公司可能会依市场情况对项目的开发建设提供一些专业意见,使物业的设计和功能尽可能地满足未来入住者的要求;物业代理公司也可能会就开发项目预期可能获得的租金、售价水平、当地竞争性开发项目情况以及最有利的租售时间等给开发商提供参考意见。此外,通过让代理机构从一开始就参加整个开发队伍的工作,能使其熟悉未来要推销的物业,因为倘若物业代理不能为潜在买家或租客提供有关物业的详细情况,则十分不利于他们开展推销工作。

3. 物业代理公司的运作

从目前物业代理公司的实际运作情况来看,其物业代理工作可视与委托方的关系不同,分为与业主(卖方)合作和与客户(买方)合作两种类型。

(1)与业主合作

物业代理公司虽然可同时为买卖双方服务,但如果没有房源可供给客户,即使有很多买家也难以成交。一手市场上的房源主要来自开发商,二手市场上的房源主要来自那些从开发商手中购入物业后又想转让的业主。

纯粹的独家代理目前在我国房地产市场比较少见,通常是开发商自己的销售部与其委托的代理公司合作销售。合作销售的运作过程是:代理商以开发商的名义寻找客户—由开发商确认客户,由该代理商介绍—客户与开发商签订购/租合同—开发商如约向代理商支付佣金。在有些项目的营销工作中,开发商为了更好地发挥代理商的作用,由开发商的销售部门和代理商组成销售联合体,以销售联合体的名义进行市场推广工作,按销售额提取的代理佣金,由销售联合体的有关各方按事先约定的比例分配。

销售总策划是物业代理公司与业主合作的另一种主要方式。此时,通常由开发商出资,提供办公场所及所有宣传推广费用,利用代理商所提供的销售人员、专业的项目策划、丰富的市场信息及拥有的客户网,共同组建经营一个项目的"销售中心"，为项目作策划及推广销售。具体运作方法是：代理商选派人员去开发商处办公—双方协作向市场推广该物业—客户与开发商签订购/租合同—开发商如约向代理商支付佣金。

(2)与客户的合作

客户代理是近年从国外引进的新概念，代理商通过优质的服务与良好的信誉，试图与房地产市场上的一些大客户建立固定的联系，成为该客户的长期独家代理，当客户有购/租房的需要时，均委托该代理公司提供购/租房全过程服务。

除大客户外，物业代理公司面向的客户群主体，还是那些个人或中小型购买者，这些客户虽然没有较频繁的购买行为，但由于量大面广，通常是代理商的主要服务对象。代理商一般可通过媒体宣传、印刷宣传品、主动上门寻访等方式与这些客户建立联系，当代理商寻找到客户并了解了该客户的需求后，可为客户提供详尽的市场信息，提供租用或购买建议，以利于成交。应客户的要求，一些代理商还提供更加深入的"售后服务"，如协助办理按揭手续、入住手续等。

4.物业代理佣金收取的原则

当仅由一个代理机构独家代理物业租售时，则依每宗交易的成交额收取佣金或代理费。收费标准是：出租物业收取年租金的 10％或相当于一个月的租金；出售物业收取销售额的 1％～3％。对于联合代理的情况，委托方需对每宗出租或出售交易支付较高的代理费，通常为独家代理时的 1.5 倍，各代理机构之间要依事先协议来分割这笔佣金。

一般说来，代理商只应从买方或卖方单方面收取佣金。如果有客户委托代理机构帮助买楼或租楼，则代理商相对开发商而言就相当于"顾客"，此时的代理商应从买方或承租方获取佣金，不能再从开发商那儿得到另外一份佣金，尤其是代理商为其客户向房地产开发商预定楼面时，更不应从开发商处获取佣金。如果没有客户向代理机构预定，而是代理机构主动为开发商推销时，则开发商应支付佣金，买房或租房的客户就不需支付佣金给代理商了。

5.2　房地产促销组合

5.2.1　房地产促销与促销组合

1.促销与促销组合的定义

促销是指企业以各种有效的方式向目标市场传递有关信息，以启发、推动或创造对企业产品和劳务的需求，并引起购买欲望和购买行为的一系列综合性活动。促销的本质是企业同目标市场之间的信息沟通。

房地产促销是房地产市场营销管理中最复杂、最富技巧、最具风险的一个环节，促销策划主要应围绕促销的基本方式来进行。所谓房地产促销是指房地产企业向目标顾客传递产品信息，促使目标顾客作出购买行为而进行的一系列说服性沟通活动。它是房地产市场营销组合的四个构成要素之一。

房地产促销组合是指为实现房地产企业的促销目标而将不同的促销方式进行组合所形成的有机整体，即如何确定促销预算及其在各种促销方式之间的分配。

2. 促销组合的内容

(1)广告促销。广告促销是房地产企业用来直接向消费者传递商品信息，输送某种观念的最主要的促销方式。

(2)人员促销。对某些处于一定销售阶段的产品，人员促销是一种最有效的促销方式，尤其是在争取顾客偏好，建立顾客对本企业房地产产品的信任和促成交易等方面有显著的效果。

(3)营业推广。营业推广直接针对房地产产品展开促销，可以刺激消费者采取购买行动，或刺激中间商的销售人员努力销售房地产产品。

(4)公共关系。公共关系促销不是由企业直接进行的宣传活动，而是借助于公共传播媒体，由有关新闻单位或社会团体以新闻等形式进行的，因而可以引起公众的高度信赖和注意。

3. 制订促销组合时应考虑的因素

(1)产品市场的类型和目标

各种促销方式对消费品和产业用品的促销效果不同。一般说来，从事消费品营销的企业，最重要的促销方式是广告，其次是营业推广，然后是人员促销，最后是公共关系。与此不同，从事产业产品促销的企业分配促销预算的次序，则首先是人员促销，其次是营业推广，然后是广告，最后是公共关系。总之，广告比较适用于价格较低、技术性弱、买主多而分散的消费品，面对消费者市场；人员促销比较适用于价格较昂贵、技术性强、买主少而集中的产业用品，面对产业市场和中间商市场；营业推广和公共关系是相对次要的促销方式，在对两类产品的适用性方面差异不大。由于房地产产品时一种价格昂贵、购买风险较大的耐用消费品或生产资料，其购买者往往倾向于理智消费，并不满足于一般广告所提供的信息，而是希望能得到更为直接可靠的信息，所以除广告促销外，人员促销是很重要的促销手段。

企业目标市场的不同状况，也影响促销手段的选择。当企业面临的是地域分布广阔而且分散的目标市场时，广告的作用就显得很重要，例如一些外销楼盘，因为相对于人员促销,其单位成本比较低;当目标市场比较窄而且又相对集中时,人员促销和营业推广等就比较容易奏效,而此时广告的相对成本则可能很高。

（2）购买准备过程的阶段

顾客的购买准备过程一般分为 6 个阶段,即知晓、认识、喜欢、偏好、确信和购买。在不同阶段,企业应采用不同的促销组合策略。在知晓阶段,广告和公共关系的作用较大;在认识和喜欢阶段,广告作用较大,其次是人员促销;在偏好和确信阶段,人员促销的作用较大,广告的作用略小于人员促销;在购买阶段,则主要是人员促销在发挥作用。

（3）房地产建设的不同阶段

影响企业促销组合决策的另一个因素是产品在其生命周期所处的阶段,对处于不同阶段的产品,促销的重点目标不同,所采用的促销方式也有所不同。在项目开工的前期阶段,多采用公共关系和广告促销组合,以提高企业及房地产产品的知名度;在项目施工阶段,采用广告和营业推广相结合的促销组合,此时也要加强人员促销的力度;项目竣工后,促销组合中人员促销起的作用将增强,同时广告、营业推广、公共关系等促销方式也要调整并组合使用。因此,在房地产建设的不同阶段,应选择不同的促销组合,以达到最好的促销效果。

（4）促销预算

促销预算对促销方式的选择有很大的制约作用。促销预算不足的情况下,费用昂贵的促销方式,如电视广告、收费较高的报纸广告等促销方式就不适合使用。房地产企业实力、房地产本身的利润以及市场供求状况等决定了促销预算的大小,应根据促销预算,合理地选用促销方式,使促销费用发挥最好的效果。

（5）营销环境

营销环境也会在一定程度上影响企业促销手段的选择。如某地区对大众传播的控制程度以及该地区接触传播的可能性（如报刊订阅率、电视机和收音机的拥有率等）,会极大地影响广告的宣传效果;一些社会活动（如体育运动会、旅游节、庙会等）可能为营业推广和公共关系创造良好的机会;某些政策法令会对各种促销手段的应用形式起到直接或间接的促进或制约作用;甚至政策的变化和某些社会重大事件的发生也会因其舆论导向的作用而成为某些促销手段实施的契机。所以促销手段的选择和应用必须充分注意其对营销环境的适用性。

5.2.2　房地产市场宣传

宣传作为促销组合因素之一,在刺激目标顾客对企业产品或服务的需求、增加销售、改善形象、提高知名度等方面,都起着十分重要的作用。

1. 宣传的作用

美国市场营销协会定义委员会把宣传定义为:"宣传是指发起者无需花钱,在某种出版媒体上发布重要商业新闻,或者在广播、电视中和银幕、舞台上获得有利的报道、展示、演出,用这种非人员形式来刺激目标顾客对某种产品、服务或商业单位的需求。"宣传作为一种促销工具,具有以下重要作用:

(1)卖主可以利用宣传来介绍新产品、新品牌,从而打开市场销路。

(2)当某种产品的市场需求和销售下降时,卖主可利用宣传来恢复人们对该产品的兴趣,以增加需求和销售。

(3)知名度低的企业可利用宣传来引起人们的注意,提高其知名度。

(4)公共形象欠佳的企业可利用宣传来改善形象。

(5)国家也可利用宣传来改善其国际形象,吸引更多的外国观光者和外国资本,或争取国际支援。

2. 市场宣传的主要手段

房地产市场宣传是吸引租客和购买者的主要手段,包括:①广告,含报纸杂志上的印刷广告、广播电视广告和招贴广告;②邮寄宣传材料;③发送售楼书;④制作现场广告牌和广告围栅;⑤楼盘推出庆典仪式;⑥现场样板房展示。这些宣传手段的利用程度一方面要视开发项目的特点,另一方面还要看市场宣传工作的资金预算情况。

(1)广告

广告旨在通过开发商直接地,或通过开发商的物业代理间接地向潜在的买家或租客就欲租售的物业进行宣传。根据项目推销的范围和重点,可选择印刷广告、广播电视广告和招贴广告等多种形式。

广告中应具备足够的信息以吸引购买者,但注意不要使人们很难看懂或难以辨认。通常一则房地产广告应包括物业所处位置、物业类型、面积大小、装修标准、出租还是出售、产权性质、所要求的价格、是否有金融机构提供按揭、销售许可证号码、物业的入伙时间或交接程度等。代理商和开发商的电话号码、办事处地址、联系人也应出现在广告上,以使可能的买家或租客能方便地与有关人员直接联系。

(2)邮寄宣传材料

通过邮寄宣传材料进行房地产市场宣传工作有时单独使用,有时也作为报刊广告的辅助手段。主要邮寄对象是根据有关线索筛选出的潜在买家或租客。这项工作可由开发商自己做,也可委托物业代理机构或专门代理邮寄业务的公司来做。这种邮寄材料,一般能比广告提供更多的信息,但也要注意简明扼要,避免冗长。

利用邮寄宣传材料的方式进行市场宣传活动,首先要仔细选择邮寄名单,因为邮寄宣传材料方式的成功与否,主要取决于邮寄名单是否具有针对性。在国外,有许多专门的邮寄服务组织可提供一流的邮寄服务,并可帮助开发商的市场销售人员编制很准确的邮寄名单。这些机构把所有的企事业单位的性质、规模、所处位置等进行分类并用计算机进行管理。房地产开发经营单位一般很少用直接邮寄宣传材料的方式寻找顾客,所以在需要时可以聘请这类专门公司来提供此类服务。在选择这种专业公司时,要注意其单位名录是否及时更新,否则,由于地址变化或不确切而导致大量退信很不合算。

(3)发送售楼书

售楼书是有关物业的详细介绍材料。这类材料通常被印成精美考究的小册子,对于易变动的资料如售价等也可印成活页附在里面。售楼书可由开发商直接寄送给潜在的客户或由有关代理机构向对物业有兴趣的人士派发。售楼书的制作通常由开发商、代理机构和有关顾问人士联合完成。

售楼书应包括照片和相应的说明文字,文字资料一般包括:

①有关物业位置的描述。

②具体物业情况介绍,如面积、高度和主要设计特色等。

③物业的装修标准和所具备的主要设备,如电梯、空调、煤气、供热、电力、通信等。

④欲出售的物业权益性质,如果是所有权,应列明有关限制条件,如果是租赁权,则需要说明租约期限。

⑤希望的价格和租金水平。介绍材料还应给出开发商、抵押(按揭)银行、律师事务所和物业代理的名称、地址、电话以及有关联系人姓名。

售楼书的图片资料包括物业的位置图、平面图、有关照片和简要文字说明,还应提供一些有关当地可能为购买者提供的专业服务(如律师服务)和银行按揭等信息。对物业周围的相关服务设施与环境也要介绍。如写字楼物业应说明与附近商业中心,与其他写字楼的位置关系;工业或仓储物业则应说明周围道路情况,与车站、港口、机场的关系;居住物业则要说明附近学校、娱乐设施和店铺的情况等。

售楼书一般仅寄给那些对广告、邮寄宣传材料有反应的人,或直接寄给那些已知的对租、买该物业有兴趣的人。售楼书的封面很重要,因为它反映了其所介绍物业的质量,或者说至少会就物业质量给顾客留下较深的印象。所以,除非开发商有专门设计人员,否则需请外界专业设计师设计,以保证其图、文、形、色并茂,富有吸引力。

(4)制作现场广告牌和广告围栏

大多数施工现场都有一个广告牌来介绍开发项目情况,在项目租售完成前,该广告牌要始终妥善保护。广告牌的位置要很好地选择。广告牌的内容一般包括项目规划模型图、位置图、项目介绍以及有关项目的参与者,如开发商、设计师、承造商、监理工程师、物业代理等的名称。广告牌的宣传作用不可忽视,其质量好坏直接影响到人们对开发项目工程质量的信心。

近年来,开发商还越来越注重利用开发项目施工场地四周的围栅板进行广告宣传。这种宣传有两个优点,首先是挡住了施工现场的不雅景观,给过往行人(他们中也许有该项目未来的买家或租客)提供一个良好的、有吸引力的景观;其次,这种广告有助于强化项目的市场形象。这种广告常令路过此地的人不自觉地驻足观看,使之了解围栅内的项目是怎么一回事。当然,这要增加一些费用支出,而且还可能损失一笔出租围栅给其他公司做广告的收入。但实践证明这种广告能很好地配合项目其他的市场宣传工作,使人们对项目、开发商留下良好的、持久的印象。

(5)楼盘推出庆典仪式

在某些情况下,有必要在工程建设过程中进行封顶仪式或工程竣工后举行开业典礼,以正式将所开发的楼宇推向市场。仪式中,可邀请当地和全国有关的新闻出版机构、物业代理及可能的买主和租客参加,还可邀请中央和地方政府的有关官员参加,有时银行界、商业界及有关社会团体的人士也要邀请。庆典活动的安排没必要千篇一律,但开发商和当地政府官员或知名人士致词、物业情况介绍、现场参观是必须有的程序。庆典活动中通常还有茶点或自助餐招待,向与会者赠送一些小纪念品和有关宣传材料,有些开发商可能还会安排一些文娱活动。

这里要特别注意的是,如果举行的是开业典礼,则必须选择物业具备了正常运行条件时进行,要求有关设备必须可以投入使用,并在仪式进行过程中保持正常运转。对于出租性物业,最好有几部分已经租出,承租方的开业庆典也能与整栋大厦同步进行。

(6)现场样板房展示

由于开发项目的市场营销工作通常在施工阶段或更早的方案设计阶段就开始了,所以给人们展示的只能是建筑物的平面图、立面图和模型。当建筑物施工完毕后,对开发商来说很重要的一点就是提供样板房,即将建筑物的某一层或某层的一部分进行装修、配齐家具设备和必要的装饰品,供有兴趣买楼或租住的人士参观,让其亲身感觉假如入住该建筑物,将是一种怎样的感受。除样板房外,对于建筑物的主要入口、通道和大堂也要装修,并在展示过程中保持清洁。

对于某些大型房地产开发项目,如大型商业中心、商贸中心或居住区,还有必要在项目建筑施工过程中,即在场地附近临时建一套样板房,其内部装修和家具布置要充分反映项目的设计思想和意图,由擅长市场营销工作的人员向前来参观的人士进行宣传、讲解。当项目施工完毕后,样板房就可以搬入正式的建筑物。此外,临时建设的样板房的室外环境也应引起开发商的重视,需要开发商细心地设计、很好地维护。总之,作为市场宣传活动的原则,要尽最大的可能给前来参观的人士留下美好的第一印象。

3. 市场宣传策略

为提高宣传效果,加强宣传管理,企业促销部门在制订宣传策略时应做好以下工作:

(1)确定宣传目标

美国纽约 Tishman 房地产公司曾委托丹尼尔·J.爱德曼公共关系公司拟订一个宣传方案,以实现其两个市场营销目标:①使美国人确信居住乡村别墅是优裕生活的一部分;②强化 Tishman 乡村别墅的形象及其市场占有率。为实现这两大目标,将宣传目标确定为:①撰写有关乡村别墅的报道,并在一流杂志(如《时代》周刊等)及报纸的休闲娱乐版发表;②从医学的角度,指出乡村别墅的环境对身体健康大有裨益;③分别针对年轻人市场、退休者市场、政府机关及各种团体拟出特定的宣传方案。

(2)选择宣传的信息与工具

促销部门必须确定企业产品有何重大新闻可供报道。假设有一个不太著名的房地产开发企业想要增进公众对它的了解,宣传人员应先从各个角度来看这个企业,以确定它是否有现成的材料可供宣传:专业管理队伍有什么特色?曾成功开发过哪些有影响的房地产项目?当前拟开发的新项目在设计上有何特色?有没有项目获得设计、建造质量或物业管理等方面的国家奖励?是否向社会公益事业提供过支持或赞助?最高管理层的经营理念、公司目标和公司文化有何特色?这样探究下去,通常可以找出大量的宣传材料,交新闻媒体发表后便能增进公众对这个企业的认识。所用的宣传题材最好能体现该公司的特色,并支持其理想的市场定位。

(3)实施宣传方案

从事宣传工作必须谨慎仔细。凡重大新闻不管是谁发布的,都很容易被新闻媒体刊登发表出来,但是,大多数新闻并非都那么有分量,不一定能被忙碌的编辑所采用。宣传人员的重要资本之一,就是他们与各种媒体编辑之间所建立的私人关系。他们可能过去当过记者,因此结识不少编辑,也深知他们所需要的是那些妙趣横生、文笔流畅而且易于进一步取得资料的新闻。宣传人员如果把这些媒体的编辑视为一种市场,并满足其需求,则这些编辑也必然会愿意采用他们所提供的新闻。

(4)评价宣传效果

评价宣传效果的最大难题在于宣传通常都与其他的市场营销沟通工具合并使用,很难单独分辨出什么是宣传的贡献。但是,如果在使用其他工具之前开展宣传活动,再评价其贡献就容易多了。宣传活动是根据某些沟通对象的反应而设计的,因此,这些反应便可作为测量宣传效果的依据。一般来说,企业可根据展露次数,知晓、理解、态度的改变以及销售变化等来评价宣传效果。

5.2.3　房地产广告

房地产广告指房地产企业按照一定的预算方式,支付一定的费用,通过一定的媒体将商品信息传送给广大目标顾客的一种沟通方式。

房地产广告可以从两个角度来理解:从狭义上讲广告是房地产企业以付费的方式利用各种传播媒体向目标市场的公众传递房地产产品和服务信息的经济活动。从广义上讲,它是房地产企业与外界接触的一种手段。

1.广告媒体的种类

(1)报纸

报纸是传播的最主要工具,其发行量大,覆盖面广,读者稳定,传递灵活迅速,新闻性、可读性、知识性、指导性和记录性"五性"显著,白纸黑字便于保存,可以多次传播信息,制作成本低廉,是一种非常重要的广告媒体。但报纸广告也有一定的局限性,它以新闻为主,广告版面不可能居突出地位,且广告有效时间短,日报只有一天甚至半天的生命力,多半过期作废。广告的设计、制作较为简单粗糙,广告照片、图画运用极少,大多只用不同的字体编排,千人一面,呆板单调,广告用语也过于模式化。

(2)杂志

杂志广告是指利用杂志的封面、封底、内页、插页为媒体刊登的广告。杂志广告的优势是:第一,杂志所具有的地位和对它的有利评价会给广告以极大的影响;第二,杂志的针对性较强,选择性好,宣传效率高;第三,由于杂志给人的视觉记忆深刻持久,而且一般广告独占版面,加上印刷水平高,使读者视觉集中,印象深刻;第四,杂志的反复阅读率高,传读率高,机动性强,保存时间长,可以较长期地促进销售。但是杂志媒体也存在一些缺点:发行范围不够广,发行周期比较长,时效性差,不像广播、电视那样传播迅速而及时。

(3)广播

广播是传播信息最快,并且覆盖面广泛的听觉广告媒体。广播媒体的优势十分明显:首先,广告信息传递迅速、及时;其次,广播媒体传播的范围广泛,由于广播诉诸听觉,能使人们在不知不觉中毫无抗拒地加深印象。对知识程度较低或者文盲听众,广播媒体的宣传效果最强;再次,广播媒体制作简单,费用低廉,很适合广告预算不多的企业。但是由于广播媒体只有声音没有形象,信息不易保存,对房地产的许多特点难以很好地表达,缺少在视觉上的刺激;另外,由于听众分散,无法了解收听的情况。

（4）电视

电视广告集声音、形象、音乐于一体,有利于消费者对房地产产品的了解,并能使人们产生丰富的联想,作为现代社会信息传播中最具魅力的工具,其广告效果也是最为明显的。电视广告的表现方式丰富多彩,可以通过故事式、名人推荐式、解决问题式、引证式、示范式、赋予广告以生命力的幽默式等形式,提高电视广告的吸引力。电视媒体的局限性是消逝速度快,且费用较高。

（5）户外广告

户外广告主要包括路牌、霓虹灯、旗帜、招贴、灯箱等形式。如果能在城市的主要交通路口、人群汇集地选择引人注目的位置,用独特的方式进行户外广告,效果是非常好的。户外广告媒体一方面可以根据地区的特点选择广告形式,同时又可以根据某地区消费者的共同心理特点、风俗习惯来设置。户外广告媒体可较好地利用顾客在途中、在散步游览时、在公共场所时经常产生的空白心理,设计精美的房地产广告,加之霓虹灯多彩变化的光芒给人留下非常深刻的印象,引起较高的注意率,更容易使其接受广告,而且利用户外媒体的费用较低。户外媒体的弱点在于广告的注释率不够集中,可供选择的地方有一定的限制,且内容修改难度较大,时效性差。

（6）交通广告

交通广告主要指在那些流动性很强的公共交通工具上做的广告。房地产企业把广告做到了行驶在繁华路段的公共汽车的车厢上,能收到很好的效果。交通广告由于其流动性强,因此被注意的程度相对来说要高得多。广告触及面广,对于销售周期较长的房地产产品来说,是一种有效的宣传途径,而且费用比较低。但交通广告对设计要求较高,内容要求简短,使人们能在车厢行驶过去的几秒钟内就捕获有效信息。

（7）邮寄广告

邮寄广告主要指通过邮局直接寄发给广告对象的信函,向消费者或用户推销广告中的商品。它包括广告信、宣传册、购买邀请函等。这类媒体的最大特点是针对性强,采用广告对象易于接受的广告表现形式,直接邮寄到他们的单位、家庭,往往使收信人产生优越感,从而减少了对广告的抗拒心理,注意率高。邮寄广告可采用多种表现形式,可以用精美印刷品给人留下强烈印象和记忆,产生较好的反复阅读率,而且,这种形式的费用较低。但在邮寄广告的设计上,从信封到内部印刷品都不能马虎,应该做到准确、形象、美观、个性鲜明,以减少目标消费者对此类广告的排斥心理。

（8）网络

随着 Internet 的发展,网络广告越来越得到广泛的运用。网络媒体有传播面广、时间长、诉求力强、表现力丰富、更新便捷、信息量大等优点,有的网站发布的房地产广告还带有项目的视频资料可供购房者点击浏览,使购房者有身临其境的感觉,非常直观。不足之处是制作复杂、效果难以测定,尤其对特定人群的传递率不十分理想。

2. 房地产广告的设计原则

广告效果不仅决定于广告媒体的选择,还取决于广告设计的质量。高质量的广告必须遵循下列原则来设计:

（1）真实性。广告的生命在于真实。虚伪、欺骗性的广告,必然会丧失企业的信誉。广告的真实性体现在两方面:一方面,广告的内容要真实,包括广告的语言文字要真实,不宜使用含糊、模棱两可的言辞;画面也要真实,并且两者要统一起来,艺术手法修饰要得当,以免使广告内容与实际情况不相符合。另一方面,广告主与广告商品也必须是真实的,如果广告主根本不生产或经营广告中宣传的商品,甚至连广告主也是虚构的单位,那么,广告肯定是虚构的、不真实的。企业必须依据真实性原则设计广告,这也是一种商业道德和社会责任。

（2）社会性。广告必须符合社会文化、思想道德的客观要求。要遵循党和国家的有关方针、政策,不违背国家的法律、法令和制度,有利于社会主义精神文明,有利于培养人民的高尚情操,杜绝损害我国民族尊严的,甚至有反动、淫秽、迷信、荒诞内容的广告等,如"用黑社会交易来反映产品紧俏、短缺以劝诱购买"的广告创意是不可取的。

（3）针对性。广告的内容和形式要富有针对性,即对不同的商品、不同的目标市场要有不同的内容,采取不同的表现手法。由于各个消费者群体都有自己的喜好、厌恶和风俗习惯,为适应不同消费者群体的不同特点和要求,要根据不同的广告对象来决定广告的内容,采用与之相适应的形式。

（4）艺术性。广告是一门科学,也是一门艺术。广告把真实性、思想性、针对性寓于艺术性之中。利用科学技术,吸收文学、戏剧、音乐、美术等的艺术特点,把真实的,富有思想性、针对性的广告内容通过完美的艺术形式表现出来。只有这样,才能使广告像优美的诗歌,像美丽的图画,成为精美的艺术作品,给人以很高的艺术享受,使人受到感染,增强广告的效果。这就要求广告设计构思新颖,语言生动、有趣、诙谐,图案美观大方,色彩鲜艳和谐,广告形式不断创新。

3. 房地产广告的推出时机

房地产营销有着周期性强的特点,广告自身也有着运作周期和规律,但完整的广告周期必须根据项目营销周期来实施。通常,房地产营销分为开盘前期、开盘期、强销期和持续期四个部分。

（1）开盘前期

以报纸广告告知型为主,广告重点是突出项目形象、项目特征和优势以引起购买者的注意和兴趣,并建立市场知名度。配合现场广告和户外固定性广告的制作,目标是树立鲜明的楼盘形象,主要传播概念性信息。

（2）开盘期

报纸广告范围扩大,表现在投放数量的频繁和刊登报纸种类的增多,增加传播频率和密度。伴随着开盘庆典活动和促销活动,广告宣传以告知型和促销型为主,重点在于稳固项目形象,提高楼盘的认知度、市场认同感,促进销售。同时开始推出与项目主体紧密关联且深度和广度出众、突出诉求点的系列软文,如某公司在系列软文广告的诉求点上,推出了环境篇、产品篇、开发商篇、物业管理篇等,这种循序渐进的宣传手法,较易打动消费者。此时,也要适量投放电视广告等辅助媒体协同作战。

（3）强销期

进入强销期要有大量的报纸广告继续跟进,同时增强投放像电视广告、广播广告、杂志、网络等各种媒体组合,形成全方位、立体化、多层次的宣传攻势,以强有力的诉求打动和震撼消费者。这种立体化、多层次的媒体攻势保证了传播的稳定性,又可以导致和引发销售促动效果。

（4）持续期

此阶段广告投放量相对减少,主要加深楼盘形象,以新的诉求点推进市场。重点在提升楼盘形象,灵活运用报纸和电视、广播广告,以新的诉求点推进市场,再创销售佳绩。

4. 房地产广告策略

有效的广告促销不仅能吸引人们的注意、引起人们的兴趣、加深人们的印象,还能激发人们的需求,促成购买行为。要达到广告的目的,就需要运用适当的策略。一般房地产广告策略主要有以下几种:

（1）阻隔策略

在房地产建设方案正式确定以后,在建设工地竖起大型围墙式广告,一方面向顾客预告即将推出的房地产产品,另一方面阻止顾客进入,暂不进行销售,这样会给消费者留下悬念,产生迫切期待房地产投入市场的心理。

（2）重点突破策略

明确目标后,采取直接邮寄的方式,针对某一特定区域或某一特定对象,连续邮寄大量具有说服力、印刷精美、能激发好奇心的印刷品广告,吸引潜在购买者到工地参观,然后配之以人员促销,进而诱发他们的购买欲望。

（3）全面攻击策略

动用所有的广告宣传工具,最大限度地扩大宣传面,延长宣传时间,以期在短时间内造成一种声势,塑造产品形象,并运用报纸夹页广告弥补报纸广告的不足,打破报纸版面的限制,造成全版广告的震撼效果。

（4）强化攻击策略

采取海报派发方式,对特定区域内的居民进行地毯搜索式派送,强迫目标对象接触有关广告信息。

（5）短兵相接策略

在房地产建设工地现场布置有亲切感的接待中心、精致的样品屋、精美的说明书和突出耀眼的户外广告,以吸引路过的目标对象,并使参观人产生深刻印象。选用能力高、反应快、经验丰富、熟悉市场行情及居民习俗的销售人员留守现场,进行产品说明与销售,同时加强追踪访问,形成高效的销售网络。

（6）因地制宜策略

不同的国家和地区,其政治、宗教、文化、习俗、经济水平不同,消费特点不同,对广告有很大的制约性,要因地制宜,有的放矢。例如,在贫困地区,广告强调商品价廉或许是必要的,但在富裕地区,广告再强调价格更便宜,就会适得其反。

（7）促销性活动策略

选定节假日或房交会等适当时间,邀请社会名流剪彩,举办影星表演、趣味竞赛以及社区亲子活动等,吸引大批人前来参观,加深消费者对该项房地产的特别印象,促进销售达到高潮。

5.房地产广告预算

房地产企业制订广告预算最常用的方法往往来自实践和经验。实际上,可以运用多种方法制订预算。

（1）量力而行法

尽管这种方法在市场营销学上没有正式的定义,但不少房地产企业都在采用。即企业确定广告预算的依据是他们所能拿出的资金数额,也就是说,在其他市场营销活动都优先分配了经费之后,尚有剩余时再供广告使用。房地产企业由于项目开发投入资金量大,在进行广告宣传以前资金状况往往比较紧张,于是多采用这种方法。企业根据其财力情况来决定广告开支多少并没有错,但应看到,广告是企业的一种重要促销手段,企业做广告的根本目的在于促进销售,但这种安排预算的方法完全忽视了广告对销售量的影响,所以严格地说,量力而行法在某种程度上存在着片面性。

（2）百分比法

百分比法是以一定时期的销售额或利润额的一定比率来确定广告费用的方法，包括销售额百分率法和利润额百分率法。

①销售额百分率法即企业按照销售额（上年度销售业绩或次年度预计销售额）的一定百分比来决定广告开支。这就是说，企业按照每完成 100 元销售额需多少广告费来决定广告预算。例如，某房地产企业预计今年的销售额为两亿元，计划将销售收入的 2％作为今年的广告费用，那么今年该公司的广告预算是 400 万元。而实际上如果房地产企业的销售收入因竞争等因素而下降，为了扩大销售额，企业应增加广告支出。但按销售额百分率法，销售收入下降就要减少广告支出，因此这种因果倒置的方法有时是不符合实际需要的。此外，广告预算按照每年销售收入的升降而变动，也不利于企业制订长期发展计划。

②利润额百分率法即企业按照利润额（上年度利润额或次年度预计利润额）的一定百分比来决定广告开支。采用利润额百分率法来计算较销售额百分率法更为恰当，因为利润是企业经营成果的最终表现。但是，当企业没有利润，出现亏损时，此法便失去了可操作性。

（3）竞争平衡法

竞争平衡法是指房地产企业根据市场中的竞争企业来调整、平衡本企业的广告预算，以保持竞争上的优势。即整个行业的广告费数额越大，本企业的广告费数额也越大；反之，则越少。这种方法把广告作为商业竞争的武器实行针锋相对的宣传策略。采取这种方法的一般都是实力雄厚的大型开发企业。

具体计算方法如下：

①市场占有率法。先计算竞争对手的市场占有率和广告费用，求得单位市场占有率的广告费，再乘以预计的本企业市场占有率，便得到本企业的广告预算。例如，竞争对手的市场占有率为 25％，它的广告费总额为 500 万元，则其每 1％的市场占有率花费广告费 20 万元。本企业下年度预计的市场占有率为 30％，则广告费应花费 600 万元。

②增减百分比法。即将竞争企业本年广告费与上年广告费增减的百分比，作为本企业广告费增减的百分比参考数。

采用竞争平衡法的前提条件是：企业必须能够获悉竞争对手确定广告预算的可靠信息，只有这样才能随着竞争对手广告预算的变化而变化；竞争对手的广告预算能代表企业所在行业的集体智慧；维持竞争优势能避免各企业之间的广告战。

但事实上，上述条件很难具备。这是因为：企业没有理由相信竞争者所采用的广告预算确定方法比本企业的方法更科学；各企业的广告信誉、资源、机会与目标并不一定相同,甚至可能相差很远,因此某一企业的广告预算不一定值得其他企业仿效;即使本企业的广告预算与竞争者势均力敌,也不一定能够稳定全行业的广告支出。

（4）目标任务法

目标任务法是企业首先确定其促销目标,根据所要完成的促销目标决定必须执行的工作任务。这种方法的优势是以目标为依据做预算,针对性强,解决实际问题能力强;局限性是需要更多技巧,而且任务的内容和成本的确定有明显的不确定性。

总之,不同的房地产企业应根据本企业的特点、营销目标与营销战略,选择合适的促销预算方法,为企业做出比较合理的广告预算。

6. 评估测定广告效果

妥善地规划和控制广告,关键在于对广告效果的衡量。但是对广告效果的基础研究还没有受到足够的重视,许多公司都把大量的资金花费在广告的预先检验上,只有极少部分花在广告效果的事后评价上。一般说来,对广告效果的评价,可从沟通效果调查和销售效果调查两个方面来进行。

5.3 房地产定价方法与策略

价格是市场营销组合因素中十分敏感而又难以控制的因素。对房地产开发商来说,价格直接关系到市场对其所开发的房地产产品的接受程度,影响着市场需求和开发商利润,涉及开发商、投资者或使用者及中介公司等各方面的利益。中国房地产市场的日趋完善使价格竞争越来越激烈,掌握科学的房地产定价方法,灵活运用定价策略,确保预期利润和其他目标的实现,是所有房地产开发商最关心的事情。

5.4.1 房地产定价方法

大体上,房地产定价有三种导向,即成本导向、购买者导向和竞争导向。其中,成本导向定价法包括成本加成定价法和目标定价法;购买者导向定价法包括认知价值定价法和价值定价法;竞争导向定价法包括领导定价法、挑战定价法和随行就市定价法。

1. 成本导向定价法

（1）成本加成定价法

成本加成定价法是指开发商按照所开发物业的成本加上一定百分比的加成来制定房地产的销售价格。加成的含义就是加上一定比例的利润,这是最基本的定价方法。成本加成定价法的基本公式为

$$目标加成率＝总利润÷总成本$$
$$总利润＝总收入－总成本$$

或者

$$目标利润率＝单位利润÷单位成本$$
$$单位利润＝单位价格－单位成本$$

由于目标加成率（利润率）一般是用扣除销售环节中的税费后计算的,因此还要考虑税金（包括营业税及各种附加税）,故有

$$目标利润率＝单位税后利润÷单位成本$$
$$单位税后利润＝单位价格－单位成本－单位税金$$

这里的单位成本不包括销售税金。

将以上两式合并成为

$$目标利润率＝（单位价格－单位成本－单位税金）÷单位成本$$

因为

$$单位税金＝单位价格×税率$$

从而得到

$$单位价格＝单位成本×（1＋目标利润率）÷（1－税率）$$

即

$$P = C \times (1 + R) \div (1 - T)$$

式中：P 为房地产单位价格,C 为房地产单位成本,R 为成本加成率即目标利润率,T 为税率。一般来说,P 和 C 都用单位面积上的货币单位表示,R 和 T 则为百分比。

依据成本加成定价法来定价是否合理呢？一般而言是不合理的。因为成本加成定价法忽视了当前的需求、购买者的预期价值以及竞争者状况。

但基于以下原因,目前成本加成定价法在房地产界仍然相当流行。第一,房地产开发商对成本的了解要比对需求的了解多,将价格同成本挂钩便于开发商简化自己的定价过程,他们无需根据需求的变动来频繁地调整价格。第二,当同行的房地产开发商都采用这种定价方法时,他们所制定的价格必然比较相似,这样可以尽

量减少价格竞争。第三,许多人认为,成本加成定价法对买卖双方都比较公平,在买方需求强烈时,卖方不会乘机抬价,同时仍能获得合理的利润。

(2)目标定价法

所谓目标定价法,是指根据估计的总销售收入和估计的销售量来制定价格的一种方法。目标定价法要使用损益平衡图这一概念。损益平衡图(图 5-1)描述了在不同的销售水平上预期的总成本和总收入。

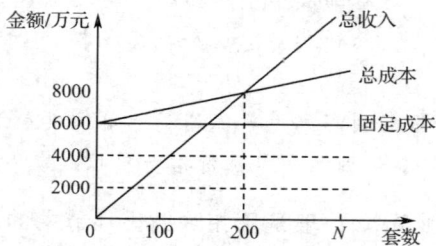

图 5-1　损益平衡图

从图 5-1 中容易看出:

$$总利润＝总收入－总成本$$

而

$$总利润＝资本投资额×目标收益率$$

$$总收入＝单位价格×销售量$$

于是,单位产品的价格可由下式算出:

$$单位价格＝单位成本＋资本投资额×目标收益率÷销售量$$

图 5-1 中,损益平衡点的销售量就是保本点数量,可由下式算出:

$$保本量＝固定成本÷(价格－可变成本)$$

一般房地产开发商通常考虑 20％～30％的投资回报率。当经济景气时,30％以上的投资回报率并不为过;但当经济不景气时,房地产开发商有时不得不降价,以求能维持 20％的投资回报率就算不错了。

目标定价法有一个重要的缺陷,即房地产开发商以估计的销售量求出应制定的价格,殊不知价格却又恰恰是影响销售量的重要因素。在上述分析中,房地产开发商忽略了需求函数,即不同价格下可售出的数量。

2. 购买者导向定价法

(1)认知价值定价法

认知价值定价法是指房地产开发商根据购买者对物业的认知价值来制定价格

的一种方法。用这种方法定价的房地产开发商认为定价的关键是顾客对物业价值的认知,而不是生产者或销售者的成本。他们利用市场营销组合中的非价格变量,在购买者心目中确立认知价值,制定符合认知价值的价格。

认知价值定价法与产品市场定位的思想非常符合。房地产开发商针对某一特定的目标市场开发出一个物业概念,并策划好物业的质量和价格,然后要求营销管理部门进行市场调查,估计该价格下所能销售的数量,根据这一销售量再决定公司的投资额和单位成本。接着,营销管理部门要计算出在此价格和成本下能否获得满意的利润。如果能,就可以开发;否则,就要放弃该计划。

认知价值定价法的关键在于准确地评价顾客对公司物业价值的认识。如果公司高估了自己的物业价值,则其定价就会偏高;相反,如果公司低估了自己的物业价值,则其定价就会偏低。另外,为了有效地定价,公司需要进行市场调查,测定市场的需求。

认知价值定价法中,最常见的就是品牌定价法,或者叫名牌策略。现代社会,品牌信誉能主导消费者的消费意愿。房地产商品当然也是如此。当购买者对房地产开发商的品牌有信心时,纵然定价较高,购买者仍会欣然前往。而若购买者对推出个案的房地产开发商不具有信心时,即使公司定价较低,消费者反而怀疑其品质而不予信任。因此,在用认知价值定价法时,公司更重要的是要通过广告或其他舆论工具做好物业的市场推广工作,或者通过公司形象的宣传,提高公司及其物业在消费者心中的地位,从而制定较合理的价格。

（2）价值定价法

价值定价法与认知价值定价法不同。后者是"高价格,高价值"的定价哲学,它要求公司的价格水平应与顾客心目中的物业价值相一致。而价值定价法则要求价格对于消费者来说,代表着"较低（相同）的价格,相同（更高）的质量",即"物美价廉"。

价值定价法不仅是制定的价格比竞争对手低,而且是对公司整体经营的重新设计,造成公司接近大众、关怀民生的良好形象,同时也能使公司成为真正的低成本开发商,做到"薄利多销"或"中利多销"。处于中档阶层的消费者总是最多,他们比较注重价值。这样做,公司还可以得到政府较大的支持。

3. 竞争导向定价法

由于房地产市场异质性,与其他行业相比,房地产开发商有较大的自由度决定其价格。房地产商品的差异化也使得购买者对价格差异不是十分敏感。但时至今日,我国的房地产业经营经过十余年的发展,房地产市场早已由卖方市场转变为买方市场,市场竞争十分激烈。因此,在激烈的市场竞争中,公司相对于竞争者总要确定自己在行业中的适当位置,或充当市场领导者,或充当市场挑战者,或充当市场跟随者,或充当市场补缺者。相应的,公司在定价方面也要尽量与其整体市场营销策略相适应,或充当高价角色,或充当中价角色,或充当低价角色,以应付竞争者的价格竞争。

（1）领导定价法

处于市场领导者地位的房地产开发商可以采用领导定价法。更准确地讲,这是一种定价策略。一般来说,在房地产业或同类物业开发中具有龙头老大地位,实力雄厚,声望极佳的企业,对其物业可以制定较高的价位。例如,一些外商独资、合资的房地产公司往往采用此策略,其主要开发豪华公寓、花园别墅、高档写字楼等高档物业市场,赚取较高的利润。

（2）挑战定价法

与领导定价法不同,挑战定价法的定价比市场领导者的定价稍低或低得较多,但其所开发的物业在质量上与市场领导者的相近。如果公司具有向市场领导者挑战的实力,或者是其成本较低,或者是其资金实力雄厚,则可以采用挑战定价法,虽然利润较低,但可以扩大市场份额,提高声望,以争取成为市场领导者。

（3）随行就市定价法

所谓随行就市定价法,是指房地产开发商按照行业中同类物业的平均现行价格水平来定价。市场追随者在以下情况下往往采用这种定价方法：

①难以估算成本。

②公司打算与同行和平共处。

③如果另行定价,很难了解购买者和竞争者对本公司价格的反应。

采用随行就市定价法,公司在很大程度上就是以竞争对手的价格为定价基础的,而不太注重自己产品的成本或需求。公司的定价与主要竞争者的价格一样,也可以稍高于或稍低于竞争对手的价格,主要是中价策略。随行就市定价法非常普遍。因为人们普遍认为市价反映了该行业的集体智慧,该价格既带来合理的利润,又不会破坏行业的协调性。

5.4.2　房地产定价策略

1. 价格折扣与折让策略

许多房地产开发商调整基准价格,以鼓励顾客采取对公司有利的行动,例如购买期房、提前付款、大批量购买、淡季购买等。这类定价技巧与价格调整策略,就是下面要讨论的价格折扣与折让。

（1）期房折扣

期房折扣是对付款购买期房的顾客提供的优惠减价。比如房地产开发商通常给予购买期房的顾客8~9折的优惠折扣,低的甚至达7折。具体的折扣行情各地不同。在房地产业界,期房折扣是最常见的一种折扣形式。这是由于房地产项目投资金额巨大,资金占用周期长,是一种资金密集型商品,房地产开发商不可能也无必要全部用自有资金进行开发建设,一般都期望能充分利用银行贷款或其他融资手段进行较大规模的投资,以获得较高的投资回报率。房地产开发商的融资手段除了银行贷款外,还可以预售物业。通过预售,房地产开发商既可以筹集到必要的建设资金,又可将部分市场风险分担给买家。当然,对于消费者来说购买期房有较大的风险,比如不能按期竣工入住、实际施工与设计图纸有差异、质量没有达到预定要求等。特别是在我国,房地产业的发展还不很规范,消费者权益缺乏充分保障的条件下,大部分消费者都倾向于买现房。因此,需要房地产开发商提供一定的折扣来鼓励消费者购买期房。

（2）现金折扣

现金折扣是对迅速付款的购买者提供的减价优惠。房地产开发商一般对一次性付款的购房者提供 9～9.5 折的优惠折扣,低者甚至达 8 折。消费者购房往往难以一次筹齐全部款项,故买房一般都是分期付款,有一定的付款期。同样,由于房地产项目的投资量巨大,一般房地产开发商都希望早日回收资金,减轻利息负担,同时也减少购房者分期付款的违约风险或通货膨胀等风险。因此,现金折扣虽然让利给消费者,但房地产开发商鼓励购房者一次性付款或迅速付款的积极性还是很高的。

（3）数量折扣

数量折扣是向大量购买的顾客提供的一种减价优惠。房地产商品对居民来讲一般并不会大量购买,但在我国,机构购买、大户购买在现在仍然存在,今后一段时间也还会存在。虽然机构购买对价格并不很在意,但在房地产市场已转变为买方市场的今天,房地产开发商必须打好营销战、价格战,以应付同行之间的激烈竞争。因此,提供数量折扣不失为吸引顾客大量购买的一种好技巧、好办法。当然,其他公司基于竞争很快也会采取这种办法,以至于整个行业形成一种惯例。虽然数量折扣使房地产开发商降低价格,但并不一定会减少收益,因为大量销售可以减少公司的销售成本和费用,还可以尽快收回资金,偿还巨额利息,同时,还能够形成旺销局面,带动剩余楼盘的热销和物业升值,这样房地产开发商可以稍微提高剩余楼盘的定价,赚取更大的利润。

（4）职能折扣

职能折扣又叫贸易折扣,是指当贸易渠道的成员愿意执行一定的职能时,如销售、广告、宣传、包装、创意与策划等,房地产开发商向他们提供的折扣。一般来说,随着房地产业的规范发展,更多的公司在销售,甚至开发时就借助房地产代理机构。由于房地产代理机构往往对其所擅长的市场领域有充分的认识,对市场当前和未来的供求关系非常熟悉,或就某类物业的销售有专门的知识和丰富的经验,因此现在许多房地产开发商都借助房地产代理机构来进行销售。当然,房地产开发商必须提供一定的折扣以作为佣金。代理机构执行的职能不同,房地产开发商给予的职能折扣也不同。

(5)季节折扣

季节折扣是房地产开发商给那些在淡季购买或租用物业的消费者提供的一种减价优惠,它可以使房地产开发商在淡季时也有一定的收入。比如旅游地区别墅的租售受季节影响较大,春夏季较好销,秋冬季较难销,则房地产开发商可以在秋冬季时提供适当的季节折扣,以鼓励顾客购买或租用。这样,房地产开发商可以降低物业空置率,提高综合收益水平。

(6)折让

折让是另一种类型的促销减价形式。例如,房地产开发商宣布物业推出的第一周提供9折优惠,或者前10户购房者将获得免费空调赠送或是免费电话赠送,或者现场参加其物业竣工并对签约购买的消费者赠送红包等。

2. 心理定价策略

心理定价策略是运用心理学原理,根据不同类型顾客购买房屋的心理因素来制定商品价格,引导消费者购买以扩大市场销售的策略。

(1)声望定价

声望定价是指房地产开发商利用消费者仰慕名牌物业或著名开发商的声望所产生的某种心理来制定物业的价格,故意把价格定成高价。在现代社会,消费高价位的商品是财富、身份和地位的象征,而物业的消费更是如此,价位、地段、环境、配套、装修、设计、面积等均是物业档次的说明。因为消费者有崇尚名牌的心理,往往以价格判断质量和档次,认为高价格代表高质量或高档次,低价格意味着低质量或低档次。有雄厚实力和良好声望的公司可以采取声望定价,这时房地产开发商应主要设计物业的极品价格形象,以强劲厚势的广告宣传及其他营销手段来强调公司或物业品牌的著名、质量的上乘、装修的豪华、配套的齐全、设计的先进和超前、地段的繁华和便利、环境的幽雅以及能给消费者精神上的高度满足等等。当然,该定价策略主要定位于高收入阶层。

(2)尾数定价

尾数定价又称奇数定价,即房地产开发商利用消费者对数字认识的某种心理来制定尾数为奇数的价格,使消费者产生价格较廉的感觉,还能使消费者留下房地产开发商定价认真的印象,即认为该价格是经过认真的成本核算的价格,从而对定价产生信任感。许多销售商认为价格的尾数应为奇数。当然,如果公司想树立高价格形象,而不是低价格形象,则应避免这种奇数定价策略。

（3）吉祥数字定价

吉祥数字定价即房地产开发商利用消费者对不同数字的不同喜爱程度来制定顾客的吉祥数字价格。例如,中国人特别是香港人、广东人对数字 6、8、9 很喜欢,而对 4 不喜欢。在国外,人们同样对不同数字有着不同的喜欢或厌恶程度。有些心理学家认为,每个数字都有其象征性和视觉性的质感,例如 8 能产生圆润和舒心的效果,反之 7 则是尖锐的,会产生不调和的效果。因此,房地产开发商在定价时必须考虑到当地居民的这些风俗习惯。

（4）招徕定价

房地产开发商利用部分顾客求廉的心理,特意将某些物业或其中的某些单元的价格定得较低以吸引顾客。例如,我们经常可以看到"××××元/平方米起"的房地产广告价格。该起价较低而对消费者较有吸引力,但实际上该物业的平均价格可能并不低。因为该起价可能是一幢楼宇中层次最不好且朝向最不好的那个单元的价格,其他单元的价格则比该起价有较大的上升。因此,对消费者来说,该起价有可能只是一个诱你上钩的陷阱。如果是这种带有欺骗性的招徕定价,则会引起公众的反感而受到社会的谴责。招徕定价有很多种类型,房地产开发商要注意选择有效且不违背社会公德的方式。

3. 差别定价策略

房地产开发商经常根据顾客、产品、时间、地点等差异来制定不同的价格。差别定价是指房地产开发商用两种或两种以上的价格来销售物业,而这些价格不一定完全反映成本费用上的差异。房地产开发商采取差别定价必须具备以下条件:①市场必须是可以细分的,各个细分市场表现出不同的需求程度;②以较低价格购买某种物业的顾客不会以较高的价格倒卖给别人;③竞争对手没有可能在公司以较高价格销售物业的市场上以低价竞销;④细分市场和控制市场的成本不得超过实行差别定价所得的额外收入;⑤差别定价不会引起顾客的厌恶和不满;⑥采取的差别定价形式不能违法。差别定价有如下几种方式:

（1）顾客差别定价

顾客差别定价即房地产开发商按不同的价格把同一物业租售给不同的顾客。例如,虽然房地产开发商在物业报价单上制定了对每位顾客统一的价格,但实际上的成交价格却并非该价格,而是根据不同购买者的地位及其与房地产开发商进行谈判、讨价还价技巧的不同而有较大不同。这种情况在房地产业界较为常见。在房地产销售过程中,业内一般有所谓的"过三关"来形容顾客和房地产开发商的价格谈判。"第一关"即售楼人员的最低底价,"第二关"是部门经理掌握的最低价,"第三关"是公司老板的价格最低线。具体各"关"的价格比起报价单上的报价有多大的折扣,各地有各地的行情,各个不同的房地产开发商之间也都不同,此行情又随时间和其他因素的变化而变化。

（2）形式差别定价

形式差别定价即房地产开发商对不同形式的物业或单元制定不同的价格，但并不和它们各自的成本成比例。例如，同一幢楼，复式设计单元的价格要比普通设计单元的价格高出较多，而其成本并无什么差别。另外，如开放空间、休闲空间等新潮流的设计也因提高居住品质而提高价位，但并无什么成本上的差别。实际上，这种差别定价还是有一定根据的，即购买者对不同形式的物业或单元的认知价值或市场需求不同。

（3）形象差别定价

形象差别定价即房地产开发商对不同形象的物业制定不同的价格。例如，某房地产开发商在同一个小区内开发四幢楼，分别称之为"牡丹苑"、"兰花苑"、"菊花苑"、"茉莉苑"，虽然这四幢楼只是在外观颜色上根据其起名而分别设计成红色、蓝色、黄色和白色，实际并没有什么成本上或质量上的区别，但其在购买者心中的形象却有较大的不同。因此，房地产开发商对四幢楼制定了不同的价格，分别是8888元/平方米、8788元/平方米、8688元/平方米、8588元/平方米。实际销售结果说明了该定价较为成功。

（4）地点差别定价

地点差别定价即房地产开发商根据地点或位置的不同来制定不同的价格，即使在不同地点或位置开发的成本相同。例如，同一个小区里，不同地点位置的楼宇其价格不同，即使在同一幢楼里，不同楼层、不同朝向的单元其价格也相差较大。而这些不同位置的楼宇，或是不同楼层的单元，或是不同朝向的单元，实际上其成本并无什么差别。基于地点差别定价的房地产价格调整是房地产商品所特有的一个重要特征。

（5）时间差别定价

时间差别定价即房地产开发商的定价随年份、季节、月份或日期的变化而变化。由于房地产产品的销售期比较长，因此这一点是很显然的。随着时间的变化，社会经济形势也会有所变化，消费者的需求以及物业的供应等都会有所不同，因此制定不同的价格是应该的，也是符合市场导向的。相反，长期使用同一个定价反而是不合理的，也是不现实的。关键是开发商应该时刻把握市场脉搏，这样才能使相应的差别定价比较科学和符合市场特点。

4.产品组合定价策略

假如物业属于整个开发项目物业组合中的一部分时，房地产开发商定价策略就应当修正。在这种情况下，物业的价格应该以整个物业组合的利润最大为目标。由于各种物业的需求和成本的关系各有不同，而面临的竞争程度也有差异，因此这种定价相当不容易。下面将分四种情况加以讨论：

（1）产品线定价

公司通常开发出来的是产品线，即一系列物业，而不是单一物业。例如，某房地产开发商开发的一个综合小区，在规划上有普通住宅、公寓、别墅、酒店、写字楼、商场以及保龄球馆、游泳池等文化体育娱乐设施，房地产开发商要确定各种不同物业之间的价格差距。制定价格差距时要考虑不同物业之间的成本差额、不同顾客对不同物业的评价以及竞争对手的价格。如果普通住宅、公寓、别墅之间的价格相差较小，顾客有可能就会偏向于购买公寓或别墅；但若价格相差悬殊，顾客就可能购买价格较低的普通住宅或公寓。因此，如何使价格差距合理和科学是值得房地产开发商研究的，这需要房地产开发商综合考虑成本需求、竞争等因素的不同。

（2）选择品定价

许多公司在提供主要物业产品的同时，还会附带一些可供选择的物业产品和特征，相应采用所谓的选择品定价。例如，通常我们在广告上看到的物业价位只是毛坯房或只是粗装修的价位，而不包括精细装修和各种厨、厕、卫设备在内。房地产开发商提供各种具体的装修、设备的档次和内容，由购买者做出选择。如 A 公司在北京市北四环附近开发的某物业，其基本价位是 6000 元/平方米，选择面砖地板和瓷砖贴面装修、"天坛"牌洁具设备的价位是 500 元/平方米（总价位为 6500元/平方米），而选择木地板和木墙裙装修、"TOTO"牌洁具设备的价位就会是 1000元/平方米（总价位为 7000 元/平方米）。

（3）补充品定价

补充品定价又叫附属品定价。在消费品市场，有些产品需要附属品或补充品。生产主要品的制造商经常为产品制定较低的价格，同时对附属品制定较高的价格。例如，惠普彩色喷墨打印机的价格很低，原因是它从销售墨盒上盈利很多。同样，房地产市场也有附属品，比如现代物业都需要物业管理。举个例子来说，房地产开发商开发的某物业采用了价值定价法，其品质较好，价位比起同类却较低，因此吸引了众多购买者。但该物业的管理服务费较贵，原来该物业管理服务公司即是开发商的子公司。房地产开发商采取这种定价策略，并没有在利润上比其他公司或物业受到损失，反而创造了很好的销售业绩。

（4）产品束定价

房地产开发商也经常以某一价格出售一组产品，这一组产品的价格低于单独购买其中每一个产品的费用总和。因为顾客可能并不打算购买其中所有的产品，所以这一组合的价格必须有较大的降幅，来推动顾客购买。例如某房地产开发商开发的小区，为了鼓励顾客在购买物业的同时也购买其所开发的健身房、保龄球馆和游泳池等体育娱乐配套的会员资格，房地产开发商采取了产品束定价，即"物业价格＋健身房会员资格＋保龄球馆会员资格＋游泳池会员资格"的总价比这四项各自的价格之和低了很多,这样,吸引了较多喜爱体育及娱乐的消费者来该小区购买物业,房地产开发商也获得了可观的总利润。否则,它可能要面临健身房、保龄球馆和游泳池利用率很低的结果。

思考题

1. 物业代理的作用体现在哪些方面?
2. 物业代理的形式主要有哪些?
3. 委托代理公司应注意哪些问题?
4. 什么是促销组合? 有哪几种形式?
5. 房地产市场宣传有哪些手段?
6. 在房地产营销的不同阶段,广告宣传的策略有何不同?
7. 房地产定价有哪些方法?
8. 结合一个实例谈谈房地产定价策略选择。

案例分析

【背景】

2010 年 4 月 15 日,沈阳市民夏先生与沈阳某地产有限公司签订购房合同。夏先生购买了地产公司开发的公寓 1 号楼 2 单元 101 室,面积 110 平方米,价格为 6500 元/平方米,总计价款 71.5 万元,夏先生按约交齐了房款。同年 10 月,夏先生入住。但随后提起诉讼,要求地产公司退房退款并双倍赔偿。

夏先生的诉讼理由是:开发商售楼时的宣传材料与事实不符,使他对环境的期望成为泡影。签订合同时,开发商发给夏先生一份公寓简介规划图和广告宣传材料。宣传材料显示,公寓楼坐北朝南,整个楼区的结构分布为:住宅楼前面只有一栋位于小区西南角的两层小建筑楼(实为锅炉房),楼前是一个空场地,公寓楼东侧是两块面积很大的绿地,绿地分南北两块,其他则没有标识出任何建筑物。而且,广告宣称:"公寓内集中供热,热水直接供应至每一单元。"

夏先生说,基于对上述内容的期望,自己才与开发商签订了购房合同,并履行了付款义务。但是,开发商在他及其他业主入住后,在 2011 年 4 月下旬又在 1 号楼前的停车场处建了 2 号楼对外销售。2011 年 5 月,宣传材料中承诺的绿地处也开始破土动工,兴建 3 号楼。同时,开发商并没有在公寓内集中供热,热水也没有直接供应到每一个单元。

夏先生认为,虽然开发商所建的公寓 1 号楼、2 号楼及即将进行的三期工程的建设,均有建设工程规划许可证、施工许可证,却与开发商在宣传材料中的表述不一致,对购房者明显实施了欺诈行为。

针对这一诉讼该地产有限公司承认,他们的宣传材料中确有不实之处,但不构成根本违约。开发商认为,宣传图不构成欺诈,购房合同真实有效,开发商为追求施工方案的尽善尽美,并在不损害原告利益的情况下,对原宣传材料内容略作变动,无可厚非。为维护交易安全,不宜草率认定为欺诈,请求法院驳回原告的诉讼请求。

【问题】

1. 你认为夏先生提出的诉讼请求合理吗?
2. 商品房销售中广告与承诺应如何规范?

第 **6** 章

房地产交易管理

本章提要：

　　本章重点介绍了房地产商品进入流通阶段的相关知识,从广义的角度阐述了房地产交易过程中涉及的各个环节,包括房地产转让、房地产抵押和房屋租赁。通过对本章的学习,读者可以了解国家对房地产商品进入流通阶段的相关规定,以及房地产开发企业在房地产交易的过程中需要注意的问题,同时也兼顾了作为消费者应该在房地产交易中需要注意的问题。

6.1 房地产交易概述

6.1.1 房地产交易的概念

房地产交易管理是房地产市场管理的重要内容,早在 1988 年,建设部、国家物价局、国家工商行政管理局发布的《关于加强房地产交易市场管理的通知》中就有明确规定:"城镇房地产交易,包括各种所有制房屋的买卖、租赁、转让、抵押,城市土地使用权的转让以及其他在房地产流通过程中的各种经营活动,均属房地产交易活动管理的范围,其交易活动应通过交易所进行。"《城市房地产管理法》对此进行了更为明确的概括,规定房地产交易包括房地产转让、房地产抵押和房屋租赁三种形式。

房地产交易管理是指政府设立的房地产交易管理部门及其他相关部门以法律的、行政的、经济的手段,对房地产交易活动行使指导、监督等管理职能。

6.1.2 房地产交易中的基本制度

《城市房地产管理法》规定了五项基本制度,即国有土地有偿有限期使用制度、房地产价格申报制度、房地产价格评估制度、房地产价格评估人员资格认证制度和房地产权属登记发证制度。其中,国有土地有偿有限期使用制度、房地产估价人员资格认证制度和房地产权属登记制度在本书相应章节中,均有论述。这里主要介绍房地产价格评估制度和房地产价格申报制度。

1. 房地产价格评估制度

《城市房地产管理法》规定:"国家实行房地产价格评估制度。房地产价格评估应当遵循公正、公平、公开的原则,按照国家规定的技术标准和评估程序,以基准地价、标定地价和各类房屋的重置价格为基础,参照当地的市场价格进行评估。基准地价、标定地价和各类房屋重置价格应当定期确定并公布。具体办法由国务院规定。"

2. 房地产价格申报制度

房地产交易价格不仅关系当事人之间的财产权益,而且关系国家的税费收益。因此,加强房地产交易价格管理,对于保护当事人合法权益和保障国家的税费收益,促进房地产市场健康有序的发展,有着极其重要的作用。

《城市房地产管理法》规定:"国家依法实行房地产成交价格申报制度。房地产权利人转让房地产,应当向县级以上地方人民政府规定的部门如实申报成交价,不得瞒报或作不实的申报。"

房地产转让当事人在房地产转让合同签订后 90 日内持房地产权属证书、当事人的合法证明、转让合同等有关文件向房地产所在地的房地产管理部门提出申请,并申报成交价格;房地产管理部门对提供的有关文件进行审查,并在 7 日内作出是否受理申请的书面答复,7 日内未作书面答复的,视为同意受理;房地产管理部门核实成交价格,并根据需要对转让的房地产进行现场查勘和评估;房地产转让应当以申报的成交价作为缴纳税费的依据,成交价格明显低于正常市场价格的,以评估价作为缴纳税费的依据。这些规定为房地产价格申报制度提供了法律依据,也说明了房地产价格申报是房地产交易受法律保护的必要条件之一。

房地产权利人转让房地产、房地产抵押权人依法拍卖房地产,应当向房屋所在地县级以上地方人民政府房地产行政主管部门如实申报成交价格,由国家对成交价格实施登记审验后,才予办理产权转移手续,取得确定的法律效力。这一规定改变了原来计划经济体制下的价格由国家确定或审批的管理模式,变为由交易双方自愿成交定价,实行价格申报制度。房地产管理部门在接到价格申报后,如发现成交价格明显低于市场价的,应当及时通知交易双方,按不低于房地产行政主管部门确认的评估价格缴纳了有关部门税费后,方为其办理房地产交易手续,核发权属证书。这里要说明一下,房地产行政主管部门发现交易双方的成交价格明显低于市场正常价格时,并不是要求交易双方当事人更改成交价格,只是通知交易双方应当按什么价格缴纳有关税费。只要交易双方按照不低于正常市场价格缴纳了税费,无论其合同价格为多少,都不影响办理房地产交易和权属登记的有关手续。如果双方对房地产行政主管部门确认的评估价格有异议,可以在接到补缴税费通知后 15 日内向房地产管理部门申请复核,要求重新评估。重新评估一般应由交易双方和房地产管理部门共同认定的房地产评估机构进行评估。如果评估的结果证明,交易双方申报的成交价格明显低于正常市场价格,重新评估的费用将由交易双方支付;如果评估的结果证明,交易双方申报的成交价格与市场价格基本相符,重新评估的费用将由房地产管理部门支付。交易双方对重新评估的价格仍有异议,可以按照法律程序,向人民法院提起诉讼。这样规定,一方面比原来的价格审批制度更符合市场经济规律和国际惯例;另一方面也能有效地防止交易双方瞒报成交价格,保证国家的税费不至于流失。通过对房地产成交价格申报的管理,既能使房地产价格不至于出现不正常的大起大落,又能防止交易双方为偷漏税费对交易价格作不实的申报。

6.1.3 房地产交易的管理机构及其职责

房地产交易的管理机构主要是指由国家设立的从事房地产交易管理的职能部门及其授权的机构。包括国务院建设行政主管部门即住房和城乡建设部,省、自治区人民政府建设行政主管部门即各省、自治区住房和城乡建设厅及直辖市房地产管理局,市、县级建设行政主管部门各市、县房地产管理部门以及房地产管理部门授权的房地产交易管理所(房地产市场产权管理处、房地产交易中心等)。

房地产交易管理机构的主要任务是:

(1)对房地产经营进行指导和监督,查处违法行为,维护当事人的合法权益。

(2)办理房地产交易登记、鉴证等手续。

(3)协助财政、税务部门征收与房地产交易有关的税款。

(4)为房地产交易提供治谈协议,交流信息,展示行情等各种服务。

(5)建立定期信息发布制度,为政府宏观决策和正确引导市场发展服务。

6.2 房地产转让管理

6.2.1 房地产转让概述

1.房地产转让的概念

房地产转让,是指房地产权利人通过买卖、赠与或者其他合法方式将其房地产转移给他人的行为。主要包括下列行为:

(1)以房地产作价入股、与他人成立企业法人,房地产权属发生变更的。

(2)一方提供土地使用权,另一方或者多方提供资金,合资、合作开发经营房地产,而使房地产权属发生变更的。

(3)因企业被收购、兼并或合并,房地产权属随之转移的。

(4)以房地产抵债的。

(5)法律、法规规定的其他情形。

房地产转让的实质是房地产权属发生转移。《城市房地产管理法》规定,房地产转让时,房屋所有权和该房屋所占用范围内的土地使用权同时转让。

2.房地产转让的分类

根据转让的对象,房地产转让可分为地面上有建筑物的转让和地面上无建筑物的转让,地面上无建筑物的转让,习惯上又被称为土地使用权转让。

(1)根据土地使用权的获得方式,房地产转让可分为:

①出让方式取得的土地使用权转让;

②划拨方式取得的土地使用权转让。

(2)根据转让的方式,房地产转让可分为:

①有偿转让。主要包括房地产买卖、房地产入股等行为;

②无偿转让。主要包括房地产赠与、房地产继承等行为。

房地产买卖是指房地产所有权人(包括土地使用权人)将其合法拥有的房地产以一定价格转移给他人的行为;房地产赠与是指房地产所有权人(包括土地使用权人)将其合法拥有的房地产无偿赠送给他人,不要求受赠人支付任何费用或为此承担任何义务的行为。房地产买卖属于双方行为,即买卖双方均享有一定的权利,并需承担一定的义务;房地产赠与属于单方行为,受让人不需承担任何义务。正是由于这一点,在实践中,经常会出现为了某种目的将房地产买卖变相转为房地产赠与的行为,需要在管理中严格区分并加以管理。

3.房地产转让的条件

房地产转让最主要的特征是发生权属变化,即房屋所有权与房屋所占用的土地使用权发生转移。《城市房地产管理法》及《转让管理规定》都明确规定了房地产转让应当符合的条件,采取排除法规定了下列房地产不得转让:

(1)对以出让方式取得土地使用权,不符合下列条件的:

按照出让合同约定已经支付全部土地使用权出让金,并取得土地使用权证书;按照出让合同约定进行投资开发,属于房屋建设工程的,完成开发投资总额的百分之二十五以上,属于成片开发土地的,形成工业用地或者其他建设用地条件。

设定这些条件的目的,一是确保转让土地使用权的合法性。只有完全支付了土地使用权出让金,并取得了土地使用证,才能保证转让人完全合法享有土地使用权转让的处置权。二是有效防止囤积土地和炒买炒卖的行为。只有对取得土地进行开发,才被允许转让,才能防止以囤积土地、炒买炒卖土地为目的的受让国有土地使用权的行为。三是通过对已建成房屋所有权的明确,保障当事人的合法利益。

(2)司法机关和行政机关依法裁定、决定查封或以其他形式限制房地产权利的。司法机关和行政机关可以根据合法请求人的申请或社会公共利益的需要,依法裁定、决定限制房地产权利,如查封、限制转移等。在权利受到限制期间,房地产权利人不得转让该项房地产。

(3)依法收回土地使用权。根据国家利益或社会公共利益的需要,国家有权决定收回出让或划拨给他人使用的土地,任何单位和个人应当服从国家的决定,在国家依法作出收回土地使用权决定之后,原土地使用权人不得再行转让土地使用权。

(4)共有房地产,未经其他共有人书面同意的。根据物权法相关规定,下列共有不动产的处分例外:未经共有人书面同意擅自转让不动产,受让人支付合理价款,善意取得并办理登记手续的,共有人无权追回该不动产,只能向出卖人请求赔偿,即转让有效。

(5)权属有争议的。权属有争议的房地产,是指有关当事人对房屋所有权和土地使用权的归属发生争议,致使该项房地产权属难以确定。转让该类房地产,可能影响交易的合法性,因此在权属争议解决之前,该项房地产不得转让。

(6)未依法登记领取权属证书的。产权登记是国家依法确认房地产权属的法定手续,未履行该项法律手续,房地产权利人的权利不具有法律效力,因此也不得转让该项房地产。

(7)法律和行政法规规定禁止转让的其他情形。法律、行政法规规定禁止转让的其他情形是指上述情形之外,其他法律、行政法规规定禁止转让的其他情形。

4.房地产转让的程序

房地产转让应当按照一定的程序,经房地产管理部门办理有关手续后,方可成交。房地产转让一般按如下程序进行:

(1)房地产转让当事人签订书面转让合同。

(2)房地产转让当事人应当在签订转让合同后 90 日内持房地产权属证书、当事人的合法证明、转让合同等向房地产所在地的房地产管理部门提出申请,并申报成交价格。

(3)房地产管理部门对提供的有关文件进行审查,并在 7 日内作出是否受理申请的书面答复。

(4)房地产管理部门核实成交价格,并根据需要对转让的房地产进行现场查勘和评估。

(5)房地产转让当事人按照规定缴纳有关税费。

(6)房地产管理部门核发转让过户单。房地产转让当事人凭过户单办理过户手续,领取房地产权属证书。

为进一步活跃房地产市场,方便业主申办房地产交易、房屋权属登记手续,规范管理,提高效率,住房与城乡建设部对房地产交易、房屋权属登记办事程序进行了简化,取消了核发转让过户单程序,将转移登记从交易到权属登记发证时限缩短为 10 日。

此外,凡房地产转让或变更的,必须按照规定的程序先到房地产管理部门办理交易手续和申请转移、变更登记,然后凭变更后的房屋所有权证书向同级人民政府土地管理部门申请土地使用权变更登记,不按上述法定程序办理的,其房地产转让或变更一律无效。

5.房地产转让合同

房地产转让合同是指房地产转让当事人之间签订的用于明确各方权利、义务关系的协议。房地产转让时,应当签订书面转让合同。合同的内容由当事人协商拟定,一般应包括:

(1)双方当事人的姓名或者名称、住所。

(2)房地产权属证书的名称和编号。

(3)房地产坐落位置、面积、四至界限。

(4)土地宗地号、土地使用权取得的方式及年限。

(5)房地产的用途或使用性质。

(6)成交价格及交付方式。

(7)违约责任。

(8)双方约定的其他事项。

6.2.2　以出让方式取得土地使用权的房地产转让

以出让方式取得土地使用权的房地产转让时,受让人所取得的土地使用权的权利、义务范围应当与转让人所原有的权利和承担的义务范围相一致。转让人的权利、义务是由土地使用权出让合同载明的,因此,该出让合同载明的权利、义务随土地使用权的转让而转移给新的受让人。

以出让方式取得土地使用权,可以在不同土地使用者之间多次转让,但土地使用权出让合同约定的使用年限不变。以房地产转让方式取得出让土地使用权的权利人,其实际使用年限不是出让合同约定的年限,而是出让合同约定的年限减去原土地使用权已经使用的年限后的剩余年限。例如,土地使用权出让合同约定的使用年限为 50 年,原土地使用者使用 10 年后转让,受让人的使用年限只有 40 年。

以出让方式取得土地使用权的,转让房地产后,受让人改变原土地使用权出让合同约定的土地用途的,必须取得原土地出让方和市、县人民政府城市规划行政主管部门的同意,签订土地使用权出让合同变更协议或者重新签订土地使用权出让合同,相应调整土地使用权出让金。

6.2.3　以划拨方式取得土地使用权的房地产转让

我国城市土地属于国家所有,这一点早已在法律上明确,但国有土地所有权在经济上的彻底体现,还需要一个较长的过程。以划拨方式取得土地使用权的房地产,在转让的价格或其他形式收益中,包含着土地使用权转让收益,这部分收益不应完全由转让人获得,国家应参与分配。由于所转让土地的开发投入情况比较复杂,转让主体、受让主体和转让用途情况也不相同,因此处理土地使用权收益不能简单化的"一刀切"。划拨土地使用权的转让,须经当地房地产市场管理部门审查批准。原先国家规定划拨土地使用权必须先办理出让手续,然后才能转让,但由于该规定未统一考虑无法或不宜出让的情况,因此,《城市房地产管理法》作了明确规定,对划拨土地使用权的转让管理规定了两种不同的处理方式:一种是需办理出让手续,变划拨土地使用权为出让土地使用权,由受让方缴纳土地出让金;另一种是不改变原有土地的划拨性质,对转让方征收土地收益金。

《转让管理规定》规定以下几种情况可以不办出让手续:

(1)经城市规划行政主管部门批准,转让的土地用于《城市房地产管理法》第二十三条规定项目,即:

①国家机关用地和军事用地;

②城市基础设施用地和公益事业用地;

③国家重点扶持的能源、交通、水利等项目用地;

④法律、行政法规规定的其他用地。

(2)私有住宅转让后仍用于居住的。

(3)按照国务院住房制度改革有关规定出售公有住宅的。

(4)同一宗土地上部分房屋转让而土地使用权不可分割转让的。

(5)转让的房地产暂时难以确定土地使用权出让用途、年限和其他条件的。

(6)根据城市规划土地使用权不宜出让的。

(7)县级以上地方人民政府规定暂时无法或不需要采取土地使用权出让方式的其他情形。

以划拨方式取得土地使用权的转让审批分为几个阶段:第一个阶段为转让申请。划拨土地的使用者需要转让土地使用权的,须持国有土地使用证以及地上建筑物、其他附着物产权证明等合法证件,向所在地市、县人民政府土地行政主管部门提出书面申请。第二个阶段为办理出让手续阶段。如市、县人民政府土地行政主管部门同意转让,则与申请人共同协商有关补缴出让金、用地条件、用地期限等事宜,待双方取得一致后,签订土地使用权出让合同。第三个阶段为登记阶段。土地使用者按出让合同约定补缴出让金后,持国有土地使用证、土地使用权出让合同、土地使用权转让合同和其他有关资料到所在地市、县人民政府土地行政主管部门办理土地登记手续,到建设行政主管部门办理房屋产权登记手续。

对于暂不办理土地使用权出让手续的,应当将土地收益上缴国家或作其他处理,并在合同中注明。土地收益的征收办法,在国务院未作出新的规定之前,应当按照财政部《关于国有土地使用权有偿使用收入征收管理的暂行办法》和《关于国有土地使用权有偿使用收入若干财政问题的暂行规定》,由房地产市场管理部门在办理房地产交易手续时收取土地收益金上缴国家。对于转让的房地产再转让,需要办理出让手续、补缴土地出让金的,应当扣除已缴纳的土地收益。

6.2.4　商品房预售

商品房预售又称卖楼花,是指房地产开发企业将正在建设中的房屋预先出售给承购人,由承购人预先支付定金或房价款的行为。该制度使预购人减轻了一次支付全部购房款的压力,同时也为房地产开发商提供了工程建设款项,解决了资金不足问题,因此对于当事人双方都具有很大的好处。但是商品房预售是一种特殊的买卖行为,因为在合同成立时,买卖的标的物还不存在,标的物只有在未来的某个特定时期才能产生并交付给买受人。

1. 商品房预售的特点

预售商品房行为一般周期比较长,从土地使用权的取得到开发投资以及施工建设,都需要较长的时间,因此商品房预售具有一些其他买卖形式所不具有的特点,包括:

(1)商品房预售行为具有较强的国家干预性。如预售主体的资格具有严格的限制、实行商品房预售合同的备案登记制度、实行商品房预售的价格申报登记制度、实行商品房预售权属登记制度、实行商品房预售款项专用制度等。

(2)商品房预售的周期长、风险大。由于商品房预售中的房屋在订立合同时实际上并不存在,所以购房人实际就承担着不能最后取得房屋的风险,另外由于房屋销售和房屋开发行为是与金融行业密切相关的,所以实际上也存在着很大的风险。实践中经常出现的情况,比如,预售房屋不能按时竣工给买受人带来的损失、预售人借口房价上涨而要求买受人追加约定以外的款项、房屋竣工后质量出现问题、预售人将房屋转售他人等。

(3)商品房预售的标的物具有期待性。商品房预售实际上是对未来之物的买卖,因此在签订合同后,买受人就获得请求开发商交付房屋并转移所有权的权利,只要买受人履行全部买卖合同规定的义务并办理过户手续,就可以取得房屋所有权。

(4)商品房预售合同需要经过登记才具有对抗第三人的效力。商品房预售合同签订以后,买受人根据合同取得的权利在性质上看,仅仅是一种债权,而债权的效力只具有相对性,所以为了进一步保护买受人的利益,法律规定了经过登记的商品房预售合同具有对抗第三人的效力。

为规范商品房预售行为,加强商品房预售管理,保障购房人的合法权益,《城市房地产管理法》明确了商品房预售实行预售许可证制度。

2. 商品房预售的条件

房地产开发企业预售商品房,应当符合下列条件:

(1)已交付全部土地使用权出让金,取得土地使用权证书。

(2)持有建设工程规划许可证。

(3)按提供预售的商品房计算,投入开发建设的资金达到工程建设总投资的25%以上,并已经确定施工进度和竣工交付日期。

(4)向县级以上人民政府房地产管理部门办理预售登记,取得商品房预售许可证明。

3. 申请办理《商品房预售许可证》应当提交的证件及资料

房地产开发企业申请办理商品房预售许可证,应当向市、县人民政府房地产管理部门提交下列证件(复印件)及资料:

(1)商品房预售许可申请表。

(2)开发企业的《营业执照》和资质证书。

(3)土地使用权证、建设工程规划许可证、施工许可证。

(4)投入开发建设的资金占工程建设总投资的比例符合规定条件的证明。

(5)工程施工合同及关于施工进度的说明。

(6)商品房预售方案。预售方案应当说明预售商品房的位置、面积、竣工交付日期等内容,并应当附预售商品房分层平面图。

4. 商品房预售合同

房地产开发企业取得了商品房预售许可证后,就可以向社会预售其商品房,开发企业应当与承购人签订书面预售合同。商品房预售人应当在签约之日起 30 日内,持预售合同到县级以上人民政府房地产管理部门和土地管理部门办理商品房预售登记备案手续。

目前房地产管理部门已经应用网络信息技术,逐步推行商品房预售合同网上登记备案。承购人在与开发企业签订商品房预售合同后,应定期关注房地产管理部门的网上登记备案公告,查询已购买商品房的登记备案情况。商品房预售合同登记备案手续也可以委托代理人办理,委托代理人办理的,应当有书面委托书。

5. 商品房预售中的违法行为及处罚

《城市房地产开发经营条例》、《城市商品房预售管理办法》规定,开发经营企业有下列行为之一的,由主管部门处以警告、责令停止预售、责令补办手续、吊销《商品房预售许可证》,并可对违法预售人处以违法预收款 1% 以下的罚款:

（1）未办理《商品房预售许可证》的。

（2）挪用商品房预售款项,不用于有关的工程建设的。

（3）未按规定办理备案和登记手续的。

【阅读资料】

中国商品房预售制始于 1994 年。这一制度不但培育了开发商群体,而且促进了中国楼市飞速发展,迎来黄金时代。经过 10 多年的风雨洗礼,商品房预售制的种种弊端也日益显现:重复预售、再抵押骗贷、延期交房、"货不对板"、"烂尾楼"、"楼脆脆"……于是乎,近年来社会各界人士呼吁取消商品房预售制度,他们认为预售制度下的商品房交易是在信息完全不对称的条件下发生的。由于商品房的预售允许尚未经过验收合格,甚至是尚未建成的建设项目进入市场,商品房的质量、权属关系等关系消费者切身利益的重大事项仅靠一纸售楼合同以及开发商提供的售楼书来界定,显然违反了国家的有关规定。而未经合格验收的商品房是无法取得房地产证的,消费者权益自然得不到根本性的保障。这也使近年来房地产成为消费者投诉第一大热点。要遏制上述情况,唯一的方法是逐步提高商品房的预售条件,直到最后取消预售。让商品房与其他商品一样,具备真实的商品属性,真正实现现房交易。

6.3　房地产抵押管理

6.3.1　房地产抵押概述

1.房地产抵押的概念

房地产抵押是指抵押人以其合法的房地产以不转移占有的方式向抵押权人提供债务履行担保的行为。债务人不履行债务时,抵押权人有权依法以抵押的房地产拍卖、变卖、折价的价款优先受偿。

2.相关概念

与房地产抵押相关的概念主要有抵押人、抵押权人、预购商品房贷款抵押以及在建工程抵押等。

（1）抵押人是指将依法取得的房地产提供给抵押权人,作为本人或者第三人履行债务担保的公民、法人或者其他组织。

（2）抵押权人是指接受房地产抵押作为债务人履行债务担保的公民、法人或者其他组织。

（3）预购商品房贷款抵押，是指购房人在支付首期规定的房价款后，由贷款金融机构代其支付其余的房价款，将所购商品房抵押给贷款金融机构作为偿还贷款履行担保的行为。

（4）在建工程抵押，是指抵押人为取得在建工程继续建造的资金的贷款，以合法方式取得的土地使用权连同在建工程的投入资产，以不转移占有的方式抵押给贷款金融机构作为偿还贷款履行担保的行为。

3. 作为抵押物的条件

根据房地产抵押物土地使用权的取得方式不同，对其要求也不同。《城市房地产管理法》规定："依法取得的房屋所有权连同该房屋占用范围内的土地使用权，可以设定抵押权。以出让方式取得的土地使用权，可以设定抵押。"从上述规定可以看出，房地产抵押中可以作为抵押物的条件包括两个方面：一是依法取得的房屋所有权连同该房屋占用范围内的土地使用权同时设定抵押权。对于这类抵押，无论土地使用权来源于出让还是划拨，只要房地产权属合法，即可将房地产作为统一的抵押物同时设定抵押权。二是以单纯的土地使用权抵押的，也就是在地面上尚未建成建筑物或其他地上定着物时，以取得的土地使用权设定抵押权。单纯以划拨方式取得的土地使用权是不允许抵押的，只有以出让方式取得的土地使用权才可以设定抵押权。

《城市房地产抵押管理办法》规定下列房地产不得设定抵押权：

（1）存在权属争议的房地产。

（2）用于教育、医疗、市政等公共福利事业的房地产。

（3）列入文物保护的建筑物和有重要纪念意义的其他建筑物。

（4）已依法公告列入拆迁范围的房地产。

（5）被依法查封、扣押、监管或者以其他形式限制的房地产。

（6）依法不得抵押的其他房地产。

6.3.2　房地产抵押的一般规定

（1）房地产抵押，抵押人可以将几宗房地产一并抵押，也可以将一宗房地产分割抵押。以两宗以上房地产设定同一抵押权的，视为同一抵押物，在抵押关系存续期间，其承担的共同担保义务不可分割，但抵押当事人另有约定的，从其约定。以一宗房地产分割抵押的，首次抵押后，该财产的价值大于所担保债权的余额部分可以再次抵押，但不得超出其余额部分。房地产已抵押的，再次抵押前，抵押人应将抵押事实明示拟接受抵押者。

(2)以依法取得的国有土地上的房屋抵押的,该房屋占用范围内的国有土地使用权同时抵押。以出让方式取得的国有土地使用权抵押的,应当将该国有土地上的房屋同时抵押。以在建工程已完工部分抵押的,其土地使用权随之抵押。《中华人民共和国担保法》(以下简称《担保法》)还规定:"乡(镇)、村企业的土地使用权不得单独抵押。以乡(镇)、村企业的厂房等建筑物抵押的,其占用范围内的土地使用权同时抵押。"

(3)以享受国家优惠政策购买的房地产抵押的,其抵押额以房地产权利人可以处分和收益的份额为限。

(4)以集体所有制企业的房地产抵押的,必须经集体所有制企业职工(代表)大会通过,并报其上级主管机关备案。

(5)以中外合资企业、合作经营企业和外商独资企业的房地产抵押的,必须经董事会通过,但企业章程另有约定的除外。

(6)以股份有限公司、有限责任公司的房地产抵押的,必须经董事会或者股东大会通过,但企业章程另有约定的除外。

(7)有经营期限的企业以其所有的房地产设定抵押,所担保债务的履行期限不应当超过该企业的经营期限。

(8)以具有土地使用年限的房地产设定抵押,所担保债务的履行期限不得超过土地使用权出让合同规定的使用年限减去已经使用年限后的剩余年限。

(9)以共有房地产抵押的,抵押人应当事先征得其他共有人的书面同意。

(10)预购商品房贷款抵押的,商品房开发项目必须符合房地产转让条件并取得商品房预售许可证。

(11)以已出租的房地产抵押的,抵押人应当将租赁情况告知债权人,并将抵押情况告知承租人。原租赁合同继续有效。

(12)企、事业单位法人分立或合并后,原抵押合同继续有效,其权利与义务由拥有抵押物的企业享有和承担。

抵押人死亡、依法被宣告死亡或者被宣告失踪时,其房地产合法继承人或代管人应当继续履行原抵押合同。

(13)订立抵押合同时,不得在合同中约定在债务履行期届满抵押权人尚未受清偿时,抵押物的所有权转移为抵押权人所有的内容。

6.3.3　房地产抵押合同

房地产抵押合同是抵押人与抵押权人为了保证债权债务的履行,明确双方权利与义务的协议。房地产抵押是担保债权债务履行的手段,是债权债务合同的从合同,债权债务的主合同无效,抵押从合同也自然无效。房地产抵押是一种标的物很大的担保行为,法律规定房地产抵押人与抵押权人必须签订书面抵押合同。

房地产抵押合同一般应载明下列内容:

(1)抵押人、抵押权人的名称或者个人姓名、住所。

(2)主债权的种类、数额。

(3)抵押房地产的处所、名称、状况、建筑面积、用地面积以及四至界线、房地产权利证书编号。

(4)抵押房地产的价值。

(5)抵押房地产的占用管理人、占用管理方式、占用管理责任以及意外损毁、灭失的责任。

(6)债务人履行债务的期限。

(7)抵押权灭失的条件。

(8)违约责任。

(9)争议解决的方式。

(10)抵押合同订立的时间与地点。

(11)双方约定的其他事项。

以预购商品房贷款抵押的,须提交生效的预购房屋合同。以在建工程抵押的,抵押合同还应当载明以下内容:①《国有土地使用权证》、《建设用地规划许可证》和《建设工程规划许可证》编号;②已缴纳的土地使用权出让金或需缴纳的相当于土地使用权出让金的款额;③已投入在建工程的工程款;④施工进度及工程竣工日期;⑤已完成的工作量和工程量。抵押权人要求抵押房地产保险的,以及要求在房地产抵押后限制抵押人出租、转让抵押房地产或者改变抵押房地产用途的,抵押当事人应当在抵押合同中载明。

6.3.4 抵押登记

《城市房地产管理法》规定房地产抵押应当签订书面抵押合同,并办理抵押登记,《担保法》规定房地产抵押合同自登记之日起生效。房地产抵押未经登记的,抵押权人不能对抗第三人,对抵押物不具有优先受偿权。

鉴于我国各地土地和房地产管理体制差别很大,有多种管理模式,法律规定以城市房地产或者乡(镇)、村企业的厂房等建筑物抵押的,其登记机关由县级以上人民政府规定。由于抵押权是从所有权这一物权上设定的他项权利——担保物权,即限制物权,其主要作用在于限制抵押人对抵押房地产的处分权利,未经抵押权人同意,抵押物不得进行转让、出租等处分,以避免担保悬空,所以登记机关只能从不动产的权属登记中指定,不能委托其他部门。由于在房地产转让或者变更中先申请房产变更登记后申请土地使用权变更登记是《城市房地产管理法》规定的法定程序,就房、地合一的房地产而言,房地产管理部门是唯一可确保未经抵押权人同意的抵押房地产不能合法转让的登记机关,因此各地普遍规定,以房、地合一的房地产抵押的,房地产管理部门为抵押登记机关;以地上无定着物的出让土地使用权抵押的,由核发土地使用权证书的土地管理部门办理抵押登记。

《城市房地产抵押管理办法》规定,房地产当事人应在抵押合同签订后的30天内,持下列文件到房地产所在地的房地产管理部门办理房地产抵押登记:

(1)抵押当事人的身份证明或法人资格证明。

(2)抵押登记申请书。

(3)抵押合同。

(4)《国有土地使用证》、《房屋所有权证》或《房地产权证》,共有的房屋还应提交《房屋共有权证》和其他共有人同意抵押的证明。

(5)登记机关认为必要的其他文件。

登记机关应当对申请人的申请进行审核,审核的内容主要包括:抵押物是否符合准许进入抵押交易市场的条件;抵押物是否已经抵押,重点审查是否超值抵押;抵押人提供的房地产权利证明文件与权证档案记录内容是否相符,查对权证号与印章的真伪等,并由审核人签字在案。对符合登记条件的,应在7日内核准登记并颁发他项权利证书,特殊原因的,最长不得超过法定办理期限。

以依法取得房屋所有权证书的房地产抵押的,登记机关应当在原《房屋所有权证》上作他项权利记载后,由抵押人收执,并向抵押权人颁发《房屋他项权证》;以预售商品房或者在建工程抵押的,登记机关应当在抵押合同上作记载。抵押的房地产在抵押期间竣工的,当事人应当在抵押人领取房地产权属证书后,重新办理房地产抵押登记。

抵押合同发生变更或者抵押关系终止时,抵押当事人应当在变更或者终止之日起15日内,到原登记机关办理变更或者注销抵押登记。

因依法处分抵押房地产而取得土地使用权和土地建筑物、其他附着物所有权的,抵押当事人应当自处分行为生效之日起30日内,到县级以上地方人民政府房地产管理部门申请房屋所有权转移登记,并凭变更后的房屋所有权证书向同级人民政府土地管理部门申请土地使用权变更登记。

6.3.5　房地产抵押的效力

房地产抵押期间,抵押人转让已办理抵押登记的房地产的,应当通过抵押权人,并告知受让人转让的房地产已经抵押的情况;抵押人未通知抵押权人或者未告知受让人的,转让行为无效。转让抵押物的价款明显低于其价值的,抵押权人可以要求抵押人提供相应的担保;抵押人不提供的,不得转让抵押物。在抵押权人同意,抵押人转让抵押物时,转让所得的价款,应当向抵押权人提前清偿所担保的债权或者向与抵押权人约定的第三人提存。超过债权数额的部分,归抵押人所有,不足部分由债务人清偿。

房地产抵押关系存续期间,房地产抵押人应当维护抵押房地产安全完好,抵押权人发现抵押人的行为足以使抵押物价值减少的,有权要求抵押人停止其行为。抵押物价值减少时,抵押权人有权要求抵押人恢复抵押物的价值,或者提供与减少的价值相当的担保。抵押人对抵押物价值减少无过错的,抵押权人只能在抵押人因损害而得到的赔偿范围内要求提供担保。抵押物价值未减少的部分,仍作为债权的担保。

6.3.6　房地产抵押的受偿

抵押是一种民事法律关系,抵押权人与抵押人在法律上有平等的法律地位。这就决定了抵押必须在双方自愿的原则上进行,并应符合《中华人民共和国民法通则》、《担保法》规定的平等、自愿、等价、有偿的一般原则。抵押合同属于经济合同,依照房地产抵押合同偿还债务是房地产抵押权人的义务。房地产抵押合同一经签订,签约双方应当严格执行,债务履行期届满抵押权人未受清偿的,可以与抵押人协议折价或者以抵押物拍卖、变卖所得的价款受偿;协议不成的,抵押权人可以向人民法院提起诉讼。

同一财产向两个以上债权人抵押的,拍卖、变卖抵押物所得的价款按照抵押物登记的先后顺序清偿。

抵押物折价或者拍卖、变卖后,其价款超过债权数额的部分归抵押人所有,不足部分由债务人清偿。抵押人未按合同规定履行偿还债务义务的,依照法律规定,房地产抵押权人有权解除抵押合同,拍卖抵押物,并用拍卖所得价款,优先得到补偿,而不使自己的权利受到侵害。

对于设定房地产抵押权的土地使用权是以划拨方式取得的,依法拍卖该房地产后,应当从拍卖所得的价款中缴纳相当于应缴纳的土地使用权出让金的款额后,抵押权人方可优先受偿。

房地产抵押合同签订后,土地上新增的房屋不属于抵押财产。需要拍卖该抵押的房地产时,可以依法将土地上新增的房屋与抵押财产一同拍卖,但对拍卖新增房屋所得,抵押权人无权优先受偿。

抵押权因抵押物灭失而消灭。因灭失所得的赔偿金,应当作为抵押财产。

【阅读资料】

2007 年年初,刘先生收到了法院的一纸诉状,称刘先生尚欠银行贷款连本带息共计 5 万余元,这使刘先生一家乱了套。2001 年,刘先生家动迁,通过房产中介,看中了一套 18 余万元二手房。由于动迁款没有到位,刘先生只得申请了 9 万元的公积金贷款。没想到过了不久就拿到了动迁款,这使得贷款毫无必要,于是他向银行申请撤销借款合同,银行也出具了撤销住房抵押申请书。刘先生将动迁款直接交给了中介公司,并由中介公司协助办理了购房手续,取得了房屋的产权证。

但是,刘先生与银行签订借款合同时,指定了借款打入的账户,这个账户是中介公司的,所以刘先生并不知道,当他向银行申请撤销公积金贷款时,银行已经将贷款打入了中介公司的账户,这意味着刘先生无法撤销贷款。然而银行工作人员在没有核查贷款是否已经发放的前提下,便为刘先生办理了撤销房产抵押的手续,使刘先生误以为已经取消了贷款。对此,银行表示,虽然其错误地撤销了房产抵押,但贷款已经发放,并且刘先生一直在履行还款义务,因此借款合同是有效的,刘先生理应还款。

那么,是谁实际取得了贷款,并以刘先生的名义一直履行着还款义务呢? 案件的另一个被告房产中介公司给出了答案。原来中介公司早就取得了贷款,因为贪图这 9 万元的低息贷款,一直隐瞒着刘先生,同时也一直履行着还款义务。本来相安无事,没想到中介公司经过对账,发现刘先生尚欠房款 3 万余元,而刘先生坚称已经全部付清了房款,于是中介公司停止向银行还款。法庭上,中介公司承认自己隐瞒了刘先生取得贷款的事实,但要求刘先生付清房款。

于是案件的焦点集中到刘先生是否付清了房款。当法官要求刘先生出示向中介公司支付房款的证据时,刘先生却表示无法举证,案件的审理由此陷入了僵局。法官依法作出判决:银行根据合同约定,将贷款发放至刘先生确认的收款人中介公司的账户内,应视为刘先生已收到借款。随后,银行出具了房地产抵押注销登记申请书,解除了房产抵押,但这一行为只能说明银行自行放弃了抵押权,不能表明借款合同已解除。况且,抵押权解除时,银行已将贷款全额发放,其已经履行了借款合同。依据合同相对性原理,刘先生需偿还银行本金及利息 5 万余元。

本案例说明了当前社会存在的一个问题,消费者在通过中介购买、租赁房屋或办理抵押登记等手续时,一定要了解中介的资质及信誉,以免日后惹出刘先生一样的麻烦。

6.4 房屋租赁管理

《城市房地产管理法》规定:"房屋租赁是指房屋所有权人作为出租人将其房屋出租给承租人使用,由承租人向出租人支付租金的行为。"房屋租赁是房地产市场中重要的一种交易形式,随着改革开放的不断深化,房屋租赁在房地产市场中日渐活跃,房屋租赁的发展对于开放搞活,转换企业经营机制,发展第三产业,改善人民群众的居住条件,都起到了积极的作用。但与此同时,由于规则不明确、行为不规范、管理不到位、法制不健全,使得房屋租赁市场出现了许多新情况、新问题。

6.4.1 房屋租赁概述

1. 房屋租赁的分类

按房屋所有权的性质,房屋租赁分为公有房屋的租赁和私有房屋的租赁。公有房屋的所有权人是国家,但在租赁关系中,国家并不作为民事法律主体出现,而是采取授权的方式,由授权的单位具体管理。按照目前我国的管理体制,直管公房一般由各级人民政府房地产行政主管部门管理,房地产行政主管部门作为直管公房所有人的代表,依法行使占有、使用、收益和处分的权利;自管公房由国家授权的单位管理,其法律特征就是管理单位持有《房屋所有权证》。私有房屋的所有权人是持有完全的房屋所有权证的个人。对于持有共有权证书的私房主,只能称为共有权人,共有权人必须在所有共有权人同意后方可将房屋出租。

按房屋的使用用途,房屋租赁分为住宅用房的租赁和非住宅用房的租赁。其中,非住宅用房的租赁包括办公用房和生产经营用房的租赁。

2. 房屋租赁的条件

公民、法人或其他组织对享有所有权的房屋和国家授权管理和经营的房屋可以依法出租。但有下列情形之一的房屋不得出租:

(1)属于违法建筑的;

(2)不符合安全、防灾等工程建设强制性标准的;

(3)违反规定改变房屋使用性质的;

(4)法律、法规规定禁止出租的其他情形。

3. 房屋租赁的相关政策

租赁政策是指由各级人民政府制定的用于规范租赁行为的法律、法规和规范性文件。

对于住宅用房的租赁,《城市房地产管理法》规定:"住宅用房的租赁,应当执行国家和房屋所在地城市人民政府规定的租赁政策。"之所以这样规定,一方面考虑了各地经济发展水平的不平衡和住房标准的差异,防止政策一刀切,以及由此带来的新的不平衡,这样,各地就可以在国家统一政策下,结合本地的实际情况,因地制宜,推进改革。另一方面,从经济改革和社会安定的大局出发,既要使租赁行为逐步走向市场经济的轨道,又要保证居民不会因此承受太重的负担,以充分体现社会主义制度的优越性。因此,这样规定既符合实际情况,也是稳妥可行的。

对于租用房屋从事生产、经营活动的,《城市房地产管理法》规定:"租用房屋从事生产、经营活动的,由租赁双方协商议定租金和其他租赁条款。"从上述规定可以看出,在社会主义市场经济条件下,对于租用房屋从事生产、经营活动的,在不违背政策法律的前提下,可以由租赁双方协商议定租金和其他租赁条款。随着市场经济的发展,第三产业用房日益增多,第三产业的快速发展,一方面活跃了市场,促进了房地产业的发展,另一方面,也带来了一些差异。因此,其租金标准也不应当由政府规定统一的标准,而应受市场的调节和制约。如位于城市繁华地段的商业用房,租金标准理应高些,至于多少,完全可由租赁双方根据平等、自愿的原则协商议定。

这样把住宅用房与非住宅用房区别对待、分别管理的做法,既可以保证居民合法的住房利益不受影响,又可以使房屋管理尽快适应社会主义市场经济的客观规律。

房屋租赁政策在一些单行法规及地方性法规中有许多规定,在不与《城市房地产管理法》相抵触及新的法规尚未出台之前,这些政策仍将成为房屋租赁的重要依据,主要有:

(1)公有房屋租赁,出租人必须持有《房屋所有权证》和城市人民政府规定的其他证明文件,承租人必须持有房屋所在地城市人民政府规定的租房证明和身份证明(法人单位介绍信)。私有房屋出租人必须持有《房屋所有权证》,承租人必须持有身份证明。

(2)机关、团体、部队和企事业单位不得租用或变相租用城市私有房屋。如因特殊需要必须租用时,必须经县级以上人民政府批准。

(3)承租人在租赁期内死亡,租赁房屋的共同居住人要求继承原租赁关系的,出租人应当继续履行原租赁合同。

(4)共有房屋出租时,在同等条件下,其他共有人有优先承租权。

(5)租赁期限内,房屋所有权人转让房屋所有权,原租赁协议继续履行。

6.4.2　房屋租赁合同

1.房屋租赁合同的概念及内容

租赁合同是出租人与承租人签订的,用于明确租赁双方权利义务关系的协议。租赁是一种民事法律关系,在租赁关系中,出租人与承租人之间所发生的民事关系主要是通过租赁合同确定的。因此,在租赁中,出租人与承租人应当对双方的权利与义务作出明确的规定,并且以文字形式形成书面记录,成为出租人与承租人关于租赁问题双方共同遵守的准则。《城市房地产管理法》规定:"房屋租赁,出租人和承租人应当签订书面租赁合同,约定租赁期限、租赁用途、租赁价格、修缮责任等条款,以及双方的其他权利和义务,并向房产管理部门登记备案。"《商品房屋租赁管理办法》对租赁合同的内容作了进一步的规定,规定租赁合同应当具备以下条款:

(1)房屋租赁当事人的姓名(名称)和住所;

(2)房屋的坐落、面积、结构、附属设施,家具和家电等室内设施状况;

(3)租金和押金数额、支付方式;

(4)租赁用途和房屋使用要求;

(5)房屋和室内设施的安全性能;

(6)租赁期限;

(7)房屋维修责任;

(8)物业服务、水、电、燃气等相关费用的缴纳;

(9)争议解决办法和违约责任;

(10)其他约定。

房屋租赁当事人应当在房屋租赁合同中约定房屋被征收或者拆迁时的处理办法。

2.租赁期限

多年来,我国公有住房实行无租赁期限的租赁行为,致使公有住房一旦分配出去就难以收回来,一直不能形成良性循环,这与市场经济体制不适应。正常的租赁行为应有明确的租赁期限,出租人有权在签订租赁合同时明确租赁期限,并在租赁期限届满后收回房屋。承租人有义务在租赁期限届满后返还所承租的房屋,如需继续承租原租赁的房屋,应当在租赁期满前,征得出租人的同意,并重新签订租赁合同。出租人应当按照租赁合同约定的期限将房屋交给承租人使用,并保证租赁合同期限内承租人的正常使用。出租人在租赁合同届满前需要收回房屋的,应当事先征得承租人的同意,并赔偿承租人的损失;收回住宅用房的,同时要做好承租人的住房安置。

在实践中有一些未定租赁期限的租赁合同,对于这类租赁行为,最高人民法院在关于贯彻《中华人民共和国民法通则》若干问题的规定中规定,未规定租赁期限,房屋所有权人要求收回房屋的,一般应当准许,承租人有条件搬迁的,应当责令其搬迁,如果承租人搬迁有困难的,可给予一定期限让其找房或腾退部分房屋。

3. 租赁用途

租赁用途是指房屋租赁合同中规定的出租房屋的使用性质。承租人应当按照合同约定的租赁用途和使用要求合理使用房屋,不得擅自改动房屋承重结构和拆改室内设施,不得损害其他业主和使用人的合法权益。承租人因使用不当等原因造成承租房屋和设施损坏的,承租人应当负责修复或者承担赔偿责任。确需变动的,应当征得出租人的同意,并重新签订租赁合同;承租人与第三者互换房屋时,应当事先征得出租人的同意,出租人应当支持承租人的合理要求。换房后,原租赁合同即行终止,新的承租人应与出租人另行签订租赁合同。

4. 租金标准及交付方式

租金标准是租赁合同的核心,是引起租赁纠纷的主要原因,因此也是加强租赁管理的重点之一。租赁合同应当明确约定租金标准及支付方式,同时租金标准必须符合有关法律、法规的规定。出租人除收取房租外,不得收取其他费用。承租人应当按照合同约定交纳租金,不得拒交或拖欠,承租人如拖欠租金,出租人有权收取滞纳金。房屋租赁合同期内,出租人不得单方面随意提高租金水平。

6.4.3　房屋租赁登记备案

房屋租赁合同登记备案是《城市房地产管理法》规定的一项重要内容。实行房屋租赁合同登记备案,一方面可以较好地防止非法出租房屋,减少纠纷,促进社会稳定;另一方面也可以有效地防止国家税费流失。

1. 申请

签订、变更、终止租赁合同的,房屋租赁当事人应当在租赁合同签订后 30 天内,持有关部门证明文件到市、县人民政府房地产管理部门办理登记备案手续。申请房屋租赁登记备案应当提交的证明文件包括:

(1)房屋租赁合同;

(2)房屋租赁当事人身份证明;

（3）房屋所有权证书或者其他合法权属证明；

（4）直辖市、市、县人民政府建设（房地产）主管部门规定的其他材料。

出租共有房屋，还需提交其他共有权人同意出租的证明。出租委托代管房屋，还需提交代管人授权出租的书面证明。房屋租赁当事人提交的材料应当真实、合法、有效，不得隐瞒真实情况或者提供虚假材料。

2. 审查

对符合下列要求的，直辖市、市、县人民政府建设（房地产）主管部门应当在三个工作日内办理房屋租赁登记备案，向租赁当事人开具房屋租赁登记备案证明：

（1）申请人提交的申请材料齐全并且符合法定形式；

（2）出租人与房屋所有权证书或者其他合法权属证明记载的主体一致；

（3）不属于不得出租的房屋范围。申请人提交的申请材料不齐全或者不符合法定形式的，直辖市、市、县人民政府建设（房地产）主管部门应当告知房屋租赁当事人需要补正的内容。

6.4.4　房屋租金

房屋租金是承租人为取得一定期限内房屋的使用权而付给房屋所有权人的经济补偿。房屋租金可分为成本租金、商品租金、市场租金。成本租金是由折旧费、维修费、管理费、融资利息和税金五部分组成的；商品租金是由成本租金加上保险费、地租和利润等八部分构成的；市场租金是在商品租金的基础上，根据供求关系而形成的。目前，我国未售公有住房的租金标准是由人民政府根据当地政治、经济的需要和职工的承受能力等因素确定的，仍具有较浓的福利色彩。其他经营性的房屋和私有房屋的租金标准则由租赁双方协商议定。

《城市房地产管理法》规定："以营利为目的，房屋所有权人将以划拨方式取得土地使用权的国有土地上建成的房屋出租的，应当将租金中所含土地收益上缴国家。具体办法由国务院规定。"

6.4.5　房屋转租

房屋转租，是指房屋承租人将承租的房屋再出租的行为，承租人在租赁期限内，如转租所承租的房屋，在符合其他法律、法规规定的前提下，还必须征得房屋出租人的同意，在房屋出租人同意的条件下，房屋承租人可以将承租房屋的部分或全部转租给他人。承租人未经出租人书面同意转租的，出租人可以解除租赁合同，收回房屋并要求承租人赔偿损失。

　　房屋转租,应当订立转租合同,转租合同除符合有关部门规定外,还必须由出租人在合同上签署同意意见,或有原出租人同意转租的书面证明。转租合同也必须按照有关部门规定办理登记备案手续。转租合同的终止日期不得超过原租赁合同的终止日期,但出租人与转租人双方协商一致的除外。转租合同生效后,转租人享有并承担新的合同规定的出租人的权利与义务,并且应当履行原租赁合同规定的承租人的义务,但出租人与转租人双方协商一致的除外。

　　转租期间,原租赁合同变更、解除或者终止,转租合同也随之变更、解除或者终止。

6.4.6　土地使用权出租

　　土地使用权出租是指国有土地所有者或使用者将土地使用权单独或连同地上建筑物、其他附着物租赁给承租人使用,并由承租人向出租人支付租金的行为。

　　土地使用权出租的主体是国有土地的所有者和使用者。随着我国土地市场的培育和发展,单一的土地使用权出让方式不能满足市场中的各种用地需求,所以有些地方开始探讨不同于出让方式的土地有偿使用方式,于是产生了政府直接出租土地使用权的有偿供地方式,即政府直接将土地使用权租赁给用地者使用,并由用地者按年或月支付租金,这是国有土地所有者出租土地使用权。另外一种土地使用权出租是享有土地使用权的使用者将土地使用权租赁给其他使用者的行为。

　　政府出租土地使用权,承租人必须按照出租合同规定的条件使用土地。在土地使用者出租的土地使用权中有两种土地使用权,一种是出让土地使用权,这种使用权的享有者必须按照出让合同的要求,在完成规定的开发任务后方可出租土地使用权。另外一种是划拨土地使用权,这种土地使用权的享有者须按有关法律、法规的规定补办出让手续或与政府签订有关文件后,方可出租土地使用权。

　　土地使用权出租与土地使用权出让和转让有很大的不同。出让土地使用权和出租土地使用权的主要不同在于土地使用者在两种方式中的付款时间和享有的权利不同。出租土地使用权,承租人按月或年支付租金,承租人只能自用,不能转让和抵押土地使用权。出让土地使用权,受让人按合同约定支付出让金,受让人按合同约定的条件转让、抵押土地使用权。土地使用权转让和出租的主要不同在于土地使用权享有人的权利义务的变化不同。出租土地使用权,出租方对其出租的土地享有的权利义务即同政府订立的出让合同或其他文件中的权利义务没有转租给承租人,出租人仍需履行这些权利义务。土地使用权转让则将出让合同载明的权利义务完全转移给下一个使用者。

思考题

1. 房地产交易包括哪几种形式？
2. 房地产交易中有哪些基本制度？
3. 什么是房地产转让？包括哪几种形式？
4. 哪些情形下的房地产不得转让？
5. 房地产转让的程序是什么？
6. 什么是商品房预售？开发企业申请《商品房预售许可证》需符合哪些条件？
7. 什么是房地产抵押？办理房地产抵押登记需要哪些程序？
8. 房屋租金有哪几种类型？每种租金是如何构成的？

案例分析

案例一

【背景】

周某准备开设一家影楼，因资金短缺，便以自有的价值 50 万的住房为抵押，向生意伙伴杨女士借款 45 万元，当时在借款协议上约定，周某 3 年后归还借款本息，到期若不能归还，就将周某的房产变卖后优先偿还。周某在拿到借款后，就将其房屋的产权证交给了杨女士，但杨女士却没能按法律规定，及时办理抵押物登记手续，可能以为自己拿到房产证就可高枕无忧了。谁知事隔 1 年之后，周某便以自己的原房产证遗失为由补办了房产证，还将其房屋、影楼设备等全部卖给了刘某，并同刘某及时办理了房屋过户手续，而当时刘某也并不知道该房屋已被抵押。周某在得到房款后因涉嫌诈骗潜逃，刘某取得房产所有权，而杨女士所得抵押的房屋产权证被宣布无效。杨女士获悉后，以该房屋已抵押为由要求刘某退房，并将周某和刘某起诉到法院。

【问题】

1. 法院会支持杨女士的诉讼请求吗？杨女士的权利如何保护？
2. 办理房屋抵押的相关规定是什么？

案例二

【背景】

原告刘某是某电脑公司职员,被告郭某是某中学教师,原告与被告系朋友关系。2009年11月原告刘某得知本市某房地产公司出售经济适用房,欲购买一套。而根据本市有关政策规定,只有具有本市户口的人才有资格购买,原告非本市户口,无购房资格。原告就与被告口头商定,由原告以被告名义购买经济适用房一套,商品房由原告实际占有、使用。随后,原告出资30万元,由被告与某房地产开发公司签订了房屋买卖合同,购得一套80平方米的两居室房,产权人登记为郭某。之后不久,郭某以该房屋的产权证作抵押向银行贷款20万元借给其弟做生意。贷款到期后,郭某无力偿还,银行遂要求变卖房屋以实现抵押权。刘某得知后向法院起诉,主张自己为房屋的实际产权人,要求确认被告的房屋抵押行为无效。

【问题】

本案是一个房屋确权纠纷。当事人一方以另一方的名义购买房屋并实际占有和使用,而另一方则实际被登记为房屋产权人,究竟谁应当被确认为房屋的真正产权人?

案例三

【背景】

买了房子,却看不到房屋公摊面积明细资料,业主唐某将开发商告上法庭。在起诉书中,唐某等人起诉称,2010年他们分别与开发商签订了购买某市某花园住宅的《房屋预售合同》,此后他们多次提出要求开发商出示公摊面积明细资料,但都没有得到肯定答复。而开发商则认为,开发商按照法律规定委托了有测绘资质的房地产勘查测绘所,对花园住宅楼进行了测绘并出具了报告书,此后,他们就将报告书、房屋面积测绘表及楼内分摊部位,数次张贴在办理入住的办公室墙上。

【问题】

1. 开发商应该出示公摊面积明细资料吗?

2. 分摊部位包括哪些内容?每个建筑物一样吗?

第7章

房地产产权产籍管理

本章提要：

权属登记制度既是房地产确权认证,保护不动产收益的途径,也是颇具特色的财产管理手段。房地产权属登记发证制度是产权产籍管理的首要的核心内容。本章以权属登记制度为基础,主要探讨了房地产产权产籍管理所涉及的房地产产权产籍、房地产权属登记发证制度、权属登记与产籍、房地产测绘与产权统计等问题。

7.1 房地产产权产籍管理概述

7.1.1 房地产产权产籍管理的界定

1.房地产产权

以房地产为标的的产权,称为房地产产权。在房地产产权中,有房屋所有权;有从国有土地所有权分离出来的土地使用权;有以产权为担保和债权并存的房地产抵押权等。

2.房地产产籍

产籍的"产"指财产。"籍"有两个含义:一是簿册;二是指一种隶属关系。所谓产籍,就是记载财产权属关系的各种簿册资料的总称。房地产产籍就是记载房地产权属关系的历史情况的各种簿册资料。房地产产籍资料包括在房地产权属申请登记、调查、测绘、确权及发证等过程中获得的各种图、档、卡、册及相关资料。这些档案资料反映了房地产的权属、坐落、位置、用地面积、房地权界、房屋建筑面积、结构、层数、建筑时间、权源、用途、他项权利是否受到限定等基本状况。

3.房地产产权产籍管理的概念

房地产产权产籍管理是指国家通过县级以上地方人民政府设置的房地产行政管理机关及房地产产权产籍管理职能机构,依据国家法律和政策,通过审核确认所辖区域范围内的房地产产权归属关系,实施保障房地产权利人合法权益的行政行为。从广义上讲,它还包括对确认房地产权属关系所必须依据的房地产档案、资料而进行的综合性管理,即产籍管理。房地产产权产籍管理是房地产行政管理的重要的基础性工作。

房地产产权产籍管理中产权管理和产籍管理是密切联系,互为依存,互相促进的两项工作。产权管理是产籍管理的基础,没有产权登记、产权调查、产权确定,就不可能形成完整、准确的产籍资料,产籍管理就成为无源之水、无本之木。反之,产籍管理是产权管理的依据,是为产权管理服务的。产籍资料记录了各类房地产的权属及其基本情况。这些资料是审查权属、房地产权界,处理各类产权纠纷的重要依据。因此,产权管理和产籍管理是一个有机的整体,两者不可分割,不可偏废。

7.1.2　房地产产权产籍管理的任务

房地产产权产籍管理的任务主要有以下三个方面：

1. 做好房地产权属登记、确权、发证工作

权属登记、确权、发证工作是产权产籍管理的主要的、经常性的工作。在全国性房地产总登记工作的基础上，主要的经常性的任务就是做好初始取得的土地使用权、新建房屋所有权、房地产产权在转让、变更、他项权利等的登记、核实、确权和发证工作，以及房地产灭失、土地使用权年限届满、他项权利终止等的注销工作。

2. 做好房地产测绘工作

房地产测绘是根据房地产产权管理的需要，应用测绘技术，绘制出以权属为核心、权属的单元界址为基础，以房屋及房屋所占用的平面位置、房屋状况、面积为重点的房地产图。用于房屋权属登记等房地产管理的房地产图须经房地产行政管理部门审核后，方具有法律效力。审核后的房地产图纳入房地产档案统一管理。房地产测绘应严格执行有关的测量技术规范。房地产的权属关系、自然状况发生变化时，应及时、准确地进行变更测量，使房地产图和实际情况保持一致。

3. 做好房地产产籍管理工作

首先要做好现有产籍资料的管理，要针对资料的收集、整理、鉴定、立卷、归档、制订目录索引和保管等各个环节建立一整套制度，以便档案的科学管理和查阅利用。其次是在初始产籍的基础上，根据产权管理提供的权属转移、变更、房地产的变化情况，不断对产籍资料进行修正、补充和增籍灭籍工作，以保持产籍资料的完整、准确，使图、档、卡、册与实际情况保持一致。

除了以上三种任务外，产权产籍管理工作还要为征地、征收房屋、落实私房政策的房产审查和处理权属纠纷提供依据。

7.1.3　房地产产权产籍管理的目的和意义

1. 保护房地产权利人的合法权益

《物权法》第九条规定："不动产物权的设立、变更、转让和消灭，经依法登记，发生效力；未经登记，不发生效力，但法律另有规定的除外。"由此可见不动产登记的重要性，保护房地产权利人的合法权益是产权产籍管理的根本目的和出发点。

加强产权产籍管理工作，就是要及时、准确地对房地产权属进行登记、审查、确权,发放房地产权属证书。凡经房地产管理部门确认并颁发了房地产权属证书的房地产,其权利人在房地产方面的权利,如房屋所有权、土地使用权、房地产租赁和抵押权、公民合法继承权等,都受到国家法律的保护。任何组织或个人侵犯了房地产权利人的这些合法权益,都要承担法律责任。

2. 房地产产权产籍管理是房地产管理的基础工作

(1)房地产开发和住宅建设,首先需要产权产籍管理部门提供建设区域内的土地和原有房屋的各种资料,以便合理地规划建设用地,妥善安置原有住户,并依法按有关规定对拆迁的房屋给予合理的补偿。

(2)房屋的买卖,土地使用权的转让,房地产租赁、抵押等房地产交易活动,都涉及房地产权属和房屋的自然状况,这就要求产权产籍管理部门提供该房地产的位置、权界、面积、建筑年代等准确的资料,以便对交易的房地产进行评估,征收有关税费,为房地产保险业务提供依据,办理产权过户手续,从而防止房地产交易后产生各种产权纠纷。

(3)房地产服务,如住宅小区管理服务、房屋的管理和修缮服务,需要产权产籍管理部门提供房地产权属性质及房地产的有关资料,以便根据不同的产权性质,不同的地段、面积、结构、用途等具体情况,确定修缮范围和收取的费用,保证房地产的正常管理和服务。

综上所述,产权产籍管理贯穿房地产开发、建设、使用的全过程。

3. 房地产产权产籍管理为城市规划、建设、管理提供科学依据

要搞好城市规划、建设和管理,首先要了解城市土地的自然状况,以及房屋的布局、结构、用途等基本情况。产权产籍管理工作能全面、完整、及时、准确地提供上述资料,从而使城市规划和建设更加科学化。产权产籍管理所提供的各种信息对旧城改造、新区建设、市政工程、道路交通、环保、绿化等城市建设和管理都是不可缺少的科学依据。

7.1.4 房地产产权产籍管理的原则

1. 房屋所有权与该房屋所占用的土地使用权实行权利主体一致的原则

房地产是一个有机的不可分割的统一体。因此,房屋所有权人和该房屋占用的土地使用权人,必须同属一人(包括法人和自然人),除法律、法规另有规定的以外。在办理产权登记时,如发现房屋所有权人与房屋所占用的土地使用权人不属同一人时,应查明原因;一时查不清的,暂不予办理登记。

2.房地产产权产籍的属地管理原则

房地产是坐落在一定的自然地域上的不可移动的资产。因此,房地产产权产籍管理必须坚持属地管理原则,即只能由市(县)房地产管理部门负责所辖区范围内的房地产产权管理工作;房地产权利人也只能到房屋所在地的市(县)房地产管理部门办理产权登记。

7.2 房地产权属登记发证制度

《城市房地产管理法》规定:"国家实行土地使用权和房屋所有权登记发证制度"。房地产权属登记发证制度是产权产籍管理的首要的核心内容。

7.2.1 房地产登记发证的法定机关

《物权法》规定:"不动产登记,由不动产所在地的登记机构办理。当事人申请登记,应当根据不同登记事项提供权属证明和不动产界址、面积等必要材料。登记机构应当履行下列职责:查验申请人提供的权属证明和其他必要材料;就有关登记事项询问申请人;如实、及时登记有关事项;法律、行政法规规定的其他职责。"

1.房屋登记机构

房屋登记,是指房屋登记机构依法将房屋权利和其他应当记载的事项在房屋登记簿上予以记载的行为。直辖市、市、县人民政府建设(房地产)主管部门或者其设置的负责房屋登记工作的机构为房屋登记机构。国务院建设主管部门负责指导、监督全国的房屋登记工作。省、自治区、直辖市人民政府建设(房地产)主管部门负责指导、监督本行政区域内的房屋登记工作。

2.土地登记机构

土地登记,是指将国有土地使用权、集体土地所有权、集体土地使用权和土地抵押权、地役权以及依照法律法规规定需要登记的其他土地权利记载于土地登记簿公示的行为。

土地登记实行属地登记原则。申请人应当依照本办法向土地所在地的县级以上人民政府国土资源行政主管部门提出土地登记申请,依法报县级以上人民政府登记造册,核发土地权利证书。但土地抵押权、地役权由县级以上人民政府国土资源行政主管部门登记,核发土地他项权利证明书。跨县级行政区域使用的土地,应当报土地所跨区域各县级以上人民政府分别办理土地登记。在京中央国家机关使用的土地,按照《在京中央国家机关用地土地登记办法》的规定执行。

依据上述法律、法规的规定,房地产行政主管部门才是法定的房屋所有权属登记发证机关,其他部门办理的房屋所有权属登记和发放的房屋所有权证书,不具有法律效力,不受国家法律的保护。

7.2.2 房地产权属登记发证的工作程序

房地产权属登记发证的管理机构作为国家一级的管理机构,在国务院内部的分工是:住房和城乡建设部负责全国房屋所有权权属的确权、登记、发证管理工作,国土资源部负责全国土地使用权的确权、登记、发证管理工作。

省级地方的房地产权属发证管理工作机构的分工及其职权由各省、自治区、直辖市人民政府根据具体情况,具体确定。

市、县一级房地产登记发证的管理机构分工及工作程序分两种情况:

1. 在房、地分管体制下

《城市房地产管理法》对工作程序作了如下规定:

"以出让或者划拨方式取得土地使用权,应当向县级以上地方人民政府土地管理部门申请登记,经县级以上地方人民政府土地管理部门核实,由同级人民政府颁发土地使用权证书。"

"在依法取得的房地产开发用地上建成房屋的,应当凭土地使用权证书向县级以上地方人民政府房产管理部门申请登记,由县级以上人民政府房产管理部门核实并颁发房屋所有权证书。"

"房地产转让或者变更时,应当向县级以上地方人民政府房产管理部门申请房产变更登记,并凭变更后的房屋所有权证书向同级人民政府土地管理部门申请土地使用权变更登记,经同级人民政府土地管理部门核实,由同级人民政府更换或者更改土地使用权证书。"

"法律另有规定的,依照有关法律的规定办理。"

2. 在房、地统管体制下

《城市房地产管理法》规定:"经省、自治区、直辖市人民政府规定,县级以上地方人民政府由一个部门统一负责房产管理和土地管理工作的,可以制作颁发统一的房地产权证书"。目前,房、地实行统一管理的有广州、北京、上海、重庆等城市。

目前,全国房地产权产籍管理体制,大体有以下四种模式:

(1)按土地的行政管理与经营管理划分权限的管理模式。即土地管理部门负责城乡地籍、地政管理和土地的出让、权属登记管理;房地产管理部门负责土地的开发利用、房地产转让、出租、抵押和房屋所有权的登记发证管理。这种模式在产权登记发证方面实行"两家各发一个证"的做法,即土地管理部门发土地使用权证,房地产管理部门发房屋所有权证。

(2)按土地出让前后划分权限的管理模式。即土地管理部门负责土地出让和出让前的工作,土地出让以后的一切管理工作由房地产管理部门负责。这种模式,即市房地产管理局负责城区土地出让后的土地地政、地籍管理,并统一发房屋所有权证和土地使用权证。这种模式实行由房地产管理部门"一家发两证"的做法。

(3)按城、乡划分权限的管理模式。即城市范围内土地的出让、转让、出租、抵押以及土地使用权和房屋所有权的登记发证管理工作均由市房地产管理局负责。农村地区的土地管理由土地局负责。这种模式在产权登记发证方面实行由房地产管理局"一家发两证"的做法。

(4)实行"房地合一"的管理模式。即市政府把房地产管理局和市土地管理局合署办公,实行"一套人马,两块牌子"的体制,作为城乡房地产的主管部门。在产权登记发证方面实行只发一个"房地产证"的做法。

7.3　房地产权属登记管理

7.3.1　权属登记制度概述

房地产权属登记管理是用法律和行政的手段对房地产进行登记,审查确认产权,核发权属证书,办理权属的转移变更,调处产权纠纷,监督规范权利人的行为,建立准确、完整的产籍档案资料等,从而建立正常的产权管理秩序,更好地保护权利人的合法权益。在权属登记具有公信力的国家或地区,实质上就是以国家或政府的声誉来保证某一房地产权利的归属和可靠性,从而使这一房地产权利能够得到国家法律的保护。

根据权属登记的内容和方式的不同,各国房地产权属登记制度分为契据登记制和产权登记制两大类型。

1. 契据登记制

契据登记制度的理论基础是对抗要件主义。这一理论认为:房地产产权的变更或他项权利的设定,只要当事人订立合约之时就已生效,即双方一经产生债的关系,房地产权利的转移或他项权利的设定即同时成立。登记,仅仅是作为对抗第三人的要件,所以称为对抗要件主义。其主要特点是:登记机关对登记申请采取形式审查主义,登记权利之状态;登记只具有公示力而无公信力,即登记事项在实体上不成立或无效时,可以对抗善意第三人,法院可以裁定已登记的契约无效,登记机关对此并不承担责任。因该项制度为法国首创,所以又称为"法国式登记制度"。

2. 产权登记制

产权登记制的理论基础是成立要件主义。这一理论认为:房地产权利的转移或他项权利的设定,当事人订立的合同具有其效力。但这种效力只是一种债的效力,即当事人在法律上只能得到债权的保护,而不能得到物权的保护。只有履行权属登记手续以后,房屋受让人或他项权利的权利人的房屋所有权或房屋他项权利才告成立。将登记作为房地产权利成立的要件,所以称为成立要件主义。产权登记制又可分为权利登记制和托伦斯登记制两种。

(1)权利登记制

登记机关对权利人的申请进行实质性审查,登记是由房地产所在地的登记机关备置登记簿,簿上记载房地产权利的取得、变更的过程,使有利害关系的第三人可就登记簿的记载推知该房地产产权状态,若房地产权利的取得未经登记,便不产生效力,不仅不能对抗第三人,即使在当事人之间也不发生效力。其主要特点为:登记机关对登记申请采取实质审查主义,登记权利的现状;登记具有公信力,即登记簿上所载事项,对抗善意第三人,在法律上有绝对的效力。因该项制度发源于德国,故又称为"德国式登记制度"。

(2)托伦斯登记制

此制度为澳大利亚人托伦斯所创,在核准登记以后发给权利人权属证书,房地产权利一旦载入政府产籍,权利状态就明确地记载在权属证书上,权利人可以凭证行使房地产权利。其主要特点是:房地产权利一经登记便具有绝对的法律效力;已登记权利如发生转移,必须在登记簿上加以记载;登记采取强制登记制度;登记簿为两份,权利人取得副本,登记机关保留正本,正副本内容必须完全一致。

7.3.2 我国的房地产权属登记制度

我国现行的房地产登记制度,类似德国式登记制度,兼采用托伦斯登记制,但又有自己的特点,概括起来,主要有以下几点。

1. 房地产登记实行统一登记制

房屋与所占用的土地使用权是不可分割的,房地产产权的登记本应当是一次进行的,证书也应当只领取一个。《房屋登记办法》第八条规定:"办理房屋登记,应当遵循房屋所有权和房屋占用范围内的土地使用权权利主体一致的原则。"《物权法》规定："国家对不动产实行统一登记制度。"但是，由于我国房地产事项由房屋与土地分部门管理，所以房地产权属登记一般是土地使用权和房屋所有权登记分别在土地管理机关和房地产管理机关进行。

2. 房地产权属登记为房地产权利动态登记

当事人对房地产权利的取得、变更、丧失均须依法登记，不经登记，不发生法律效力，不能对抗第三人。房地产权属登记，不仅登记房地产静态权利，而且也登记权利动态过程，使第三人可以就登记情况，推知该房地产权利状态。

3. 房地产权属登记采取实质审查

房地产权属登记时，登记机关对登记申请人提出的登记申请，不仅要审查形式要件，而且还必须对申请登记的权利的权源证明是否有效严格审查，必要时可以实地查看，形式要件与实地勘验结果一致，方予以登记。《物权法》第二十一条规定："当事人提供虚假材料申请登记，给他人造成损害的，应当承担赔偿责任。因登记错误，给他人造成损害的，登记机构应当承担赔偿责任。登记机构赔偿后，可以向造成登记错误的人追偿。"根据最高法院相关司法解释：房屋登记机构工作人员与第三人恶意串通违法登记，侵犯原告合法权益的，房屋登记机构与第三人承担连带赔偿责任。可见，房屋登记机构在其职能范围内必须尽到审慎合理的审查义务。

4. 房地产权属登记具有公信力

依法登记的房产权利受国家法律保护，权属证书是权利人依法拥有房产权利的唯一合法凭证。房地产权利一经登记机关在登记簿上注册登记，该权利对于第三人在法律上有绝对效力。

5. 房地产权属登记实行登记制

不动产物权的设立、变更、转让和消灭，依照法律规定应当登记的，自记载于不动产登记簿时发生效力。未办理物权登记的，除法律另有规定或者合同另有约定外，不影响合同效力。但是，不发生物权转移。

6. 颁发权利证书

房地产权属登记机关对产权申请人登记的权利，按程序登记完毕后，还要给权利人颁发权利证书。不动产权属证书是权利人享有该不动产物权的证明。不动产权属证书记载的事项，应当与不动产登记簿一致；记载不一致的，除有证据证明不动产登记簿确有错误外，以不动产登记簿为准。权利证书为权利人权利之凭证，由权利人持有和保管。

7.3.3 房地产权属登记的种类

1.房屋登记的种类

房屋登记的类型是指房地产权属登记中的各种存在形式,我国房屋权属登记通常分为所有权登记、抵押权登记、地役权登记、预告登记和其他登记五种。

(1)所有权登记

所有权登记又分为:房屋所有权初始登记、房屋所有权转移登记、房屋所有权变更登记和房屋所有权注销登记。

①房屋所有权初始登记是房地产所有权的初次设定登记。在依法取得的房地产开发用地上建成的房屋,应当凭土地使用权证书向县级以上地方人民政府房产管理部门申请登记,由县级以上地方人民政府房产管理部门核实并颁发房屋所有权证。

②房屋所有权转移登记是指房地产权属登记机关对房屋所有权因各种合法原因发生转移时所作的登记。房地产转让或者变更时,应当向县级以上地方人民政府房产管理部门申请房产变更登记,并凭变更后的房屋所有权证书向同级人民政府土地管理部门申请土地使用权变更登记,经同级人民政府土地管理部门核实,由同级人民政府更换或者更改土地使用权证书。

③房屋所有权变更登记是指房地产权属登记机关对房屋所有权人名称和房屋现状发生变更时所作的登记。发生了房屋所有权人的姓名或者名称变更;房屋坐落的街道、门牌号或者房屋名称变更;房屋面积增加或者减少;同一所有权人分割、合并房屋和法律、法规规定的其他情形时,权利人应当在有关法律文件生效或者事实发生后申请房屋所有权变更登记。

④所有权人发生了房屋灭失、放弃所有权等事实后应当申请房屋所有权注销登记。

(2)抵押权登记

抵押权登记是登记机关对当事人设定抵押权进行的登记。房屋登记机构应当将抵押当事人、债务人的姓名或者名称,被担保债权的数额,登记时间等事项记载于房屋登记簿。

房屋登记簿记载事项发生变化的,依法登记的房屋抵押权因主债权转让而转让的,主债权消灭、抵押权已经实现或抵押权人放弃抵押权的,当事人应当分别申请抵押权变更登记、转移登记和注销登记。

(3)地役权登记

对符合规定条件的地役权设立登记,房屋登记机构应当将有关事项记载于需役地和供役地房屋登记簿,并可将地役权合同附于供役地和需役地房屋登记簿。已经登记的地役权发生变更、转让或者消灭情形的,当事人应当申请变更登记、转移登记、注销登记。

(4)预告登记

当事人预购商品房,以预购商品房设定抵押和房屋所有权转让、抵押的可以申请预告登记。预告登记后,未经预告登记的权利人书面同意,处分该房屋申请登记的,房屋登记机构不予办理。预告登记后,债权消灭或者自能够进行相应的房屋登记之日起三个月内,当事人申请房屋登记的,房屋登记机构应当按照预告登记事项办理相应的登记。三个月内未申请房屋登记的,预告登记失效。

(5)其他登记

其他登记包括更正登记和异议登记。权利人、利害关系人认为房屋登记簿记载的事项有错误的,可以申请更正登记。利害关系人认为房屋登记簿记载的事项错误,而权利人不同意更正的,利害关系人可申请异议登记。异议登记期间,房屋登记簿记载的权利人处分房屋申请登记的,房屋登记机构应当暂缓办理。登记机构予以异议登记的,申请人在异议登记之日起十五日内不起诉,异议登记失效。

2. 土地登记的种类

(1)土地总登记

是指在一定时间内对辖区内全部土地或者特定区域内土地进行的全面登记。对符合总登记要求的宗地,由国土资源行政主管部门予以公告。公告期满,当事人对土地总登记审核结果无异议或者异议不成立的,由国土资源行政主管部门报经人民政府批准后办理登记。

(2)初始登记

初始登记是指土地总登记之外对设立的土地权利进行的登记。包括国有建设用地使用权初始登记、出让国有建设用地使用权初始登记、租赁国有建设用地使用权初始登记、作价出资或者入股国有建设用地使用权初始登记、授权经营国有建设用地使用权初始登记、集体土地所有权初始登记、集体建设用地使用权初始登记、集体农用地使用权初始登记、土地使用权抵押登记、地役权登记等。

(3)变更登记

变更登记是指因土地权利人发生改变,或者因土地权利人姓名或者名称、地址和土地用途等内容发生变更而进行的登记。包括国有建设用地使用权变更登记,建设用地使用权变更登记,土地使用权变更登记,土地抵押权变更登记,地役权变更登记,姓名或者名称、地址变更登记、土地用途变更登记。

(4)注销登记

注销登记是指因土地权利的消灭等而进行的登记。

（5）其他登记

其他登记，包括更正登记、异议登记、预告登记和查封登记。

7.3.4 申请房地产权属登记的条件及当事人申请登记的期限

1.申请房地产权属登记应同时具备的四项条件

（1）申请人或代理人具有申请资格。权利人为法人、其他组织的，应使用法定名称，由其法定代表人申请；权利人为自然人的，应使用其身份证件上的姓名。共有的房地产，由共有人共同申请。如权利人或申请人委托代理申请登记时，代理人应向登记机关交验代理人的有效证件，并提交权利人（申请人）的书面委托书。设定房地产他项权利登记，由相关权利人共同申请。

（2）有明确具体的申请请求。

（3）申请登记的房地产产权来源清楚、合法，证件齐全，没有纠纷，且不属于被限制转移或被查封以及违章建筑的房屋。

（4）属受理登记的登记机关管辖。

2.当事人申请登记的期限

房屋登记机构应当自受理登记申请之日起，国有土地范围内房屋所有权登记，30个工作日内；抵押权、地役权登记，10个工作日内；预告登记、更正登记，10个工作日内；异议登记，1个工作日内，将申请登记事项记载于房屋登记簿或者作出不予登记的决定，法律另有规定的除外。

7.3.5 房地产权属登记程序

房地产权属登记按受理登记申请、权属审核、公告、核准登记并颁发权属证书等程序进行。

1.受理登记申请

受理登记申请是申请人向房屋所在地的登记机关提出书面申请，填写统一的登记申请表，提交有关证件。如其手续完备，登记机关则受理登记。

房屋所有权登记申请必须由房屋所有权人提出，房屋他项权利登记应由房屋所有人和他项权利人共同申请。

申请人申请权属时应填写登记申请表，权利人必须使用法定名称，权利人为法人或其他组织的，应由其法定代表人申请；权利人为自然人的，应使用与其身份证相一致的姓名。对委托代理申请登记的,应收取委托书并查验代理人的身份证件,不能由其他人持申请人的身份证件申请登记。

工作人员在查验各类证件、证明和申请表、墙界表各栏目内容后,接受申请人的登记申请,并按收取的各类书证,向申请人出具收件收据。

2. 权属审核

权属审核是房地产权属登记机关对受理的申请进行权属审核。主要是审核查阅产籍资料、申请人提交的各种证件,核实房屋现状即权属来源等。

权属审核一般采用"三审定案"的方法。即采用初审、复审和审批的方法。随着我国权属登记制度的日益完善,对一部分房屋权属的确定,可以视情况采用更为简捷的方法。例如,已经由房地产开发企业申请备案登记的房屋,房屋及其分层分户的状况已十分明确,权属转移手续也较为规范。这样就可以采用初审和审批的方法,省去复审过程。对于商品房甚至可以采用直接登记当即发证的方法,收件后随即审批并打印权属证书。

(1)初审

初审是对申请人提交的证件、证明以及墙界情况、房屋状况等进行核实,并初步确定权利人主张产权的依据是否充分、是否合法。初审工作要到现场查勘,并着重对申请事项的真实性负责。

现场勘丈:现场勘丈和房地产测绘不同,除了对房屋坐落位置、面积进行核实外,要核对权属经界,核对墙界情况,对邻户的证明,也要予以一一核定,其中包括签字、印章的真实性。对有租户或属共有的房产,如果属于房屋买卖以后的转移登记,还要查核有无优先购买权问题。

(2)复审

复审是权属审查中的重要环节,复审人员一般不到现场调查,但要依据初审中已确定的事实,按照法律、法规及有关规定,并充分利用登记机关现存的各项资料及测绘图件,反复核对,以确保权属审核的准确性。

复审人员应对登记件负责全面审查,着重对登记所适用的法律、法规负责。

3. 公告

公告是对可能有产权异议的申请,采用布告、报纸等形式公开征询异议,以便确认产权。公告并不是房屋权属登记的必经程序,登记机关认为有必要进行时进行公告。

4. 核准登记

经初审、复审、公告后的登记件,应进行终审,经终审批准后,该项登记即告成立,终审批准之日即是核准登记之日。

终审一般由直接负责权属登记工作的机构如产权管理处的领导或领导指定的专人进行。终审是最后的审查,终审人员应对登记的全过程负责,对有疑问的问题,应及时向有关人员指出,对复杂的问题,也可采用会审的办法,以确保确权无误。

5.颁发权属证书

(1)权属证书的制作

经终审核准登记的权利,可以制作权属证书。

填写房屋权属证书,应当按建设部《关于制作颁发全国统一房屋权属证书的通知》的规定来填写。无论是使用计算机缮证或是手工缮证,在缮证后都要由专人进行核对,核对各应填写项目是否完整、准确,附图与登记是否一致,相关的房屋所有权证、房屋他项权证和共有权保持证的记载是否完全一致。核对人员要在审批表核对人栏内签字以示负责。核对无误的权属证书就可编造清册,并在权属证书上加盖填发单位印章。

(2)权属证书的颁发

向权利人核发权属证书是权属登记程序的最后一项。

①通知权利人领取权属证书。一般可采用寄发统一的领证通知书的办法,告知权利人在规定时间携带收件收据、身份证件以及应缴纳的各项费用到指定地点领取。

②收取登记费用。登记费用一般包括登记费、勘丈费和权证工本费。

③发证。房屋权属证书包括《房屋所有权证》、《房屋他项权证》等。申请登记房屋为共有房屋的,房屋登记机构应当在房屋所有权证上注明"共有"字样。预告登记、在建工程抵押权登记以及法律、法规规定的其他事项在房屋登记簿上予以记载后,由房屋登记机构发放登记证明。土地权利证书包括:《国有土地使用证》、《集体土地所有证》、《集体土地使用证》、《土地他项权利证明书》。发证完毕后,将收回的收件收据及全部登记文件及时整理,装入资料袋,及时办理移交手续,交由产籍部门管理。

7.3.6 几种特殊情况下的权属登记

1.房改售房权属登记

为保证住房制度改革的顺利实施,保障产权人的合法权益,规范房改中公有住房出售后的权属登记发证工作,建设部对房改售房权属登记发证作了以下规定:

(1)职工以成本价购买的住房,产权归个人所有,经登记核实后,发给《房屋所有权证》,产别为"私产",注记:"房改出售的成本价房,总价款:××元"。

(2)职工以标准价购买住房,拥有部分产权。经登记核实后,也发给《房屋所有权证》,产别为"私产(部分产权)",注记:"房改出售的标准价房,总价款:××元,售房单位××××,产权比例为××(个人);××(单位)。"

(3)上述两款的"总价款",是指实际售价与购得建筑面积的乘积,不是指按规定折扣后的实际付款额。

(4)以成本价或标准价购买的住房,产权来源为"房改售房"。

(5)数人出资购房并要求核发《房屋共有权证》的,经登记核实后,可发给权利人《房屋共有权证》,并根据投资比例,注记每人所占份额。

(6)对于集资建房、合作建房、单位补贴房、解困房等,原则上应以建房时所订立的协议(或合同)中所规定的产权划分条款为准。产权划分条款订立不明确的,应由当事人再行协商,补签协议予以明确,按补签协议划分产权。以后,各类建房协议(或合同)凡涉及产权划分的,都应明确规定房屋建成后的产权分配。

2. 直接代为登记

对依法由房地产行政主管部门代管的房屋、无人主张权利的房屋以及法律、法规规定的其他情形,登记机关可依法直接代为登记。

直接代为登记,除不填写申请表外,应按正常的登记程序进行。但由于这类房屋权属状态不明,不予颁发房屋所有权证。这类房屋权利状态确定后,再由房屋所有权人重新提出申请。

3. 商品房的登记

实质上就是房屋初始登记。房地产开发企业在获得开发地块并建成房屋后,应当按《城市房地产管理法》第六十条的规定:"凭土地使用权证书向县级以上地方人民政府房产管理部门申请登记,由县级以上地方人民政府房产管理部门核实并颁发房屋所有权证书"。作这样的规定,可以使商品房的管理更为规范,也更有利于维护消费者的合法权益。

在实际工作中,由于开发企业将房屋建成时,已有一部分或者大部分房屋已经预售,余下的房屋也将陆续出售,很多地方都采用备案的方法。与一般的初始登记的区别在于,在按正常的登记手续登记后不立即给开发企业发统一的权属证书,而是将每一处的房屋状况分为若干个单位(如按套)分别记录在案或输入计算机。然后允许购买商品房的客户凭购房合同和发票直接办理房产交易和转移登记手续。

4. 分割出售房屋的登记

以前,曾有一些房地产开发企业将房屋以一平方米为单位进行销售,实为融资。由于这种房屋所有权的客体不明确,没有明确的位置和权属界址,房屋所有权无法确认。建设部发出通知,要求各地登记机关不得为"一平方米单位"出售的房屋办理权属登记手续。

5. 在建工程和房屋期权抵押登记

建设部《城市房地产抵押管理办法》中分别规定了在建工程抵押和预购商品房贷款抵押。

在建工程抵押时,当事人应按《城市房地产抵押管理办法》第二十八条的规定,在抵押合同中载明有关内容。登记机关在办理登记时,要按这一内容进行审核。在建工程竣工时,如抵押权仍未消灭,抵押人在申请领取房屋权属证书时,当事人应重新办理房产抵押登记。

预售商品房抵押也称为房屋期权抵押,购房者在签订购房合同时,双方只是产生了债的关系,购房者获得的仅仅是债权,尚不是房屋所有权。登记机关受理预售商品房抵押登记时,应审核出售房屋一方是否获得商品房预售许可证。在房屋竣工交付使用时,对已办理预售商品房抵押登记的,应在领取房屋所有权证时同时办理房屋抵押登记。

7.4　房地产产籍管理

7.4.1　产籍管理的内容

产籍管理主要是对房地产产籍资料的管理。房地产产籍资料是由房地产平面图、房地产档案、房地产卡片、房地产权属账册(表、簿册)四方面组成(简称图、档、卡、册)。

1. 房地产平面图

房地产平面图是一种反映房屋、土地现状的专业图。房地产平面图是由测绘专业人员按国家规定的房产测量规范、标准和程序勘测和绘制出反映城市房屋和土地的分布、占有、使用等方面情况的专用性图纸。房地产平面图包括房产分幅平面图、房产分丘平面图和房屋分户平面图。

2. 房地产档案

房地产档案是在房地产权属登记中所形成和搜集到的涉及房屋所有权及其土地使用权的各种申请表、调查材料、有关契证、证明、原始文件等文字资料,是由专业人员按照国家档案管理的有关规定用科学的方法加以整理、分类、装订所形成的卷册。

房地产档案主要记录和反映房地产权利人的房屋所有权、土地使用权状况的历史演变和房地产权属纠纷的处理结果及其过程等方面的情况,是审查和确定房地产权属的重要依据。

3. 房地产卡片

房地产卡片是对房地产权利人的情况、房屋所有权、土地使用权状况以及产权来源等情况扼要摘录而制作的一种卡片。它按房地产产籍地号(丘号)顺序,以一处房屋坐落中的每幢房屋为单位而真制的。

4. 房地产登记簿册

房地产登记簿册是房地产权属登记、发证中根据工作需要而分类编制的各种表册的总称。

房地产产籍资料的各项内容应该是一致的,并应及时进行异动管理。

7.4.2 产籍资料的特点

1. 专业性

(1)产籍资料产生于房地产专业部门。产籍资料是权属管理活动中形成的历史记录。权属管理是依照一定法规进行的,是任何其他部门所不能替代的。因此,房地产部门是产生产籍资料的专业部门。

(2)产籍资料是专业性材料。房地产权属管理工作特别是双属登记工作,面广、量大、政策性强,形成的档案材料专业性强。产籍资料在内容和形式上与一般公文有明显的区别,内容上反映房地权属状况、房地位置和面积大小,文件名称多采用房地产专业术语;形式上,结构规范,多为表格式、填写式。

(3)产籍资料有自己专业的管理方法。房地产管理部门在长期的档案管理过程中,积累了经验,在档案管理中形成了以图、档、卡为主要内容的产籍资料。图指房地产平面图,包括分丘图、分层分户图,反映权属范围,形象直观;档指产权文字档案,反映产权的来龙去脉,详尽细致,真实可靠;卡指房地产卡片,包括录入电脑的房地产情况表,它概括了档案的内容,弥补了图的不足,反映产权简洁明白,三位一体,以地号(丘号)为中心,各有侧重,相辅相成。这种产籍资料,适合产权管理的需要。

2. 动态性

产籍资料的动态性是产籍资料最显著的特点。产籍资料形成后,房地产权属和房地情况并不是固定不变的,随着产权人的变化,房屋的损坏倒塌,城市建设的发展,房地产市场的活跃,房屋的买卖、交换、继承、赠与、分拆等权属转移不断发生,房屋的拆除、翻改、扩建日趋频繁,土地分割、合并等房地变更又不可避免。因而房地产权属处于不断转移和变更之中,具有极强的动态性。目前,产籍资料因产权变更引起异动的每年约有 20%。动态周期又极不确定,长则几年、几十年,短则几年、几个月,甚至几周、几天。而产权管理要求图、档、卡、册与现状始终保持一致,反映实况。随着产权人的变化、房屋现状的变更,产籍资料体系中的图、档、卡、册必须作相应更改,档案目录甚至于档案材料要作动态注记,档案必须补充新材料,以确保档案的真实性、系统性和完整性。产权的动态性,使产籍资料成为"活"档案。

3. 真实性

产籍资料是产权沿革的历史记录,这种记录必须与实际相符,记载的产权人、产权范围必须清楚,能在产权审核和排解产权纠纷中起凭证和参考作用。真实性是产籍资料的生命,也是发挥档案的现实效用的基础和前提。一个城市的房地产管理部门是代表人民政府发放产权证件的,这是一项严肃的工作,绝不允许因档案记录的不真实而造成错发产权证件,给政府的声誉带来不良影响,使权利人的利益受到损害。

4. 完整性

产籍资料的完整性体现在两个方面,一是房地结合,二是图档结合。

(1)房地结合

房屋权属登记应当遵循房屋的所有权和该房屋占用范围内的土地使用权权利主体一致的原则。就城市而言,房地是密不可分的。地面上一般都有建筑物,没有房屋就没有城市。房屋总是建筑在土地上,房屋主取得了土地使用权,一般也拥有房产所有权;反之,有了房产所有权,也应同时拥有土地使用权。房产所有权发生转移,土地使用权要与之相一致,同时也要发生转移。因此,作为权属管理记录的房地产档案也应紧密结合,要确保土地和房屋档案的完整,不能人为地割裂房地产档案之间的有机联系。

(2)图档结合

房地产平面图上注记丘号(地号),这种丘号,可作为查找档案的索引。图上标示产权范围,一目了然。根据图上的产权界线和房屋墙界线结合起来判断,能反映墙的归属,防止产权纠纷。如果离开档案,则纯粹是毫无意义的几何线条,失去了它的产权含义;反之,档案离开图,产权范围则不明。只有图档结合,才能把产权真正地反映清楚。

5. 价值性

房地产属于不动产,价值高,在单位和个人的财产构成中占有重要地位。因此,产籍资料属于财产档案。产籍资料的有无,保管得好坏,记载得是否准确、全面,将关系到产权人的经济利益。

6. 法律性

由记载房屋所有权归属的凭证材料组成的产籍资料,具有法律效力,是房地产管理部门和人民法院确认房屋产权、处理房地产纠纷的重要依据。

鉴于上述特点,特别是产籍资料的专业性和动态性,表明产籍资料应由房地产管理部门统一管理并单独进行保管。产籍资料不宜与文书档案、会计档案等其他门类的档案相混淆。

7.4.3 产籍资料的作用

产籍资料是在房地产权属管理过程中形成的,是为产权管理服务的。然而,它的服务范围远远超过权属管理范围,扩大到整个城市的建设和管理。产籍资料的凭证和参考作用,主要表现在以下几个方面。

1. 登记发证

《城市房地产管理法》规定,国家实行土地使用权和房屋所有权登记发证制度。登记发证工作中的一个中心环节是必须依据产籍资料确认产权。历史经验已经证明,房地产产籍部门提供的大量产籍资料,提高了发证的准确率,同时为登记发证机构节省了可观的人力、财力、物力。

2. 交易评估

房地产交易实质是权利的转让。产权清楚是交易的前提。然而,社会上出现了伪造、涂改、谎报遗失、重复申领房屋所有权证和房地产抵押贷款欺骗的行为,扰乱了正常的交易秩序。房地产市场的管理者必须充分利用产籍资料,揭穿欺诈行为,维护正常秩序。为了公平、公正、科学地做好房地产估价工作,也必须利用房地产档案记录的不同时间、不同地点、不同类型的房屋交易价格建立数据库。这个数据库是利用市场比较法评估房地产价格不可缺少的工具。

3. 房管政策

1985 年,全国房屋普查档案,记载了每户居住状况、全市不同居住水平的户数、全市人均居住面积,为制定规划,分批解决城市住房困难户提供了依据,同时也为确定城市房屋拆迁安置面积提供了参考数据。准确的数据,也是制订住房制度改革方案的依据之一。

4. 落实政策

落实政策,必须历史有事实、档案有记载、政策有依据,产权才能落实。

5. 司法仲裁

房屋拆建、买卖、继承的发生,不可避免会引起一些纠纷。要排解产权纠纷,房地产仲裁部门、司法部门都要查阅产籍资料。

6. 规划建设

房地产产籍资料记录了每一处每一幢房屋的原始信息,如有房屋的产别、结构、层次、建成年份、实际用途、建筑面积等。这些信息经处理就可以获得整个城市房地产基本情况,包括产权占有、分区分布情况,还可以测算出整个城市人均居住面积。这些信息是城市规划和建设不可缺少的依据。

7. 旧城改造

为美化市容、建设城市、改善人民居住条件,需进行旧城改造。拆除旧房,建造新房,必然涉及产权。弄清拆迁范围内房地产情况是拆迁的前提。及时提供房地产档案,可以加快拆迁进度。

8. 史迹考证

产籍资料记载了房地产沿革情况,一旦发现史迹,需要考察产权情况,必须查阅产籍资料。

9. 编史修志

太平盛世,编史修志。全国各地编写的房地志,引用了大量房地产档案史料。各地房地产档案中保存的明清以来历代房地产契纸,不仅为编史修志提供了丰富的材料,同时也为进一步研究各地几百年以来房地产发展史提供了宝贵的资料。

10. 房地征税

产籍资料记载了每户每处房地产的面积、价值,可以作为税务部门开征房地税的计税依据。

7.4.4 产籍资料业务管理的内容

产籍资料业务管理一般指产籍资料馆(室)的业务工作,其内容包括产籍资料的收集、整理、鉴定、保管、统计、利用等六项工作,通常称为产籍资料工作六个业务环节。也可以将"检索"、"编研"从"利用"中分离出来,"异动管理"从"整理"中分离出来,成为九个业务环节。

1. 收集

通过房地产总登记,全面收集各种权属证书及有关证件;通过日常办理的正常的转移变更登记、房产交易业务,收集房地产转移、变更等方面的情况;通过与基层房地产管理经营部门的业务联系,收集房地产经营管理部门的直管公房的增减变动情况;通过与城建、规划、拆迁、司法等有关部门和自管单位建立的工作制度及经营的联系,收集有关产籍的文书、资料,及时掌握整个房地产增减变动情况。

2. 整理

收集起来的产籍资料,数量大、内容复杂,有的还零乱,不便于保管和利用,需要分门别类、系统化。产籍资料整理工作是指将档案由零乱整理到系统的过程,是产籍资料工作的基础。

3. 鉴定

随着时间的推移,产籍资料数量日益增多,有些产籍资料失去保存价值,需要对档案进行去粗取精的鉴别工作,这就形成了产籍资料的鉴定工作。

4. 保管

由于自然和社会的因素都能使产籍资料遭到破坏,为了更长远地利用产籍资料,需要延长产籍资料的寿命,保证产籍资料的完整、完全,这就形成了产籍资料的保管工作。

5. 检索

产籍资料是按照一定方法整理和保管的,而利用产籍资料,则是有特定的目的和要求的。需要编制检索工具,从各种途径揭示产籍资料的内容和成分,供利用者利用,这就形成了产籍资料检索工作。

6. 编研

为了保护产籍资料的原件和满足更多的利用者利用产籍资料,需对产籍资料史料进行编辑研究,这就形成了产籍资料的编研工作。

7. 统计

为了科学管理产籍资料,需要了解产籍资料和产籍资料工作的情况,必须对产籍资料和产籍资料工作状况进行数量的统计、分析、研究,这就形成了产籍资料的统计工作。

8. 异动管理

为了动态管理产籍资料,产权转移变更后,必须对产籍资料进行异动整理和统计,建立与实际一致的档案。这就形成了产籍资料的异动管理工作。

9. 利用

保存产籍资料的目的,是为其他工作更好地利用。为满足利用者需求,采取各种形式和方法,向利用者介绍产籍资料馆(室)库藏,这就形成了产籍资料的利用工作。

产籍资料工作业务的九个环节,担负着不同的任务,相互制约,相互促进,是一个有机整体。从基本作用来看,收集、整理、鉴定、保管、检索、编研、统计、异动管理等环节,实际上为利用工作创造了条件,是基础工作。因此,业务工作内容也可以划分为两个方面:基础工作和利用工作。

7.5 房地产测绘

7.5.1 房地产测绘概述

1.房地产测绘的定义

房地产测绘是指运用测绘技术和手段,采集和表述房地产有关信息,是房地产管理服务的一项专业技术活动。它包括房产平面控制测量、房产调查、房产要素测量、房产面积测算等内容。

2.房地产测绘的作用

(1)为房地产管理服务

房地产管理部门要了解房地产的基本状况,及时掌握房地产自然状况的变化情况,都必须通过组织实施房地产测绘来实现。通过实施房地产测绘,第一,可以掌握区域内房地产的整体情况。如房屋总量、房屋地域分布、行业分布情况、房屋利用状况,为制定相关政策提供基础资料。第二,可以掌握各个产权单位的具体位置、界址、占地范围和房屋面积,经房地产行政主管部门确认后,记载在房屋权属证书、土地使用权证书上,依法受到保护。

(2)为其他部门提供服务

房地产测绘不仅为房地产管理部门提供服务,而且还可以为城市建设、司法仲裁、税收、保险等部门提供基础资料和相关信息。

3.房地产测绘成果

(1)房地产测绘成果是指在房地产测绘过程中形成的数据、图、表、卡、册等资料。

(2)由于我国房地产管理中的房地产权属登记发证实行的是实质性审查,房地产管理部门不仅要对房地产权利人申请的登记事项所必备的形式要件是否完备进行审查确认,而且必须对申请登记的权利进行实体上的审查,其中包括对房屋及土地现状、权界、面积等的核定。因此,我国规定对用于房地产权属等管理上的测绘成果必须经房地产行政管理部门进行审核后,方可使用。

7.5.2　房地产面积测算

1.房地产面积测算的意义和内容

（1）房地产面积测算的意义

测定房屋及其用地面积,是房地产面积测算中一项重要的工作。它为房地产产权产籍管理、核发权证、房地产开发、房地产权属单位等提供必不可少的资料;同时也为房地产税费的征收、城镇规划和建设提供重要的依据。房地产面积测算,是一项技术性强和精确度要求高的工作,关系到国家、房地产权属单位、开发商和个人的切身利益。所以,房地产面积测算是整个房地产测绘中一个非常重要的组成部分。

（2）房地产面积测算的内容

房地产面积测算,包括房屋面积测算和用地面积测算。房屋面积测算包括房屋建筑面积、房屋产权面积、房屋使用面积和共有建筑面积的测算;用地面积测算包括房屋占地面积的测算、丘面积的测算、各项地类面积测算及共用土地面积的测算和分摊。

2.房地产面积测算的一般规定和方法

（1）房地产面积测算的一般规定

①房地产面积的测算,均指水平面积的测算。

②各类面积的测算,必须独立测算两次,其误差应在规定的限差以内,取中数作为最后结果。

③边长以 m 为单位,取至 0.01 m;面积以 m^2 为单位,取至 $0.01m^2$。

④量距应使用经鉴定合格的卷尺或其他能达到相应精度的仪器或工具。

⑤楼层高度指地面至楼面,楼面至楼面的竖直高度。

（2）房地产面积测算方法

面积测算的方法有很多,根据面积测算数据资料的来源,可分为解析法和图解法两大类。房地产面积的测算,主要采用解析法,房屋面积一般采用几何图形法量算,用地面积大多采用界址点坐标法测算,也可以用图解法测算。

①解析法测算面积。解析法测算面积是根据实地测量的数据,例如,边长、角度或坐标等通过计算公式求得面积值。解析法测算面积主要包括界址点坐标解析测算面积和几何图形法量算面积。

②图解法测算面积。图解法测算面积是根据已有的房地产图,采用各种不同的测量仪器量算出面积。包括求积仪法、称重法、模片法、光电面积量算仪法等。

3. 土地面积测算的方法

土地面积测算是土地利用现状调查的重要组成部分,是取得土地数据资料的关键步骤。通过面积量算,为各级行政单位、各土地权属单位量算出土地总面积和各类土地面积,因此,量算工作是准确掌握土地资源数据的重要技术手段。

不计入用地面积的范围:

(1)无明确使用权属的冷巷、巷道或间距地。

(2)市政管辖的马路、街道、巷道等公共用地。

(3)公共使用的河滩、水沟、排水沟。

(4)已征用、划拨或属于原房地产证记载范围,经规划部门核定需要作市政建设的用地。

(5)其他按规定不计入宗地的面积。

4. 房屋面积测算的一般规定

(1)建筑面积的定义

房屋建筑面积:是指房屋外墙(柱)勒脚以上各层的外围水平投影面积,包括阳台、挑廊、地下室、室外楼梯等,且具有上盖,结构牢固,层高 2.20 米以上(含 2.20 米)的永久性建筑。

房屋使用面积:是指房屋户内全部可供使用的空间面积,按房屋内墙面水平投影面积计算。

房屋产权面积:是指产权主依法拥有房屋所有权的房屋建筑面积。房屋产权面积由直辖市、市、县房地产行政主管部门登记确权认定。

房屋共有建筑面积:是指产权主共同占有或共同使用的建筑面积。

(2)计算建筑面积的有关规定

①计算全部建筑面积的范围

a. 永久性结构的单层房屋,按一层计算建筑面积;多层房屋按各层建筑面积的总和计算。

b. 房屋内的夹层、插层、技术层及其梯间、电梯间等,其高度在 2.20m 以上部位计算建筑面积。楼梯间、电梯(观光梯)井、提物井、垃圾道、管道井等均按房屋自然层计算面积。依坡地建筑的房屋,利用吊脚做架空层,有围护结构的,按其高度在 2.20m 以上部位的外围水平面积计算。

c. 穿过房屋的通道,房屋内的门厅、大厅,均按一层计算面积。门厅、大厅内的回廊部分,层高在 2.20m 以上的,按其水平投影面积计算。

d. 房屋顶面上,属永久性建筑,层高在 2.20m 以上的楼梯间、水箱间、电梯机房及斜面结构,屋顶高度在 2.20m 以上的部位,按其外围水平面积计算。

e. 挑楼、全封闭的阳台,按其外罩水平投影面积计算。属永久性结构有上盖的室外楼梯,按各层水平投影面积计算。与房屋相连的有柱走廊,两房屋间有上盖和柱的走廊,均按其柱的外围水平投影面积计算。房屋间永久性的封闭的架空通廊,按外围水平投影面积计算。

f. 地下室、半地下室及其相应出入口,层高在 2.20m 以上,按其外墙(不包括采光井、防潮层及保护墙)外围水平面积计算。

g. 有柱(不含独立柱、单排柱)或有围护结构的门廊、门斗,按其柱或围护结构的外围水平投影面积计算。

h. 玻璃幕墙等作为房屋外墙的,按其外围水平投影面积计算。

i. 属永久性建筑有柱的车棚、货棚等,按其柱外围水平投影面积计算。

j. 有伸缩缝的房屋,若其与室内相通的,按伸缩缝面积计算建筑面积。

②计算一半建筑面积的范围

a. 与房屋相连有上盖无柱的走廊、檐廊,按其围护结构外围水平投影面积的一半计算。

b. 独立柱、单排柱的门廊、车棚、货棚等属永久性建筑的,按其上盖水平投影面积的一半计算。

c. 未封闭的阳台、挑廊,按其围护结构外围水平投影面积的一半计算。

d. 无顶盖的室外楼梯按各层水平投影面积的一半计算。

e. 有顶盖不封闭的永久性的架空通廊,按外围水平投影面积的一半计算。

③不计算房屋面积的范围

a. 层高小于 2.20m 以下的夹层、插层、技术层和层高小于 2.20m 的地下室和半地下室等。

b. 突出房屋墙面的构件、配件、装饰柱、装饰性的玻璃幕墙、垛、勒脚、台阶、无柱雨篷等。

c. 房屋之间无上盖的架空通廊。

d. 房屋的顶面、挑台、顶面上的花园、泳池。

e. 建筑物内的操作平台、上料平台及利用建筑物的空间安置箱、罐的平台。

f. 骑楼、骑街楼的底层用作道路街巷通行的部分。

g. 利用引桥、高架路、高架桥、路面作为顶盖建造的房屋。

h. 活动房屋、临时房屋、简易房屋。

i. 独立烟囱、亭、罐、池、地下人防干、支线。

j. 与房屋室内不相通的房屋间的伸缩缝。

（3）成套房屋建筑面积的测算

成套房屋的建筑面积：成套房屋的建筑面积由套内建筑面积及共有建筑面积的分摊组成。

套内建筑面积由套内房屋的使用面积、套内墙体面积、套内阳台建筑面积三部分组成。

套内房屋的使用面积为套内使用空间的面积，以水平投影面积按以下规定计算：

①套内房屋使用面积为套内卧室、起居室、过厅、过道、厨房、卫生间、厕所、贮藏室、壁柜等空间面积的总和。

②套内楼梯按自然层数的面积总和计入使用面积。

③不包括在结构面积内的套内烟囱、通风道、管道井均计入使用面积。

④内墙面装饰厚度计入使用面积。

套内墙体面积：是套内使用空间周围的维护或承重墙体或其他承重支撑体所占的面积，其中各大套的分隔墙和套与公共建筑空间的分隔墙以及外墙（包括山墙）等共有墙，均按水平投影面积的一半计入套内墙体面积。套内自有墙体按水平投影面积全部计入套内墙体面积。

套内阳台建筑面积按阳台外围与房屋外墙之间的水平投影面积计算。其中封闭的阳台按其外围水平投影面积全部计算建筑面积，未封闭的阳台按水平投影的一半计算建筑面积。

5. 共有建筑面积的分摊

（1）共有建筑面积的分类

①不应分摊的共有建筑面积包括：独立使用的地下室、车棚、车库；作为人防工程的地下室、避难室（层）；用作公共休息、绿化等场所的架空层；为建筑造型而建，但无实用功能的建筑面积。

建在栋内或栋外与本栋相连，为多栋服务的设备、管理用房，以及建在栋外不相连，为本栋或多栋服务的设备、管理用房均作为不应分摊的共有建筑面积。

②应分摊的共有建筑面积包括：第一，作为公共使用的电梯井、管道井、垃圾道、变电室、设备间、公共门厅、过道、地下室、值班警卫用房等以及为整幢服务的公共用房和管理用房的建筑面积。第二，单元与共有建筑之间的墙体水平投影面积的一半，以及外墙（包括山墙）水平投影面积的一半。

根据房屋共有建筑面积的不同使用功能，应分摊的共有建筑面积可分为三大类：

幢共有建筑面积：指为整幢（包括住宅功能、写字楼功能、商场功能等）服务的共有建筑面积。如为整幢服务的配电房、水泵房等。

功能共有建筑面积：指为某一建筑功能（如住宅、写字楼、商场等）服务的共有建筑面积。如专用电梯、楼梯间、大堂等。

本层共有建筑面积:指为本层服务的共有建筑面积。如本层共有走廊等。

（2）共有建筑面积分摊的原则

①产权双方有合法的权属分割文件或协议的,按其文件或协议规定计算分摊。

②无权属分割文件或协议的,根据房屋共有建筑面积的不同使用功能,按相关建筑面积比例计算分摊。

（3）共有建筑面积分摊的计算公式

按相关建筑面积比例进行分摊,计算各单元应分摊的面积,按下式计算:

$$\delta Si = k \cdot Si$$

其中: $k = \sum \delta Si / \sum Si$

式中: δSi 为各户应分摊的共有公用面积; k 为分摊比例系数; $\sum \delta Si$ 为需分摊的面积; $\sum Si$ 为参加分摊的各户面积之和。

①住宅楼:住宅楼以幢（梯）为单元,按各套内建筑面积比例分摊共有建筑面积。

②商住楼:将幢应分摊的共有建筑面积,根据住宅、商业不同的使用功能,按建筑面积比例分摊成住宅和商业两部分。

住宅部分:先将幢分摊给住宅的共有建筑面积,作为住宅共有建筑面积的一部分,再加上住宅本身的共有建筑面积,按住宅各套的建筑面积比例分摊。

商业部分:先将幢分摊给商业的共有建筑面积,加上商业本身的共有建筑面积,按商业各层套内建筑面积比例分摊至各层,作为各层共有建筑的一部分,加至相应各层的本层共有建筑面积内,得到各层总的共有建筑面积,然后,再根据各层各套内建筑面积分摊其相应各层总的共有建筑面积。

③综合楼:多功能综合楼共有建筑面积按各自的功能,参照商住楼的分摊方法进行分摊。

7.6　房地产产权统计

7.6.1　房地产产权统计的意义

房屋权属登记是权属管理的主要手段。通过权属登记,可以建立正常的产权管理秩序,有效地保护房产权利人的合法权益。与此同时,登记机关也可获得大量有价值的资料,将这些资料进行汇总和统计,进行各种分析,可以为房地产管理、城市建设和国民经济的发展提供科学的依据。

房地产产权统计的意义在于以下几点。

1. 可以为制定有关政策提供准确的依据

人们制定各种政策和规定,目的是使社会进一步发展,秩序更为稳定。而制定这些政策,首先应当对客观存在的各种社会状况进行全面的调查和分析,统计就是这种调查、分析和研究的一种主要方式。通过房地产产权统计,可以全面地了解各种房屋的数量、结构、层次、质量及其分布状况,可以为国民经济发展和城市规划提供科学的决策依据。

2. 可以为社会各有关部门提供所需要的信息

许多城市的经验表明,房地产产权统计为城市的规划、建设和管理提供了准确、完整的基础资料。在旧城改造、物业管理、制定住宅建设计划、防汛抗灾、廉政建设等方面都起到了很重要的作用。

3. 有利于上级机关了解有关政策和计划的执行情况

对产权发证情况的统计和各地产权管理人员状况的统计,可以使上级机关对辖区内房地产产权权属管理的基本状况和工作计划的执行情况有较为全面的了解。

4. 有利于产权登记机构加强自身建设

对产权登记机构人员的组成、数量和知识结构的分析、比较,以及将发证工作情况与其他地区的情况相比较,可以在一定程度上看出产权登记机构的工作情况,有利于找出差距或是保持优势,以便加强自身建设。同时,也为考评某一城市的权属管理水平提供了准确的依据。

7.6.2 城市房地产产权统计报表的主要统计指标

城市房地产产权资料内容多、数量大,从中可以产生许多统计数据。这里只介绍建设部房地产业司制定的城市房地产产权统计报表中的主要统计指标。

城市房地产产权统计报表为年报,共分 5 张,其中第 1 张为产权产籍管理人员汇总表,用以反映各地管理人员知识结构情况;第 5 张为房屋产权登记发证情况汇总表,用以反映当年和历年房屋权属登记状况;其余 3 张表是城市房屋产权情况汇总表(按产别和行业汇总各 1 张)和城市房屋结构、层数、用途汇总表。它们分别从不同的角度对房屋的总量进行统计汇总,统计范围和城市房屋权属登记范围相同。

以下是对几个统计指标的解释。

1. 房屋产别

房屋产别最早是 1985 年城乡建设环境保护部和国家统计局组织的第一次全

国城镇房屋普查中设定的一项统计指标。当时的分类兼顾了房屋所有权的性质和管理的不同形式。如公产和全民单位自管产同属国有房产,但分成了两个产别。

按我国规定,将企业的经济类型分为九类,即:国有、集体、私营、个体、联营、股份制、外商投资、港台投资和其他。

城市房地产产权统计报表将房屋产别分为八类,即将企业经济类型中的私营和个体合并为私有。

(1)国有房产

指所有权属国家所有的房产。包括由政府接管、国家经租收购、新建以及由国有单位用拨款或自筹资金建设或购买的房产。国有房产分为直管产、自管产、军产三种。

①直管产:由房管部门直接管理的房产,主要为政府接管、国家经租、收购、新建、扩建的房产。这类房屋基本上由政府房地产管理部门直接经营管理,少部分免租拨用给单位。

②自管产:也称单位自管产。匀括国家划拨给全民所有制单位所有以及全民所有制单位自筹资金购建的房产,也有一部分是通过工商业社会主义改造后变为国有的房产。

③军产:军产也是国有房屋的一部分。指中国人民解放军部队所有的房产。包括由国家划拨的房产、利用军费开支购建的房产以及军队自筹资金购建的房产。

(2)集体所有房产

指城市集体所有制单位所有的房产。

(3)私有房产

指私人所有的房产,包括中国公民、港澳台胞、海外侨胞、在华外国侨民、外国人的房产,以及中国公民投资的私营企业的房产。

(4)联营企业房产

指不同所有制性质的单位之间共同组成新的法人型经济实体的房产。

(5)股份制企业房产

指股份制企业的房产。

(6)港、澳、台投资房产

指港、澳、台地区投资者以合资、合作或独资形式在祖国大陆举办的企业的房产。

(7)涉外房产

指中外合资经营企业、中外合作经营企业和外资企业、外国政府、社会团体、国际性机构的房产。

(8)其他房产

凡不属于以上各类产别的房屋,都归在这一类,包括因所有权人不明,由政府房地产管理部门、全民所有制单位、军队代为管理的房屋以及宗教、寺庙等房屋。

2. 行业

按行业统计中的国家标准 GB/T 4754—94《国民经济行业分类与代码》和财清办《国有企业代码填报规定》，我国行业分为表 7-1 中的 10 类。

表 7-1 国民经济行业

分类与代码(门类)	代码	行业门类
A	01	农、林、牧、渔业(农业)
B	06	采掘、制造业、电力、煤气及水生产和供应业(工业)
C	47	建筑业(建筑)
D	50	地质勘察业、水利管理业(地勘)
E	52	交通运输、仓储及邮电通信业(交邮)
F	61	批发和零售贸易、餐饮业(商业)
G	68	金融、保险业(金融)
H	72	房地产(房地产)
I	75	社会服务业(服务)
J	99	卫生、体育、科研及其他行业(其他)

3. 房屋建筑结构

房屋建筑结构按《城市建设系统指标解释》的规定，主要是根据房屋主要承重结构来划分，划分为钢结构、钢和钢筋混凝土结构、钢筋混凝土结构、混合结构、砖木结构、其他结构等六类。

由于在权属登记时，一栋房屋只能有一种建筑结构，如果一栋楼房由两种结构组成，则以一种主要结构为准。

(1)钢结构：承重的主要结构是用钢材料建造的，包括悬索结构。多见于体育馆、展览馆或大型生产车间。

(2)钢和钢筋混凝土结构：承重的主要结构是用钢、钢筋混凝土建造的，如一栋房屋一部分梁柱采用钢制构架，一部分梁柱采用钢筋混凝土构架建造。多见于工厂厂房。

(3)钢筋混凝土结构：承重的主要结构是用钢筋混凝土建造的。如超高层建筑，大板和升板建筑。

(4)混合结构：承重的主要结构是用钢筋混凝土和砖木材料建造的，如一栋房屋的梁由钢筋混凝土制成，以砖墙为承重墙。如常见的新建居民住宅。

(5)砖木结构：承重的主要结构是用砖、木材料建造的，如一栋房屋是木屋架、砖墙、木柱建造的。砖墙用水泥桁条的仍归入砖木结构。

(6)其他结构：凡不属于上述结构的房屋都归此类，如竹结构、砖拱结构、窑洞等。

4. 房屋层数

房屋层数是指房屋的自然层数。一般按室外地坪以上计算。

采光窗在室外地坪以上的半地下室,室内层高在 2.2 米以上的计算层数,在 2.2 米(含 2.2 米)以下的不计算层数。

地下室(包括层高在 2.2 米以下的半地下室)、假层、附层(夹层)、阁楼(暗楼)、装饰性塔楼以及突出层面的楼梯间、水箱间不计层数。

层数按照一栋房屋的最高层数填写。按照划分栋号的原则,一栋房屋可以由同一结构,不同的层次组成,但在认定房屋层数时,一栋房屋只按最高一层确定层数。统计时按如下分类:

(1)单层(平房)。

(2)多层(2～6 层)。

(3)高层(7 层以上)。

5. 房屋用途

在权属登记时,房屋用途以设计用途为准。

(1)居住用房,指专供人们日常生活居住的房屋,包括住宅与集体宿舍。成套住宅:指由若干卧室、起居室及厨房、厕所、走道或客厅等组成的房屋。两户合用一套住宅,仍按一套统计。

(2)非居住用房,指居住用房外的所有房屋。

6. 产权登记

产权登记指登记的种类,详见 7.3.3,在此不赘述。

思 考 题

1. 什么是产籍资料?种类都有哪些?特点如何?

2. 产籍资料的作用是什么?

3. 产权产籍管理的原则是什么?

4. 房地产权属登记的种类有哪些?

5. 房屋建筑面积与房屋产权面积有何关系?

6. 如何理解房地产权属登记具有的公信力?

7. 简述预告登记的作用。

8. 简述房地产登记机关在登记审查中的民事法律责任。

第 **8** 章

房地产税收

本章提要：

　　房地产税费,是在房地产开发、经营过程中,房地产企业、个体消费者以及一些房地产持有者都要涉及的。本章主要包括税收的概念及特征,税收制度及构成要素,税收的征管,房地产流转税,所得税,行为目的税,资源、财产税以及房地产费等内容。通过本章的学习,了解税收的基本知识,固定资产投资及房地产费等的有关规定;理解个人所得税、城市维护建设税、耕地占用税、印花税的有关规定;掌握企业所得税、营业税、契税、房产税、土地增值税的纳税人、课税对象、计税依据、税率、纳税地点和期限、减税和免税。

8.1 房地产税费制度概述

8.1.1 税收的概念及特征

1. 税收的概念

税收是国家参与社会剩余产品分配的一种规范形式,其本质是国家凭借政治权力,按照法律规定的标准,无偿地取得财政收入的一种手段。

2. 税收的特征

税收的本质决定了它具有强制性、无偿性和固定性的特征。

(1)强制性。国家以社会管理者的身份,对所有的纳税人强制性征税,纳税人不得以任何理由抗拒国家税收。

(2)无偿性。指国家取得税收,对具体纳税人既不需要直接偿还,也不支付任何形式的直接报酬,就是向居民无偿索取。无偿性是税收的关键特征。

(3)固定性,也称确定性。指国家征税必须通过法律形式,事先规定纳税人、课税对象和课税额度。这是税收区别于其他财政收入形式的重要特征。

8.1.2 税收制度及构成要素

税收制度简称税制,是国家各项税收法律、法规、规章和税收管理体制等的总称,是国家处理税收分配关系的总规范。税收法律、法规及规章是税收制度的主体。

税收制度由纳税义务人(以下简称纳税人)、课税对象、税基、税率、附加、加成和减免、违章处理等要素构成。

1. 纳税人(课税主体)

纳税人是国家行使课税权所指向的单位和个人,即税法规定的直接负有纳税义务的单位和个人。

纳税人和负税人不同。纳税人是直接向国家缴纳税款的单位和个人,负税人是实际负担税款的单位和个人。

2. 课税对象(课税客体)

课税对象又称征税对象,是税法规定的课税目的物,即国家对什么事物征税。

课税对象是区别征税与不征税的主要界限,也是区别不同税种的主要标志。根据课税对象的性质不同,全部税种分为 5 大类:流转税、收益税、财产税、资源税和行为目的税。

3. 税基

税基是课税基础的简称,有两层含义:税基的质,即课税的具体对象,有实物量和价值量两类;税基的量,即课税对象中,有多少可以作为计算应课税的基数。

4. 税率

税率是据以计算应纳税额的比率,即对课税对象的征收比例,体现征税的深度。在课税对象和税目不变的情况下,课税额与税率成正比。税率是税收制度和政策的中心环节,直接关系到国家财政收入和纳税人的负担。按税率和税基的关系划分,税率主要有比例税率、累进税率和定额税率三类。

5. 附加、加成和减免

纳税人负担的轻重,主要通过税率的高低来调节,但还可以通过附加、加成减免措施来调节。

(1)加重纳税人负担的措施主要有附加和加成。

附加是地方附加的简称,是地方政府在正税之外附加征收的一部分税款。通常把按国家税法规定的税率征收的税款称为正税,把正税以外征收的附加称为副税。

加成是加成征收的简称。对特定的纳税人实行加成征税,加一成等于加正税的 10%,加二成等于加正税的 20%,依此类推。

加成与附加不同,加成只对特定的纳税人加征,附加对所有纳税人加征。加成一般是在收益课税中采用,以便有效地调节某些纳税人的收入,附加则不一定。

(2)减轻纳税人负担的措施有:减税、免税,以及规定起征点和免征额。

减税就是减征部分税款,免税就是免交全部税款。减免税是国家根据一定时期的政治、经济、社会政策的要求而对某些特定的生产经营活动或某些特定的纳税人给予的优惠。

6. 违章处理

违章处理是对纳税人违反税法行为的处置。纳税人的违章行为通常包括偷税、抗税、漏税、欠税等不同情况。偷税是指纳税人有意识地采取非法手段不交或少交税款的违法行为。抗税是指纳税人对抗国家税法拒绝纳税的违法行为。欠税即拖欠税款,是指纳税人不按规定期限交纳税款的违章行为。偷税和抗税属于违法犯罪行为。漏税和欠税属一般违章行为,不构成犯罪。

对纳税人的违章行为,可以根据情节轻重,分别采取以下方式进行处理:批评教育、强行扣款、加收滞纳金、罚款、追究刑事责任等。

8.1.3　税收的征管

(1)税收的开征、停征以及减税、免税、退税、补税,依照法律的规定执行;法律授权国务院规定的,依照国务院制定的行政法规的规定执行。任何机关、单位和个人不得违反法律、行政法规的规定,擅自作出税收开征、停征以及减税、免税、退税、补税和其他同税收法律、行政法规相抵触的决定。

(2)法律、行政法规规定的纳税人和扣缴义务人必须依照法律、行政法规的规定缴纳税款、代扣代缴税款、代收代缴税款。

(3)税务机关应当广泛宣传税收法律、行政法规,普及纳税知识,无偿地为纳税人提供纳税咨询服务。

(4)纳税人、扣缴义务人有权要求税务机关为纳税人、扣缴义务人的情况保密,税务机关应当依法为纳税人、扣缴义务人的情况保密。

(5)纳税人依法享有申请减税、免税、退税的权利。纳税人、扣缴义务人对税务机关所作出的决定,享有陈述权、申辩权;依法享有申请行政复议、提起行政诉讼、请求国家赔偿等权利,同时还依法享有控告和检举税务机关、税务人员的违法违纪行为的权利。

8.1.4　中国现行房地产税

中国现行房地产税有房产税、城镇土地使用税、耕地占用税、土地增值税、契税。其他与房地产紧密相关的税种主要有固定资产投资方向调节税、营业税、城市维护建设税、教育费附加、企业所得税、外国投资企业和外国企业所得税、印花税。

近年来,关于开征物业税的问题引起了我国社会民众的普遍关注。尽管目前还没有开征物业税,但其现实必要性可以归纳为五个方面:

第一,调整富人和穷人在资源占有上的利益关系,维护社会公平。

第二,开征物业税,抑制过度享受性、奢侈性的住房消费,鼓励适度合理消费,促进节能省地型住宅和公共建筑的发展。

第三,可以有效地推进现有住房资源的市场化流动,优化城市土地资源的配置结构,提高城市住房存量资源的利用效率。

第四,建立和完善针对实物资产持有环节的物业税,政府就可以通过物业税与利息税等财政手段、利率等货币手段的反向调整,实现对宏观经济运行状况的有效调节。

同时,开征物业税将带来四大利好:一是有利于各类企业公平竞争;二是有利于解决房和地分别征税带来的税制不规范的问题;三是按照国际惯例,应该按评估值来征税,如果按照这种方法,能够比较客观地反映房地产的价值和纳税人的承受能力,也有利于解决现行房地产税收制度存在的计税依据不合理的问题;四是有利于正确处理税和费的关系,促进房地产市场的健康发展。

8.1.5 房地产费

这里的房地产费是指在房地产的开发、经营活动中发生的税以外的其他收费项目的总称。在房地产开发、经营过程中,除发生法定的税收外,还会发生一些合法的收费项目,包括行政事业性收费、服务性收费和补偿性收费等。

8.2 房地产相关税收

8.2.1 流转税

1.营业税

(1)营业税的含义:营业税是对提供应税劳务、转让无形资产和销售不动产的单位和个人开征的一种税。

(2)营业税的纳税人:在中华人民共和国境内提供本条例规定的劳务(以下简称应税劳务)、转让无形资产或者销售不动产的单位和个人,为营业税的纳税义务人(以下简称纳税人),应当依照本条例缴纳营业税。

(3)营业税的税目税率。

营业税的税目税率见表8-1。

表 8-1 营业税税目税率表

税目	税率
一、交通运输业	3%
二、建筑业	3%
三、金融保险业	5%
四、邮电通信业	3%
五、文化体育业	3%

（续表）

税目	税率
六、娱乐业	5%～20%
七、服务业	5%
八、转让无形资产	5%
九、销售不动产	5%

（4）营业税的有关计算。

纳税人提供应税劳务、转让无形资产或者销售不动产，按照营业额和规定的税率计算应纳税额。应纳税额计算公式：

$$应纳税额 = 营业额 \times 税率$$

应纳税额以人民币计算。纳税人以人民币以外的货币结算营业额的，应当折合成人民币计算。

（5）营业税的纳税义务发生时间，为纳税人提供应税劳务、转让无形资产或者销售不动产并收讫营业收入款项或者取得索取营业收入款项凭据的当天。国务院财政、税务主管部门另有规定的，从其规定。采取预收款方式销售开发产品的，应当于收到预收款的当天缴纳营业税。营业税扣缴义务发生时间为纳税人营业税纳税义务发生的当天。

（6）营业税扣缴义务人。

①中华人民共和国境外的单位或者个人在境内提供应税劳务、转让无形资产或者销售不动产，在境内未设有经营机构的，以其境内代理人为扣缴义务人；在境内没有代理人的，以受让方或者购买方为扣缴义务人。

②国务院财政、税务主管部门规定的其他扣缴义务人。

（7）营业税纳税地点。

①纳税人提供应税劳务应当向其机构所在地或者居住地的主管税务机关申报纳税。但是，纳税人提供的建筑业劳务以及国务院财政、税务主管部门规定的其他应税劳务，应当向应税劳务发生地的主管税务机关申报纳税。

②纳税人转让无形资产应当向其机构所在地或者居住地的主管税务机关申报纳税。但是，纳税人转让、出租土地使用权，应当向土地所在地的主管税务机关申报纳税。

③纳税人销售、出租不动产应当向不动产所在地的主管税务机关申报纳税。

（8）房地产交易环节营业税的相关规定。

①2005年的规定

为了保持房地产市场持续健康发展，2005年4月30日，国家七部委联合下发了《关于做好稳定住房价格工作的意见》，其中关于"调整住房转让环节营业税政策,严格税收征管"的政策中规定:"自 2005 年 6 月 1 日起,对个人购买住房不足 2 年转手交易的,销售时按其取得的售房收入全额征收营业税;个人购买普通住房超过 2 年(含 2 年)转手交易的,销售时免征营业税;对个人购买非普通住房超过 2 年(含 2 年)转手交易的,销售时按其售房收入减去购买房屋的价款后的差额征收营业税。各地要严格界定现行有关住房税收优惠政策的适用范围,加强税收征收管理。对不符合享受优惠政策标准的住房,一律不得给予税收优惠。房地产等管理部门要积极配合税务部门加强相关税收的征管,具体办法由税务总局会同建设部等部门研究制定。"

②2006 年的规定

2006 年 6 月 16 日,财政部、国家税务总局又发布了《关于调整房地产营业税有关政策的通知》,有关营业税问题通知如下:

2006 年 6 月 1 日后,个人将购买不足 5 年的住房对外销售的,全额征收营业税;个人将购买超过 5 年(含 5 年)的普通住房对外销售的,免征营业税;个人将购买超过 5 年(含 5 年)的非普通住房对外销售的,按其销售收入减去购买房屋的价款后的余额征收营业税。

③2008 年的规定

2008 年 12 月 29 日,财政部、国家税务总局联合下发《财政部 国家税务总局关于个人住房转让营业税政策的通知》(财税[2008]174 号),规定:自 2009 年 1 月 1 日至 12 月 31 日,个人将购买不足 2 年的非普通住房对外销售的,全额征收营业税;个人将购买超过 2 年(含 2 年)的非普通住房或者不足 2 年的普通住房对外销售的,按照其销售收入减去购买房屋的价款后的差额征收营业税;个人将购买超过 2 年(含 2 年)的普通住房对外销售的,免征营业税。

④2009 年的规定

2009 年 12 月 23 日,财政部下发了《关于调整个人住房转让营业税政策的通知》,规定:自 2010 年 1 月 1 日起,个人将购买不足 5 年的非普通住房对外销售的,全额征收营业税;个人将购买超过 5 年(含 5 年)的非普通住房或者不足 5 年的普通住房对外销售的,按照其销售收入减去购买房屋的价款后的差额征收营业税;个人将购买超过 5 年(含 5 年)的普通住房对外销售的,免征营业税。

⑤2011 年的规定

2011 年 1 月 27 日,财政部下发了《关于调整个人住房转让营业税政策的通知》,规定:个人将购买不足 5 年的住房对外销售的,全额征收营业税;个人将购买超过 5 年(含 5 年)的非普通住房对外销售的,按照其销售收入减去购买房屋的价款后的差额征收营业税;个人将购买超过 5 年(含 5 年)的普通住房对外销售的,免征营业税。

2. 城市维护建设税

城市维护建设税（以下简称城建税）是随增值税、消费税和营业税附征并专门用于城市维护建设的一种特别目的税。

城建税以缴纳增值税、消费税、营业税的单位和个人为纳税人。对外商投资企业、外国企业,暂不征收城建税。

城建税在全国范围内征收,包括城市、县城、建制镇,及其以外的地区。即只要缴纳增值税、消费税、营业税的地方,除税法另有规定者外,都属征收城建税的范围。

城建税实行的是地区差别税率,按照纳税人所在地的不同,税率分别规定为7%、5%、1%三个档次,具体是:纳税人所在地在城市市区的,税率为7%;在县城、建制镇的,税率为5%;不在城市市区、县城、建制镇的,税率为1%。

但是,对下列两种情况,可不执行纳税人所在地的税率,而按缴纳"三税"的所在地的适用税率缴纳城建税:一是受托方代征、代扣增值税、消费税、营业税的纳税人;二是流动经营,无固定纳税地点的纳税人。

城建税以纳税人实际缴纳的增值税、消费税、营业税(简称"三税")税额为计税依据。"三税"税额仅指"三税"的正税,不包括税务机关对纳税人加收的滞纳金和罚款等非税款项。

3. 教育费附加

教育费附加是随增值税、消费税和营业税附征并专门用于教育的一种特别目的税。教育费附加的税率在城市一般为营业税的3%。

营业税、城市维护建设税和教育费附加通常也称作"两税一费"。

8.2.2　所得税

1. 企业所得税

我国现行企业所得税的基本规范,是2007年3月16日第十届全国人民代表大会第五次会议通过,于2008年1月1日起开始实施的。

从20世纪中国改革开放以来,为吸引外资、发展经济,中国对外资企业采取了有别于内资企业的税收政策。从平均实际税负看,内资企业要高于外资企业。现行内资税法、外资税法施行已10多年,经济社会情况和国际经济融合等也发生了很大变化。因此,现行的企业所得税的基本规范在修改时,实现了"四个统一":即内资企业、外资企业适用统一的企业所得税法;统一并适当降低企业所得税税率;统一和规范税前扣除办法和标准;统一和规范税收优惠政策。

我国现行企业所得税的基本规范对国家重点扶持和鼓励发展的高科技产业、农林牧渔业项目以及环保等企业给予税收优惠。而且根据规定,符合条件的小型微利企业,减按 20％的税率征收企业所得税。国家需要重点扶持的高新技术企业,减按 15％的税率征收企业所得税。值得注意的是,为照顾部分老企业适应新的税率环境,依照法律规定,本法公布前已经批准设立的企业,依照当时的税收法律、行政法规规定,享受低税率优惠的,按照国务院规定,可以在本法施行后五年内,逐步过渡到本法规定的税率。

(1)纳税人

在中华人民共和国境内,企业和其他取得收入的组织(以下统称企业)为企业所得税的纳税人,依照本法的规定缴纳企业所得税。

企业分为居民企业和非居民企业。

居民企业,是指依法在中国境内成立,或者依照外国(地区)法律成立但实际管理机构在中国境内的企业。

非居民企业,是指依照外国(地区)法律成立且实际管理机构不在中国境内,但在中国境内设立机构、场所的,或者在中国境内未设立机构、场所,但有来源于中国境内所得的企业。

就房地产开发活动而言,企业所得税的纳税人即为开发企业(开发商)。

(2)企业所得税的计算方法

企业所得税的计算方法为开发企业应纳税所得额乘以所得税税率。企业每一纳税年度的收入总额,减除不征税收入、免税收入、各项扣除以及允许弥补的以前年度亏损后的余额,为应纳税所得额。

其中,企业以货币形式和非货币形式从各种来源取得的收入,为收入总额。

①收入总额中的下列收入为征税收入:

a.销售货物收入;

b.提供劳务收入;

c.转让财产收入;

d.股息、红利等权益性投资收益;

e.利息收入;

f.租金收入;

g.特许权使用费收入;

h.接受捐赠收入;

i.其他收入。

②收入总额中的下列收入为不征税收入:

a.财政拨款;

b. 依法收取并纳入财政管理的行政事业性收费、政府性基金;

c. 国务院规定的其他不征税收入。

③企业所得税的税率

企业所得税的税率为25%。符合条件的小型微利企业,减按20%的税率征收企业所得税。国家需要重点扶持的高新技术企业,减按15%的税率征收企业所得税。

④应纳税额

企业的应纳税所得额乘以适用税率,减除依照本法关于税收优惠的规定减免和抵免的税额后的余额,为应纳税额。

(3)税收优惠及减免

①税收优惠

国家对重点扶持和鼓励发展的产业和项目,给予企业所得税优惠。

②企业的下列收入为免税收入:

a. 国债利息收入;

b. 符合条件的居民企业之间的股息、红利等权益性投资收益;

c. 在中国境内设立机构、场所的非居民企业从居民企业取得与该机构、场所有实际联系的股息、红利等权益性投资收益;

d. 符合条件的非营利组织的收入。

③企业的下列所得,可以免征、减征企业所得税:

a. 从事农、林、牧、渔业项目的所得;

b. 从事国家重点扶持的公共基础设施项目投资经营的所得;

c. 从事符合条件的环境保护、节能节水项目的所得;

d. 符合条件的技术转让所得;

e. 本法第三条第三款规定的所得。

(4)房地产开发企业收入及扣除的成本、费用的确认

房地产开发企业收入的确认

①采取一次性全额收款方式销售开发产品的,应于实际收讫价款或取得索取价款凭据(权利)之日,确认收入的实现。

②采取分期收款方式销售开发产品的,应按销售合同或协议约定的价款和付款日确认收入的实现。付款方提前付款的,在实际付款日确认收入的实现。

③采取银行按揭方式销售开发产品的,应按销售合同或协议约定的价款确定收入额,其首付款应于实际收到日确认收入的实现,余款在银行按揭贷款办理转账之日确认收入的实现。

④采取委托方式销售开发产品的,应按以下原则确认收入的实现:

a. 采取支付手续费方式委托销售开发产品的, 应按销售合同或协议中约定的价款于收到受托方已销开发产品清单之日确认收入的实现。

b. 采取视同买断方式委托销售开发产品的, 属于开发企业与购买方签订销售合同或协议, 或开发企业、受托方、购买方三方共同签订销售合同或协议的, 如果销售合同或协议中约定的价格高于买断价格, 则应按销售合同或协议中约定的价格计算的价款于收到受托方已销开发产品清单之日确认收入的实现; 如果属于前两种情况中销售合同或协议中约定的价格低于买断价格, 以及属于受托方与购买方签订销售合同或协议的, 则应按买断价格计算的价款于收到受托方已销开发产品清单之日确认收入的实现。

c. 采取基价(保底价)并实行超基价双方分成方式委托销售开发产品的, 属于由开发企业与购买方签订销售合同或协议, 或开发企业、受托方、购买方三方共同签订销售合同或协议的, 如果销售合同或协议中约定的价格高于基价, 则应按销售合同或协议中约定的价格计算的价款于收到受托方已销开发产品清单之日确认收入的实现, 开发企业按规定支付受托方的分成额, 不得直接从销售收入中减除; 如果销售合同或协议约定的价格低于基价的, 则应按基价计算的价款于收到受托方已销开发产品清单之日确认收入的实现。属于由受托方与购买方直接签订销售合同的, 则应按基价加上按规定取得的分成额于收到受托方已销开发产品清单之日确认收入的实现。

d. 采取包销方式委托销售开发产品的, 包销期内可根据包销合同的有关约定, 参照上述 a 至 c 项规定确认收入的实现; 包销期满后尚未出售的开发产品, 开发企业应根据包销合同或协议约定的价款和付款方式确认收入的实现。

⑤开发企业将开发产品先出租再出售的, 凡将开发产品转作固定资产的, 其租赁期间取得的价款应按租金确认收入的实现, 出售时再按销售固定资产确认收入的实现; 凡未将开发产品转作固定资产的, 其租赁期间取得的价款应按租金确认收入的实现, 出售时再按销售开发产品确认收入的实现。

⑥关于开发产品预租收入的确认。开发企业新建的开发产品在尚未完工或办理房地产初始登记、取得产权证前, 与承租人签订租赁预约协议的, 自开发产品交付承租人使用之日起, 出租方取得的预租价款按租金确认收入的实现, 承租方支付的预租费用同时按租金支出进行税前扣除。

(5)房地产开发企业扣除的成本、费用的确认问题

开发企业在进行成本、费用的核算与扣除时, 必须按规定区分期间费用和开发产品成本、开发产品会计成本与计税成本、已销开发产品计税成本与未销开发产品计税成本的界限。

开发企业在结算开发产品的计税成本时, 按以下规定进行处理:

①开发产品建造过程中发生的各项支出,当期实际发生的,应按权责发生制的原则计入成本对象;当期尚未发生但应由当期负担的,除税收规定可以计入当期成本对象的外,一律不得计入当期成本对象。

②开发产品必须按一般经营常规和会计惯例合理地划分成本对象,同时还应将各项支出合理地划分为直接成本、间接成本和共同成本。

③开发产品完工前发生的直接成本、间接成本和共同成本,应按配比原则将其分配至各成本对象。其中,直接成本和能够分清成本负担对象的间接成本,直接计入成本对象中;共同成本以及因多个项目同时开发或先后滚动开发而不能分清负担对象的间接成本,应按各个成本对象(项目)占地面积、建筑面积或工程概算等方法计算分配。

④计入开发产品成本的费用必须是真实发生的,除税收另有规定外,各项预提(或应付)费用不得计入开发产品成本。

⑤计入开发产品成本的费用必须符合国家税收规定。与税收规定不一致的,应以税收规定为准进行调整。

⑥开发产品完工后应在规定的时限内及时结算其计税成本,不得提前或滞后。如结算了会计成本,则应按税收规定将其调整为计税成本。

下列项目按以下规定进行扣除:

①已销开发产品的计税成本。当期准予扣除的已销开发产品的计税成本,按当期已实现销售的可售面积和可售面积单位工程成本确认。可售面积单位工程成本和已销开发产品的计税成本按下列公式计算确定:

可售面积单位工程成本＝成本对象总成本÷总可售面积

已销开发产品的计税成本＝已实现销售的可售面积×可售面积单位工程成本

②开发企业发生的应计入开发产品成本中的费用,包括前期工程费、基础设施建设费、公共配套设施费、土地征用及拆迁费、建筑安装工程费、开发间接费用等,应根据实际发生额按以下规定进行分摊:

属于成本对象完工前发生的,应按计税成本结算的规定和其他有关规定直接计入成本对象。

属于成本对象完工后发生的,应按计税成本结算的规定和其他有关规定,首先在已完工成本对象和未完工成本对象之间进行分摊,然后再将应由已完工成本对象负担的部分,在已销开发产品和未销开发产品之间进行分摊。

③应付费用。开发企业发生的各项应付费用,可以凭合法凭证计入开发产品计税成本或进行税前扣除,其预提费用除税收另有规定外,不得在税前扣除。

④维修费用。开发企业对尚未出售的开发产品和按照有关法律、法规或合同规定对已售开发产品(包括共用部位、共用设施设备)进行日常维护、保养、修理等

实际发生的费用,准予在当期扣除。

⑤共用部位、共用设施设备维修基金。开发企业将已计入销售收入的共用部位、共用设施设备维修基金按规定移交给有关部门、单位的,应于移交时扣除。代收代缴的维修基金和预提的维修基金不得扣除。

⑥开发企业在开发区内建造的会所、停车场库、物业管理场所、电站、热力站、水厂、文体场馆、幼儿园等配套设施,按以下规定进行处理:

属于非营利性且产权属于全体业主的,或无偿赠与地方政府、公用事业单位的,可将其视为公共配套设施,其建造费用按公共配套设施费的有关规定进行处理。

属于营利性的,或产权归开发企业所有的,或未明确产权归属的,或无偿赠与地方政府、公用事业单位以外其他单位的,应当单独核算其成本。除开发企业自用应按建造固定资产进行处理外,其他一律按建造开发产品进行处理。

⑦开发企业在开发区内建造的邮电通信、学校、医疗设施应单独核算成本,按以下规定进行处理:

由开发企业投资建设完工后,出售的,按建造开发产品进行处理;出租的,按建造固定资产进行处理;无偿赠与国家有关业务管理部门、单位的,按建造公共配套设施进行处理。由开发企业与国家有关业务管理部门、单位合资建设,完工后有偿移交的,国家有关业务管理部门、单位给予的经济补偿可直接抵扣该项目的建造成本,抵扣的差额应计入当期应纳税所得额。

⑧开发企业建造的售房部(接待处)和样板房,凡能够单独作为成本对象进行核算的,可按自建固定资产进行处理,其他一律按建造开发产品进行处理。售房部(接待处)、样板房的装修费用,无论数额大小,均应计入其建造成本。

⑨保证金。开发企业采取银行按揭方式销售开发产品的,凡约定开发企业为购买方的按揭贷款提供担保的,其销售开发产品时向银行提供的保证金(担保金)不得从销售收入中减除,也不得作为费用在当期税前扣除,但实际发生损失时可据实扣除。

⑩广告费、业务宣传费、业务招待费按以下规定进行处理:

a.开发企业取得的预售收入不得作为广告费、业务宣传费、业务招待费等三项费用的计算基数,至预售收入转为实际销售收入时,再将其作为计算基数。

b.新办开发企业在取得第一笔开发产品实际销售收入之前发生的,与建造、销售开发产品相关的广告费、业务宣传费和业务招待费,可以向后结转,按税收规定的标准扣除,但结转期限最长不得超过 3 个纳税年度。

⑪利息按以下规定进行处理:

a.开发企业为建造开发产品借入资金而发生的符合税收规定的借款费用,属于成本对象完工前发生的,应配比计入成本对象;属于成本对象完工后发生的,可作为财务费用直接扣除。

b.开发企业向金融机构统一借款后转借集团内部其他企业、单位使用的,借入方凡能出具开发企业从金融机构取得借款的证明文件,其支付的利息准予按税收有关规定在税前扣除。

c.开发企业将自有资金借给全资企业(包括分支机构)和其他关联企业的,关联方借入资金金额超过其注册资本50%的,超过部分的利息支出,不得在税前扣除;未超过部分的利息支出,准予按金融机构同类同期贷款基准利率计算的数额内税前扣除。

⑫土地闲置费。开发企业以出让方式取得土地使用权进行房地产开发的,必须按照土地使用权出让合同约定的土地用途、动工开发期限开发土地。因超过出让合同约定的动工开发日期而缴纳的土地闲置费,计入成本对象的施工成本;因国家无偿收回土地使用权而形成的损失,可作为财产损失按税收规定在税前扣除。

⑬成本对象报废和毁损损失。成本对象在建造过程中,如单项或单位工程发生报废和毁损,减去残料价值和过失人或保险公司赔偿后的净损失,计入继续施工的工程成本;如成本对象整体报废或毁损,其净损失可作为财产损失按税收规定扣除。

⑭折旧。开发企业将开发产品转作固定资产的,可按税收规定扣除折旧费用;未转作固定资产的,不得扣除折旧费用。

2.个人所得税

(1)个人所得税的纳税人

在中国境内有住所,或者无住所而在境内居住满一年的个人,从中国境内和境外取得的所得,依照本法规定缴纳个人所得税。

(2)个人所得税的征税范围

①工资、薪金所得;

②个体工商户的生产、经营所得;

③对企事业单位的承包经营、承租经营所得;

④劳务报酬所得;

⑤稿酬所得;

⑥特许权使用费所得;

⑦利息、股息、红利所得;

⑧财产租赁所得;

⑨财产转让所得;

⑩偶然所得；

⑪经国务院财政部门确定征税的其他所得。

（3）个人所得税的计算公式

$$应纳税额＝应纳税所得额×20\%$$

应纳税所得额为转让房地产收入额减除房屋原值、转让房地产过程中缴纳的税金和合理费用后的余额。

转让过程中缴纳的税金指：纳税人在转让房地产时实际缴纳的营业税、城市维护建设税、教育费附加、土地增值税、印花税等税金。

合理费用是指纳税人按照规定支付的住房装修费用、住房贷款利息、手续费、公证费等费用。

（4）房地产转让环节应纳个人所得税的有关规定

国家税务总局规定，从 2006 年 8 月 1 日开始，居民个人转让房地产时，应缴纳个人所得税。

对个人转让自用达到 5 年以上，并且是唯一家庭生活用住房取得的所得，免征个人所得税。自用 5 年以上，是指个人购房至转让房地产的时间达 5 年以上。家庭唯一用房是指在同一省、自治区、直辖市范围内纳税人（有配偶的为夫妻双方）仅有一套住房。

夫妻离婚分割财产分得的房屋，在办理更名过户时，不征收个人所得税。

无偿赠与对当事人不征收个人所得税。无偿赠与行为包括：

（1）房屋产权所有人将房屋产权无偿赠与配偶、父母、子女、祖父母、外祖父母、孙子女、外孙子女、兄弟姐妹；

（2）房屋产权所有人将房屋产权无偿赠与对其承担直接抚养或者赡养义务的抚养人或者赡养人；

（3）房屋产权所有人死亡，依法取得房屋产权的法定继承人、遗嘱继承人或者受遗赠人。

8.2.3　行为目的

1. 契税

契税是在土地、房屋权属发生转移时，对产权承受人征收的一种税。

（1）纳税人

《中华人民共和国契税暂行条例》规定，在中华人民共和国境内转移土地、房屋权属，承受的单位和个人为契税的纳税人，应当依照本条例的规定缴纳契税。转移土地、房屋权属是指下列行为：

①国有土地使用权出让；

②土地使用权转让，包括出售、赠与和交换；

③房屋买卖；

④房屋赠与；

⑤房屋交换。

下列方式视同为转移土地、房屋权属，予以征税：

①以土地、房屋权属作价投资、入股；

②以土地、房屋权属抵债；

③以获奖方式承受土地、房屋权属；

④以预购方式或者预付集资建房款方式承受土地、房屋权属。

（2）课税对象

契税的征税对象是发生产权转移变动的土地、房屋。

（3）税率

契税的税率为3％～5％，各地适用税率，由省、自治区、直辖市人民政府在前面规定的幅度内按照本地区的实际情况确定，并报财政部和国家税务总局备案。

（4）计税依据

契税的计税依据按照土地、房屋交易的不同情况确定：

①国有土地使用权出让、土地使用权出售、房屋买卖，其计税依据为成交价格。

②土地使用权赠与、房屋赠与，其计税依据由征收机关参照土地使用权出售、房屋买卖的市场价格核定。

③土地使用权交换、房屋交换，其计税依据是所交换的土地使用权、房屋的价格差额。

应纳税额的计算公式为：应纳税额＝计税依据×税率

纳税义务发生时间是纳税人签订土地、房屋权属转移合同的当天。纳税人应当自纳税义务发生之日起10日内，向土地、房屋所在地的契税征收机关办理纳税申报，并在契税征收机关核定的期限内缴纳税款。

契税在土地、房屋所在地的征收机关缴纳。

（5）纳税环节和纳税期限

纳税人在办理房地产转让时，要持房地产转让合同及有关资料，到税收征管部门办理纳税申报，即采用"先税后证"的有关规定，契税的纳税环节是在纳税义务发生以后，办理契证或房屋产权证之前。按照《契税暂行条例》，由承受人自转移合同签订之日起10日内办理纳税申报手续，并在征收机关核定的期限内缴纳税款。

（6）减税、免税

有下列行为之一的，减征、免征契税：

①国家机关、事业单位、社会团体、军事单位承受土地、房屋用于办公、教学、医疗、科研和军事设施的,免征;

②城镇职工,按规定第一次购买公有住房的,免征;

③因不可抗力灭失住房而重新购买住房的,免征;

④土地、房屋被县级以上人民改府征用、占用后,重新承受土地、房屋权属的,由省、自治区、直辖市人民政府决定是否减征或者免征;

⑤纳税人承受荒山、荒沟、荒滩、荒丘土地使用权,用于农、林、牧、渔业生产的,免征;

⑥以自有房产作股投入本人经营企业,免征;

⑦依照我国有关法律规定以及我国缔结或参加的双边和多边条约或协定的规定应当予以免税的外国驻华大使馆、领事馆、联合国驻华机构及其外交代表、领事官员和其他外交人员承受土地、房室权属的,经外交部确认,可以免征。

(7)其他有关规定

①对于《中华人民共和国继承法》规定的法定继承人(包括配偶、子女、父母、兄弟姐妹、祖父母、外祖父母)继承土地、房屋权属,不征契税。

②按照《中华人民共和国继承法》规定,非法定继承人根据遗嘱承受死者生前的土地、房屋权属,属于赠与行为·应征收契税。

从 2005 年国家对房地产业进行宏观调控以来,我国先后有很多城市对契税的征收税率做了多次调整。

个人购买普通住宅契税按 3% 征收;对个人购买普通住房,且该住房属于家庭唯一住房的,减半征收契税;对个人购买 90 平方米及以下普通住宅,且属于家庭唯一用房的,减按 1% 征收契税。

夫妻共有房屋属于共同财产,对离婚原共有房屋产权的归属人不征收契税。

2. 印花税

印花税是对因商事活动、产权转移、权利许可证照授受等行为而书立、领受的应税凭证征收的一种税。

(1)印花税的纳税人为在中国境内书立、领受税法规定应税凭证的单位和个人,包括国内各类企业、事业、机关、团体、部队及中外合资企业、中外合作企业、外商独资企业、外国公司和其他经济组织及其在华机构等单位和个人。

(2)印花税的征收范围主要是经济活动中最普遍、最大量的各种商事和产权凭证,具体包括以下几项:

①购销、加工承揽、建设工程勘察设计、建设安装工程承包、财产租赁、货物运输、仓储保管、借款、财产保险、技术等合同或者具有合同性质的凭证;

②产权转移书据;

③营业账簿；

④权利、许可证照；

⑤经财政部确定征税的其他凭证。

（3）印花税的税率采用比例税率和定额税率两种。

对一些载有金额的凭证，如各类合同、资金账簿等，采用比例税率。比例税率共分五档：千分之一、万分之五、万分之三、万分之零点五、万分之零点三。

（4）印花税计税依据根据应税凭证的种类，分别有以下几种：

①合同或具有合同性质的凭证，以凭证所载金额作为计税依据。具体包括购销金额、加工或承揽收入、收取费用、承包金额、租赁金额、运输费用、仓储保管费用、借款金额、保险费收入等项；

②营业账簿中记载资金的账簿，以固定资产原值和自有流动资金总额作为计税依据；

③不记载金额的营业执照、专利证、专利许可证照，以及企业的日记账簿和各种明细分类账簿等辅助性账簿，按凭证或账簿的件数纳税。

（5）印花税的减免。

对下列情况免征印花税：

①财产所有人将财产捐赠给政府、社会福利单位、学校所书立的书据，免征印花税；

②已纳印花税凭证的副本或抄本，免征印花税；

③外国政府或者国际金融组织向我国政府及国家金融机构提供优惠贷款所立的合同，免征印花税；

④有关部门根据国家政策需要发放的无息、贴息贷款合同，免征印花税；

⑤经财政部批准免税的其他凭证。

自 2008 年 11 月 1 日起，对个人销售或购买住房暂免征印花税。

3. 耕地占用税

《中华人民共和国耕地占用税暂行条例》（修订案）已于 2007 年 12 月 1 日经国务院批准，并以第 511 号国务院令发布。新条例自 2008 年 1 月 1 日起施行。

原《耕地占用税暂行条例》是由国务院于 1987 年公布并实施。新的《耕地占用税暂行条例》与现行条例相比，在内容上作了四方面的修改：

（1）提高了税额标准，将现行条例规定的税额标准的上、下限都提高 4 倍左右，各地具体适用税额由省、自治区、直辖市人民政府依照条例的规定根据本地区情况核定，同时，为重点保护基本农田，条例规定：占用基本农田的，适用税额还应当在上述适用税额的基础上再提高 50%。

（2）统一了内资、外资企业耕地占用税税收负担。

（3）从严规定了减免税项目，取消了对铁路线路、飞机场跑道、停机坪等占地免税的规定。

（4）加强了征收管理，明确了耕地占用税由地方税务机关负责征收，耕地占用税的征收管理适用《税收征管法》。

①耕地占用税的纳税人

《中华人民共和国耕地占用税暂行条例》规定，占用耕地建房或者从事非农业建设的单位或者个人，为耕地占用税的纳税人，应当依照本条例规定缴纳耕地占用税。这里的单位，包括国有企业、集体企业、私营企业、股份制企业、外商投资企业、外国企业以及其他企业和事业单位、社会团体、国家机关、部队以及其他单位；所称个人，包括个体工商户以及其他个人。

②耕地占用税的纳税范围

耕地占用税的征收范围包括用于建房或从事其他非农业建设征（占）用的国家和集体所有的耕地（本条例所称耕地，是指用于种植农作物的土地）。具体列入耕地占用税征税范围的耕地有：

a.种植粮食作物、经济作物的土地。包括粮田、棉田、麻田、烟田、蔗田等；

b.菜地。即用于种植各类蔬菜的土地；

c.园地。包括苗圃、花圃、茶园、果园、桑园和其他种植经济林木的土地；

d.鱼塘；

e.其他农用土地。例如已开发从事种植、养殖的滩涂、草场、水面、林地等。

③耕地占用税的税率

耕地占用税实行从量计征的地区差别定额税制，以规定单位面积的税额作为征收标准。考虑到我国地区之间经济发展不平衡，人均占用耕地数量的差别较大，《中华人民共和国耕地占用税暂行条例》按人均占有耕地面积将税额标准分为四个档次。具体规定如下：

耕地占用税的税额规定如下：

a.人均耕地不超过 1 亩的地区（以县级行政区域为单位，下同），每平方米为 10 元至 50 元；

b.人均耕地超过 1 亩但不超过 2 亩的地区，每平方米为 8 元至 40 元；

c.人均耕地超过 2 亩但不超过 3 亩的地区，每平方米为 6 元至 30 元；

d.人均耕地超过 3 亩的地区，每平方米为 5 元至 25 元。

国务院财政、税务主管部门根据人均耕地面积和经济发展情况确定各省、自治区、直辖市的平均税额。各地适用税额，由省、自治区、直辖市人民政府在本条第一款规定的税额幅度内，根据本地区情况核定。各省、自治区、直辖市人民政府核定的适用税额的平均水平，不得低于本条第二款规定的平均税额。

对经济特区、技术开发和经济发达、人均耕地特别少的地区,税额标准可以适当提高,但是最高不得超过上述规定税额的50%。

④耕地占用税的计税

耕地占用税以纳税人实际占用的耕地面积为计税依据,按照规定的适用税额一次性征收。

⑤耕地占用税的减免及加征

a.下列情形免征耕地占用税:

(i)军事设施占用耕地;

(ii)学校、幼儿园、养老院、医院占用耕地。

b.下列情形减、加征耕地占用税:

经济特区、经济技术开发区和经济发达且人均耕地特别少的地区,适用税额可以适当提高,但是提高的部分最高不得超过上面③中规定的当地适用税额的50%。

占用基本农田的,适用税额应当在当地适用税额的基础上提高50%。

铁路线路、公路线路、飞机场跑道、停机坪、港口、航道占用耕地,减按每平方米2元的税额征收耕地占用税。

农村居民占用耕地新建住宅,按照当地适用税额减半征收耕地占用税。

农村烈士家属、残疾军人、鳏寡孤独以及革命老根据地、少数民族聚居区和边远贫困山区生活困难的农村居民,在规定用地标准以内新建住宅缴纳耕地占用税确有困难的,经所在地乡(镇)人民政府审核,报经县级人民政府批准后,可以免征或者减征耕地占用税。

⑥耕地占用税的征收方式

《中华人民共和国耕地占用税暂行条例》规定,耕地占用税由地方税务机关负责征收。

土地管理部门在通知单位或者个人办理占用耕地手续时,应当同时通知耕地所在地同级地方税务机关。获准占用耕地的单位或者个人应当在收到土地管理部门的通知之日起30日内缴纳耕地占用税。土地管理部门凭耕地占用税完税凭证或者免税凭证和其他有关文件发放建设用地批准书。

4.土地增值税

土地增值税是对有偿转让国有土地使用权、地上的建筑物及其附着物(以下简称转让房地产)而就其增值部分征收的一种税。

(1)纳税人。转让房地产并取得收入的单位和个人,为土地增值税的纳税义务人。

（2）征税范围。土地增值税的征税范围是有偿转让的房地产,包括国有土地使用权及地上建筑物和其附着物。

（3）税率。土地增值税实行四级超率累进税率。

增值额未超过扣除项目金额 50％ 的部分,税率为 30％；超过 50％ 未超过 100％ 的部分,税率为 40％；超过 100％ 未超过 200％ 的部分,税率为 50％；超过 200％ 的部分,税率为 60％。

（4）计税依据和税额计算。土地增值税的计税依据为转让房地产所取得的增值额。

增值额＝转让房地产收入－扣除项目金额

（5）扣除项目金额包括以下几部分。

①取得土地使用权所支付的金额,是指纳税人为取得土地使用权所支付的地价款和按国家统一规定交纳的有关费用。

②开发土地和新建房及配套设施的成本,是指纳税人房地产开发项目实际发生的成本,包括土地征用及拆迁补偿费、前期工程费、建筑安装工程费、基础设施费、公共配套设施费、开发间接费用。其中:a. 土地征用及拆迁补偿费,包括土地征用费、耕地占用税、劳动力安置费及有关地上、地下附着物拆迁补偿的净支出、安置动迁用房支出等;b. 前期工程费,包括规划、设计、项目可行性研究和水文、地质、勘察、测绘、"三通一平"等支出;c. 建筑安装工程费,是指以出包方式支付给承包单位的建筑安装工程费,以自营方式发生的建筑安装工程费;d. 基础设施费,包括开发小区内道路、供水、供电、供气、排污、排洪、通讯、照明、环卫、绿化等工程的支出;e. 公共配套设施费,包括不能有偿转让的开发小区内公共配套设施发生的支出;f. 开发间接费用,是指直接组织、管理开发项目发生的费用,包括工资、职工福利费、折旧费、修理费、办公费、水电费、劳动保护费、周转房摊销等。

③开发土地和新建房及配套设施的费用,是指与房地产开发项目有关的销售费用、管理费用、财务费用。财务费用中的利息支出,凡能够按转让房地产项目计算分摊并提供金融机构证明的,允许据实扣除,但最高不能超过按商业银行同类同期贷款利率计算的金额。其他房地产开发费用,在按①、②项计算的金额之和的 5％ 以内计算扣除。凡不能按转让房地产项目计算分摊利息支出或不能提供金融机构证明的,房地产开发费用在按①、②项规定计算的金额之和的 10％ 以内计算扣除。

④旧房及建筑物的评估价格,是指在转让已使用的房屋及建筑物时,由政府批准设立的房地产评估机构评定的重置成本价乘以成新度折扣率后的价格。评估价格须经当地税务机关确认。

⑤与转让房地产有关的税金,是指在转让房地产时缴纳的营业税、城市维护建设税、印花税。因转让房地产缴纳的教育费附加,也可视同税金予以扣除。

⑥财政部规定的其他项目,指按规定对从事房地产开发的纳税人可按①、②项费用计算的金额之和,加计20%扣除。

(6)速算扣除法。

计算土地增值税税额,可按增值额乘以适用的税率减去扣除项目金额乘以速算扣除系数的简便方法计算,具体公式如下:

①增值额未超过扣除项目金额50%的土地增值税税额=增值额×30%

②增值额超过扣除项目金额50%,未超过100%的土地增值税税额=增值额×40%−扣除项目金额×5%

③增值额超过扣除项目金额100%,未超过200%的土地增值税税额=增值额×50%−扣除项目金额×15%

④增值额超过扣除项目金额200%的土地增值税税额=增值额×60%−扣除项目金额×35%

公式中的5%、15%、35%为速算扣除系数。

(7)土地增值税的征收管理。土地增值税由税务机关征收。纳税人应在转让房地产合同签订后的七日内,到房地产所在地主管税务机关办理纳税申报,并向税务机关提交房屋及建筑物产权、房产买卖合同,房地产评估报告及其他与转让房地产有关的资料。纳税人因经常发生房地产转让而难以在每次转让后申报的,经税务机关审核同意后,可以定期进行纳税申报,具体期限由税务机关根据情况确定。

自2008年11月1日起,对个人销售住房暂免征收土地增值税。

5. 固定资产投资方向调节税

固定资产投资方向调节税是对单位和个人用于固定资产投资的各种资金征收的一种税。在中国境内进行固定资产投资的单位和个人,为固定资产投资方向调节税的纳税人。

投资方向调节税以在我国境内所有用于固定资产投资的各种资金为课税对象。纳税人用各种资金进行固定资产投资,不论其投资来源渠道如何,都属于征税范围。

投资方向调节税以固定资产投资项目实际完成的投资额为计税依据。

投资方向调节税根据国家产业政策和经济规模实行差别税率,具体适用税率为0%、5%、10%、15%、30%五个档次。对经济适用房,不论是房地产开发企业还是其他企事业单位投资建设,一律按零税率项目对待。

《固定资产投资方向调节税税目税率表》由国务院定期调整。从1995年起,固定资产投资方向调节税暂停征收。

8.2.4　资源、财产税

1. 城镇土地使用税

城镇土地使用税(以下简称土地使用税)是以城镇土地为课税对象,向拥有土地使用权的单位和个人征收的一种税。

(1)纳税人

土地使用税的纳税人是拥有土地使用权的单位和个人。拥有土地使用权的纳税人不在土地所在地的,由代管人或实际使用人缴纳;土地使用权未确定或权属纠纷未解决的,由实际使用人纳税;土地使用权共有的,由共有各方划分使用比例分别纳税。

(2)课税对象

土地使用税在城市、县城、建制镇和工矿区征收。课税对象是上述范围内的土地。

(3)计税依据

土地使用税的计税依据是纳税人实际占用的土地面积。

(4)适用税额和应纳税额的计算

土地使用税是采用分类分级的幅度定额税率。每平方米的年应纳税额按城市大小分 4 个档次:①大城市 0.5 至 10 元;②中等城市 0.4 至 8 元;③小城市 0.3 至 6 元;④县城、建制镇、工矿区 0.2 至 4 元。

考虑到一些地区经济较为落后,需要适当降低税额以及一些经济发达地区需适当提高税额的情况,但降低额不得超过最低税额的 30%;经济发达地区可以适当提高适用税额标准,但必须报经财政部批准。

(5)纳税地点和纳税期限

①纳税地点

土地使用税由土地所在的税务机关征收。土地管理机关应当向土地所在地的税务机关提供土地使用权属资料。纳税人使用的土地不属于同一省(自治区、直辖市)管辖范围的,应由纳税人分别向土地所在地的税务机关缴纳;在同一省(自治区、直辖市)管辖范围内,纳税人跨地区使用的土地,其纳税地点由省、自治区、直辖市税务机关确定。

②纳税期限

土地使用税按年计算,分期缴纳。

(6)减税、免税

①政策性免税

对下列土地免征土地使用税:

a.国家机关、人民团体、军队自用的土地；

b.由国家财政部门拨付事业经费的单位自用的土地；

c.宗教寺庙、公园、名胜古迹自用的土地；

d.市政街道、广场、绿化地带等公共用地；

e.直接用于农、林、牧、渔业的生产用地；

f.经批准开山填海整治的土地和改造的废弃土地，从使用的月份起免缴土地使用税5年至10年；

g.由财政部另行规定的能源、交通、水利等设施用地和其他用地。

②由地方确定的免税

下列几项用地是否免税，由省、自治区、直辖市税务机关确定：

a.个人所有的居住房屋及院落用地；

b.房产管理部门在房租调整改革前经租的居民住房用地；

c.免税单位职工家属的宿舍用地；

d.民政部门举办的安置残疾人占一定比例的福利工厂用地；

e.集体和个人举办的学校、医院、托儿所、幼儿园用地。

③困难性及临时性减免税

纳税人缴纳土地使用税确有困难需要定期减免的，由省、自治区、直辖市税务机关审批，但年减免税额达到或超过10万元的，要报经财政部、国家税务总局批准。

2. 房产税

房产税是《中华人民共和国房产税暂行条例》设定的，以房产为课税对象，向产权所有人征收的一种税。

（1）纳税人

凡是中国境内拥有房屋产权的单位和个人都是房产税的纳税人。产权属于全民所有的，以经营管理的单位和个人为纳税人；产权出典的，以承典人为纳税人；产权所有人、承典人均不在房产所在地的，或者产权未确定以及租典纠纷未解决的，以房产代管人或者使用人为纳税人。

（2）课税对象

房产税的课税对象是房产。条例规定，房产税在城市、县城、建制镇和工矿区征收。

（3）计税依据

对于非出租的房产，以房产原值一次减除10%～30%后的余值为计税依据。具体减除幅度由省、自治区、直辖市人民政府确定。

对于出租的房产，以房产租金收入为计税依据。租金收入是房屋所有权人出租房产使用权所得的报酬，包括货币收入和实物收入。

（4）税率

房产税采用比例税率。按房产余值计征的,税率为 1.2%;按房产租金收入计征的,税率为 12%。

（5）纳税地点和纳税期限

①纳税地点

房产税在房产所在地缴纳。房产不在同一地方的纳税人,应分别向房产所在地的税务机关纳税。

②纳税期限

房产税按年计征,分期缴纳。具体纳税期限由各省、自治区、直辖市人民政府规定。

（6）减税、免税

下述房产免征房产税:

①国家机关、人民团体、军队自用的房产。但是,上述单位的出租房产以及非自身业务使用的生产、经营用房,不属于免税范围。

②由国家财政部门拨付事业经费的单位自用的房产。

③宗教寺庙、公园、名胜古迹自用的房产。但其附设的营业用房及出租的房产,不属于免税范围。

④个人所有非营业用的房产。

⑤经财政部批准免税的其他房产。包括:

a. 损坏不堪使用的房屋和危险房屋,经有关部门鉴定后,可免征房产税。

b. 对企业因停产、撤销而闲置不用的房产,经省、自治区、直辖市税务机关批准可暂不征收房产税;如果这些房产转给其他征税单位使用或恢复生产的时候,应依照规定征税。

c. 房产大修停用半年以上的,经纳税人申请,税务机关审核,在大修期间可免征房产税。

d. 在基建工地为基建工地服务的各种工棚、材料棚、休息棚和办公室、食堂、茶炉房、汽车房等临时性房屋,在施工期间一律免征房产税。但是,工程结束后,施工企业将这种临时性房屋交还或估价转让给基建单位的,应从基建单位接收的次月起,依照规定征税。

e. 企业办的各类学校、医院、托儿所、幼儿园自用的房产,可免征房产税。

f. 中、小学校及高等学校用于教学及科研等本身业务的房产免征房产税。但学校兴办的校办工厂、校办企业、商店、招待所等的房产应按规定征收房产税。

目前上海、重庆已经成为首批试点征收房产税的城市。

8.3 房地产相关收费

8.3.1 土地使用费

为加强土地管理,调节土地级差收益,各地都先后规定了在各自所辖区域内,使用土地的单位和个人缴纳土地使用费的标准。土地使用费的征收,通常由当地土地管理部门负责征收,土地使用费的标准,一般根据当地社会经济发展情况,每隔3～5年调整一次。

土地使用费的缴纳人一般为使用土地的单位和个人。以土地投资入股与地方兴办合资、合作或联营企业的,合资、合作或联营企业为缴纳人,但经批准的合营合同中另有约定的,按合同办理;土地权属没有转移的,提供土地的一方为缴纳人;土地使用权出让转让的,受让方为缴纳人;租赁房屋的,房屋所有人为缴纳人;经营土地开发的,在土地使用权转让前,经营开发单位为缴纳人,土地使用权转让的,受让方为缴纳人;农村工商用地和宅基地,以工商企业、宅基地使用人为缴纳人;共有的土地,以"房地产证"或"土地使用证"登记的权利人为缴纳人。

8.3.2 房地产开发经营中的行政性收费

行政性收费由地方政府和有关部门向房地产开发企业收取,费用项目繁多,费用项目的名称和征收标准,各地有很大差异。国家对房地产开发中的行政性收费,进行了多次治理,取消了许多名目的不合理收费。目前,房地产开发商在开发过程中仍需缴纳的行政性收费项目,主要包括管理费和手续费、项目性收费和证书工本费三类。

1. 管理费和手续费

管理费和手续费包括征地管理费、拆迁管理费、建设工程招投标管理费、建设工程勘察招标管理费、工程标底编制管理费、质量管理监督费、竣工图费、建材发展补充基金、规划审核费、工程预算审核费、房价审核费、土地出让业务费、土地补偿保证金、土地登记费、界址费、合同鉴证费、质量监督费、占道费和交通管理费、商品房交易管理费和手续费、房屋所有权登记费等。

2. 项目性收费

项目性收费包括城市基础设施建设费、市政公用设施建设费、防空地下室易地建设费、地下水资源费(地下水资源养蓄基金)、地下热水资源费、化粪池建设费、供电贴费(电力增容费)、水增容费、煤气增容费、旧城改造费、邮储文体集资、墙体改造费、白蚁防治费、砂石管理费、地名费、劳动统筹费、教育集资费、居住小区物业管理启动经费、住宅共用部位和共用设施设备维修基金等。

3. 证书工本费

证书工本费包括规划许可证工本费、规划图纸工本费、土地使用权证工本费、合同预算审查工本费、建筑许可证工本费、房地产权证书工本费等。

8.3.3 房地产中介服务费

房地产中介服务费是一种重要的经营性服务收费,主要发生在房地产交易活动中。房地产交易不同于一般的商品交换活动,它常常会涉及许多相关专业知识和一些专门技能。因此,房地产交易双方通常借助于专门的服务机构进行交易行为。在一方或双方委托中介服务机构来完成房地产交易时,就要支付中介服务性的费用。为了规范房地产中介服务收费行为,国家明确规定房地产中介服务收费实行明码标价制度。目前我国的中介服务性收费主要有:房地产咨询费、房地产经纪费、房地产价格评估费。

思考题

1. 房地产税收的特征是什么?
2. 房地产税收所采用的税率有哪几种?分别是什么?
3. 什么是营业税?请梳理我国关于个人转让房地产缴纳营业税的变化历程。
4. 某房地产开发商以 300 万元购得某块土地,开发成本及各项费用为 400 万元,建成后转让,取得收入为 1600 万元,问应缴纳的土地增值税为多少?
5. 什么是房产税?房产税是如何计算的?
6. 房地产开发经营中的行政性收费包括哪些?

第 **9** 章

物业管理

本章提要:

在社会主义市场经济条件下,大力发展房地产服务经营既有意义,又有前途。房地产物业管理在改革中应不断完善和发展,并日益表现出其独特的地位和作用。本章以中国特色的社会主义市场经济为背景,重点讨论了物业管理的目的、作用、内容、基本程序及收费等内容。

9.1 物业管理概述

"物业"一词是由英语"Estate"或"Property"引译而来的,含义为"财产、资产、拥有物、房地产"等,这是一个广义的范畴。从物业管理的角度来说,物业是指各类房屋及其附属的设备、设施和相关场地。各类房屋可以是建筑群,如住宅小区、工业区等,也可以是单体建筑,如一幢高层或多层住宅楼、写字楼、商业大厦等;同时,物业也是单元房地产的称谓,如一个住宅单元。同一宗物业,往往分属一个或多个产权所有者。附属的设备、设施和相关场地是指为实现建筑物使用功能,与建筑物相配套的各类设备、设施和与之相邻的场地、庭院、道路等。

物业管理是指业主通过选聘物业服务企业,由业主和物业服务企业按照物业服务合同约定,对房屋及配套的设施设备和相关场地进行维修、养护、管理,维护物业管理区域内的环境卫生和相关秩序的活动。

9.1.1 物业管理的目的和意义

随着我国建筑业的迅速发展,物业管理越来越显示出其重要性,各地也做了许多有益的探索,在管理经营模式、内容及立法方面,积累了许多经验。有不少地区不仅各种配套设施比较齐全,为居民生活提供了方便,也注意绿化、建筑小亭、庭院装饰等美化环境的建设,而且建后管理有序,给居民创造了优美的休憩环境,为城市增添了新景观,深受居民的欢迎。

但是从全国总的情况看,仍普遍存在着"重建设、轻管理"的倾向,出现了"一年新、二年旧、三年破、四年乱"的局面,其主要问题是:①管理落后于建设的发展;②管理体制有待理顺;③管理经费来源困难;④法制不健全。

1.物业管理的目的

随着经济的发展,人们的消费水平在逐步提高,对生活条件的要求也会越来越高。但任何时候,人们的消费方式和消费水平总是受到生产、分配、交换的制约。我国目前经济还很不发达,生产力水平还不高,制约着人们消费水平的提高。因此,从生产到消费整个过程中,如何运用价值规律,保证人民对居住生活的基本需要,不断改善城镇居民的居住条件,是城市房产物业管理的目的。

2.物业管理的意义

城市房产管理部门是一个很重要的经济部门,把房产管理好、维修好、使用好、经营好,具有极为重要的意义。①直接经营管理的房产,比任何其他经济部门的固定资产都要多,这是国家和人民的巨大财富。所以我们应该通过良好的管理使其功能和效益得到充分发挥,减少淘汰率,为缓解住房问题做出贡献;②物业管理是城市管理的一项重要内容,对提高环境质量,巩固城市建设成果,美化人民生活有独特的作用;③加强维修,强调物业管理,进行旧房改造,这些都是用较少的投资,增加较多住宅面积的有效办法之一;④物业管理能多方面提供服务,方便群众,促进房地产业的健康发展。

9.1.2　物业管理的原则

总的来说,物业管理业是服务行业,它最重要的目标是为用户提供完善的服务。物业管理应遵循以下原则。

1. 产权与经营管理权相分离

房屋及环境内的各种设施是一个有机的统一体,且其使用年限很长,与人民群众的社会生活密切相关。如果按照分散的产权权属,由产权单位自行管理,弊端甚多,不仅住宅本身的公用部位、公用设备管不好,小区内的市政设施、绿化、环卫等更处于无人管理的状态。因此,必须在确认产权、使用权的前提下,将经营管理权集中统一,由综合管理服务组织或物业服务企业实施住宅小区的统一经营与管理。

2. 属地管理为主,专业管理为依托

管理住宅小区是政府的重要职责。住宅小区等物业都在政府的管辖区域内,离开地方人民政府、开发经营企业、房产管理部门或物业管理公司去管理都有一定的局限性,很困难。以属地管理为主,专业管理为依托,就能突出属地人民政府综合管理的作用,管理才具有权威性,能较好地理顺各方面的关系,妥善处理各种矛盾,又能充分发挥各个专业部门或公司的作用,提高办事效率,实施有效的物业管理。

3. 有偿使用,有偿服务,合理分担

物业管理需要经费,要有一定的经费作为物质基础,否则,不可能管理好。而经费完全靠国家包下来是做不到的,只能采取有偿使用、有偿服务、合理分担的办法,按照"保本微利、按量计价、公平合理"的原则,由国家、单位(房地产开发单位、产权单位、使用单位、小区管理经营单位)及个人共同承担费用,做到谁享用,谁受益,谁负担。

4. 基本上分为管理和服务两个方面

管理方面主要是掌握房产的变动和使用情况,使房屋及时得到修理,保持房屋功能。把房屋的数量、产权、建筑形式、完好程度、设备使用情况及时准确地记录下来，随时变更原始记录，是管理方面的一项经常性工作。服务方面主要是充分保证满足用户要求，及时登门服务。当然，服务与管理也是相互包含、相互渗透的。

9.1.3 物业管理人员职业道德及其培训

1.物业管理人员职业道德

物业管理人员是房产物业管理工作的执行者，要求办事公正，代表物业管理公司同业主、用户及各有关单位接触与联系，必须客观地处理各项工作，包括用户和用户之间的纠纷和要求，不能因为个人关系或私人利益而产生偏差。物业管理人员应记住自己的职责范围，不能超越本人的职责范围滥用职权，一切按法办事。

2.物业管理人员的培训

物业管理工作范围广泛，涉及多方面的专业知识，所以从业人员上岗前必须具备以下知识：

（1）法律知识。要具有法律知识，例如，对合同法、产业法、国家宪法及有关法律条款有一定了解。

（2）建筑知识。对房屋的结构和建筑装饰必须有一定的了解，以便发生如漏水、淤塞、裂痕等问题时，能采取及时的应变和解决措施。

（3）机电设备维修保养知识。

（4）财务会计知识。

（5）行政管理知识。

（6）公关知识。能对政府有关部门及电力、煤气、电话、自来水等公用事业部门的职责比较了解，善于和上述机构打交道。

9.1.4 我国物业管理的发展

1.我国物业管理的发展历程

我国的物业管理产生于 20 世纪 80 年代初期，改革开放政策使商品经济得以复苏，特别是沿海开放城市率先打破了传统土地管理和使用制度，并实施一系列优惠政策，从而吸引了大量的外资涌入，房地产业异军突起，涉外商品房产生。涉外商品房的业主、住户大多为港澳同胞和海外侨胞，他们按海外生活的水准对商品房产提出售后要求，也即所购房产保值、增值的要求和居屋环境安全、舒适、文明的要求。传统的福利性房管制度无法适应这一新形势,物业管理在涉外商品房区最先被配套引入。

1980 年深圳市房地产公司(深房集团前身,1980 年 1 月 8 日成立)与港商合资开发的深圳第一个涉外商品房项目——东湖丽苑小区开工兴建。深圳市房地产公司借鉴香港的物业管理,于 1981 年 3 月 10 日成立了深圳市物业管理公司。

1993 年 6 月 30 日,深圳成立了国内首家物业管理协会;1994 年深圳市颁布了《深圳经济特区住宅区物业管理条例》,为深圳物业管理行业的规范化、法制化奠定了基础;之后的四年时间里,正式注册的物业服务企业发展到 430 家,其他物业管理机构 700 多家,从业人员 10 万人,特区内物业管理覆盖率住宅区达到 90% 以上,高层楼宇达到 80% 以上,工业区达到 50% 以上。

在十几年的实践与探索过程中,深圳诞生了国内第一家物业管理公司;成立了国内第一个物业管理协会;颁布了国内第一部物业管理地方性法规;开办了国内第一个物业管理进修学院;举行了国内第一次物业管理权的招投标;造就了万科、天安、中海、金地、长城等一批全国知名的物业管理专业公司;产生了莲花二村、莲花北村、天安工业区、鹏基工业区、国贸大厦、电子大厦等一批全国优秀示范小区、工业区和大厦。

我国物业管理业发展到今天,物业服务企业已超过 2 万家,从业人员逾 200 万人,很多省市实施的物业管理覆盖面达 50% 以上。这个行业的管理工作牵系千万个家庭,为了规范这个行业的管理,2000 年 10 月 15 日,中国物业管理协会在北京正式成立。

从 1981 年深圳市成立国内第一家物业管理公司,至 2003 年《物业管理条例》出台,中国物业管理行业经历了 20 多年没有国家条例的阶段,表明物业管理在中国大陆经过 20 多年的实践之后正式走上了法制化的管理轨道。到如今,物业管理作为我国新兴的转型性行业,正经历着从传统行政福利性的房管模式向社会化、专业化的现代经营管理模式的转变。2007 年 10 月,新的《物业管理条例》与《物权法》同时实施,标志着物业管理已经成为社会发展不可或缺的组成部分。其原因是物业管理的主要目的是为了保证和发挥物业的使用功能,使其保值增值,并为物业所有人及使用人创造和保持整洁、文明、安全、舒适的生活及工作环境。

《物权法》的颁布实施促进了《物业管理条例》的贯彻执行,使物业管理活动更加有法可依。而国务院条例作为行政法规规定了大的原则,在条例出台以后建设部也陆续对原来已有的办法进行修订,主要有公共维修基金管理办法、物业企业资格管理规定、业主大会规程、业主服务收费管理办法、物业管理制度暂行规定等,这些配套法规有的在修订,有的在起草,通过这些法规的修订和制定将使物业管理制度更加完善。

2. 新的《物业管理条例》修改的主要内容

（1）物业由"管理"到"服务"

新的条例中最引人注目的变化是：根据《物权法》的有关规定，将"物业管理企业"修改为"物业服务企业"；将"业主公约"修改为"管理规约"；将"业主临时公约"修改为"临时管理规约"。物业公司由"管理"改为"服务"，是对物业和业主关系更加合理而明确的定位。物业服务企业本来就是全体业主花钱聘请的，从本质上说双方是一种服务与被服务的契约关系。

"业主公约"改为"管理规约"也带来一种语气的变化，原来只是大家相约自觉遵守，而现在有了一定的强制性。

（2）业主委员会成立的指导部门增加

增加"街道办事处、乡镇人民政府"为成立业主大会、选举产生业主委员会的指导部门。

此次修改，突出了基层管理，对业主、物业服务企业的指导更直接，实际操作性更强。

（3）通过起诉可撤销业主大会或者业主委员会的决定

业主大会或者业主委员会的决定，对业主具有约束力。业主大会或者业主委员会作出的决定侵害业主合法权益的，受侵害的业主可以请求人民法院予以撤销。

以往，业主大会或者业主委员会一旦决定通过，业主就没有权利改变。当业主委员会作出的决定不合理时，业主该怎么办？修改后的条文，赋予了被侵害权益业主获得司法救济的权利。业主可以以个人名义对业主委员会的决定进行起诉，只要有不合理的地方，都有权提出申请，将其取消。这样做，更有利于保护个人权益。

（4）严格专项维修资金使用条件

修改后，业主大会对"筹集和使用专项维修资金"和"改建、重建建筑物及其附属设施"这两项事项作决定时，应当经专有部分占建筑物总面积 2/3 以上的业主且占总人数 2/3 以上的业主同意，规定得更加严格。

（5）解聘物业服务公司，投票权数既要考虑面积也要考虑人数

原来的《物业管理条例》规定解聘物业服务公司需经全体业主所持投票权数的 2/3 以上通过。也就是说原来的表决是采取单一指标，主要考虑的是房屋建筑面积及对应的投票权数。新的条例除了维持原来的投票权数以外，又新增加了业主人数的规定（占总人数 1/2 的业主同意，可解聘物业服务公司），这样修订是为了更好地维护业主的权益，防止面积比较大的业主左右表决权。

同时，由业主共同决定的 7 件"大事"的通过要求也有了变化：除了"筹集和使

用专项维修资金以及改建、重建建筑物及其附属设施"这两项决定,应当经专有部分占建筑物总面积 2/3 以上的业主且占总人数 2/3 以上的业主同意外,其他选聘和解聘物业服务企业等 5 件"大事",都只要经专有部分占建筑物总面积过半数的业主且占总人数 1/2 的业主同意就可以了。

9.2　物业管理的主要内容及基本程序

9.2.1　物业管理的主要内容

物业管理基本内容按服务的性质和提供的方法可分为:常规性的公共服务、针对性的专项服务和委托性的特约服务三类。

1. 常规性的公共服务

常规性的公共服务是物业服务企业面向所有住宅提供的最基本的管理与服务,目的是确保物业完好与正常使用,保证正常的工作生活秩序和美化环境,是物业内所有业主每天都能享受到的服务。其内容和要求在物业管理委托合同中有明确规定,物业服务企业有义务按时按质提供这些服务。这些管理的基本项目具体包括:

(1)房屋修缮及其管理、装修管理等;

(2)房屋各类设施的日常运营、保养、维修与更新;

(3)环境卫生管理;

(4)绿化管理;

(5)治安管理;

(6)消防管理;

(7)车辆道路管理;

(8)为业主代缴水电、煤气费等。

2. 针对性的专项服务

针对性的专项服务是物业服务企业为改善和提供业主的工作生活条件,面向广大业主,为满足其中一些住户和单位的一定需要而提供的各项服务,其特点是物业服务企业事先设立服务项目,并将服务内容与质量、收费标准公布,当住户需要这种服务时,可自行选择。主要内容有:

(1)为业主收洗缝制衣物、代购日常用品、室内卫生清扫、代购代订车船飞机票、接送小孩上下学;

(2)开办各种商业服务项目,如小型商场、美发厅、修理店等;开办各种文化、教育、卫生、体育类场所;

(3)代办各种保险业务,设立银行分支机构等;

(4)经纪代理中介服务,如物业销售、租赁、评估、公证等;

(5)提供带有社会福利性质的各项服务工作。

3. 委托性的特约服务

委托性的特约服务是为满足业主的个别需求,受委托而提供的服务。实际上是专项服务的补充和完善。

9.2.2　物业管理的早期介入

物业管理的早期介入指房地产开发单位邀请拟从事前期物业管理的有关人员参与该项目的可行性研究,从物业管理角度对物业规划、设计、设备选用、功能布局、施工监管、验收接管、销售和租赁提出建设性意见,充分反映住户要求和物业自身要求,力求使用户入住之前的各种前期工作与用户使用的实际需要及日后物业管理工作相适应。

1. 物业管理早期介入的意义

(1)有利于完善物业的使用功能

物业的设计人员不是专业的物业管理者,在项目规划设计阶段,规划设计人员往往只从设计技术角度考虑问题,其在制订设计方案时,不可能将后期的物业管理经营中可能出现的问题考虑得那么全面,或者很少从业主长期使用和后续物业管理正常运行的角度考虑问题,造成物业建成后管理上的漏洞和功能布局上的缺陷。

同时由于设计阶段与物业的建成存在较长间隔,建筑、设施的技术进步和业主需要的不断提高都有可能使设计方案落伍。而物业服务企业作为物业的管理经营维护者,对物业可能出现的问题有比较清楚的了解,其前期介入,可以从业主和管理者的角度参与规划设计方案的讨论,完善设计细节,提出一些合理的建议,使物业的功能设计更有利于日后的使用和管理,可以有效地避免因设计的缺陷或不足而给业主使用和物业管理带来麻烦。

(2)有利于物业的正常运转和后期管理服务的顺利进行

在工程施工这个关键时期,开发商的主要精力更多放在工程进度、资金筹措和促销推广上,尽管从开发商的本意来说,总是希望能保证工程质量,使所建物业达到优良乃至优质工程目标,但是由于人力、技术、精力等方面的原因忽视对工程质量的全面监控。物业服务企业选派相应的管理人员介入施工质量管理,对土建结构、管线情况、设备安装、材料性能一清二楚，提前熟悉物业中各种设备的操作和线路的来龙去脉。有利于物业的工程质量，为以后的物业管理带来极大的方便，也为降低后期管理的操作成本，增加经济效益，收到业主满意、物业管理顺利双赢效果打下了基础。

很多物业质量不尽如人意，今天卫生间漏，明天屋面漏，后天屋里长蘑菇，严重影响了业主的生活质量，造成大量投诉，业主在找开发商解决不了问题的时候，往往迁怒于物业服务企业，拒绝缴纳物业管理费，使物业管理公司成了"替罪羊"。基于长期性考虑的物业服务企业提前介入后，却在一定程度上很好地解决了这个问题。避免了物业建成后给使用和管理维护服务带来的缺憾。

（3）有利于满足业主的消费需求

在接管验收阶段，开发商往往只注重物业整体的交付使用，而很少考虑到物业服务企业接管后细微全面的需要，给物业建成后的使用维护带来诸多不便，也对物业管理单位顺利、及时地为业主提供良好的管理服务带来影响。有物业管理公司提前介入后，开发商可以得到物业管理公司的紧密配合，使其专心开发建设。物业管理公司可以根据物业管理的技术规范要求，对接管的物业从使用功能上严格把关，促使开发商引起高度重视并要求承建单位限期解决，确保各项设备设施在投入使用前就能正常运行。

由于早期介入物业开发，物业管理公司对该物业的整体情况相当熟悉，这对物业的管理、养护、维修，可以说带来许多便利。一是方便了物业管理中维修保养计划的安排；二是方便了物业管理中的检修，特别是可以缩短检修时间；三是能够或比较容易保证维修质量等。所有这一切，提高了物业管理工作效率和工作质量，为物业管理公司向住户提供良好的服务打下了基础。

早期介入可以做好财务预算和业主公约、物业使用守则的制订。通过初期设计建造全过程的现场跟踪管理，能有事实根据较精确地进行财务预算分析，较好地控制日后的管理成本，根据物业的层次或档次来确定各类服务标准，保证服务费用的有效使用，达到最佳效果。

此外，早期介入有利于安全防范和人才培训。安全工作在物业管理中占有重要地位，也是影响业主购房意向的重要因素，关系到物业管理公司的声誉。物业管理人员的早期介入，使得保卫和防火工作在物业交付使用时做到没有漏洞，安全系统设施完好无损，需要时及时投入使用，把小区安全纳入城市这个大系统中去。人才是各行各业管理水平、技术水平和企业生存发展的重要保证。物业管理也是一样，那些在物业投入使用时才进入的物业管理队伍，往往仓促上阵，难免在初期的管理中产生很多不应有的失误，也给业主留下了不好的印象，而物业的早期介入可以提前造就一批高素质的管理人才，在物业交付使用时及时提供相适应的优质服务。

2.物业管理早期介入的主要内容

(1)项目可行性研究阶段

在项目可行性研究阶段,物业管理早期介入的形式是向物业建设单位及其聘请的专业机构提供专业咨询意见,同时对未来的物业管理进行总体策划。

早期介入的主要内容包括:

①根据物业建设成本及目标客户群的定位确定物业管理的模式;

②根据规划和配套确定物业管理服务的基本内容;

③根据物业管理成本初步确定物业管理费的收费标准;

④从物业建设单位的角度出发,设计出与客户目标相一致的建立在合理性能价格比之上的物业管理框架性方案。

(2)规划设计阶段

此阶段早期介入的形式主要是参与各项规划设计的讨论会,并从使用、维护、管理、经营以及未来功能的调整和保值、增值等角度,对设计方案提出意见或建议,此时介入的物业服务企业应站在潜在业主的角度上看待和分析问题,这样做并不与物业建设单位的利益相冲突,相反在以下几方面会使物业建设单位受益:一是通过优化设计或在使用维护等角度上对设计方案进行调整,使物业建设单位项目在总体上更能满足购房者的需求,从而对促进项目的成功运作有利,降低了开发风险;二是设计上的预见性可以减少后续的更改和调整,从而为物业建设单位节约资金;三是分期开发的物业项目,对公用配套设施、设备和环境能更好地协调,可以使各分期之间顺利过渡。

早期介入的主要内容包括:

①就物业的结构布局、功能方面提出改进建议;

②就物业环境设计,配套设施的合理性、适应性及细节提出意见或建议;

③提供设备、设施的设置、选型及服务方面的改进意见;

④就物业管理用房等公共配套建筑、场地的设置、要求等提出意见。

【阅读资料】

物业服务企业在开发商对项目规划设计时应该提出哪些意见?

1.要考虑商业和物业管理用房的预留(包括管理处办公用房、员工宿舍食堂、职工业主娱乐活动室、保安岗亭用房、垃圾收集站、物料仓库、保洁工具房等)。

2.配套设施设备、管线配置和布线要合理,包括预留空调安装位置及空调滴水管。

3.设计时尽量减少外墙外凸沿,尤其是高空位置不可上人的平台、条柱等不利清洁的部位。

4.高层楼宇和大型小区应考虑合理配置清洁楼道及绿化浇水处所必需的水管接口和洗手池。

5.水、电、煤气表的设置要考虑到抄表到户的需要,尽量集中放在首层。

6.信报箱的设置要考虑邮政需要,放在首层(放在架空层等首层以上,邮电部门会加收服务费),并且信报箱的规格和锁要符合要求,也可以同时考虑送奶箱的位置。

7.小区进出口位置和数量配置要合理,能少则少,以减少不必要的费用支出。

8.小区内的车位配置要考虑到户均车辆比例,尽量充足。

9.小区的外围尽量考虑到封闭式治安管理的需要,铁围栏的设计要防攀防钻,女儿墙亦要设计成防攀越的形式。

10.小区内绿化面积要考虑到以后小区创评的需要。

11.绿化带植物的品种(尤其是高档大型物业小区)不要设计得太名贵、太繁多。除充分考虑到错落有致、四季有花外,配置原则是大方得体,合理选择背阴喜阳易于养护的植物。

12.小区内标牌和建筑小品设计亦要考虑到易于低成本维护。

13.小区内尽量不要配置有安全隐患的水池(含游泳池)、沙池、秋千、转盘、高低杠等设施和器械。

14.排污管、雨水管在穿楼板时要采用套管,以方便管体爆裂时更换。

15.现在大部分家庭将阳台用作洗衣、拖地的给排水之地,所以阳台设计应考虑统一接管,并配两个地漏(其中一个为洗水机排水用)。否则业主在二次装修排管时,施工不规范会引发一系列问题。

16.建筑物的可上人平台可以设计成花坛、绿化带;多层屋顶不上人天台设计成易于养护的绿化带,既可以隔热又可以弥补地面绿化面积的不足。

17.现代家庭的电话、电脑、电视等家用电器数量较多,所以布线设计时主、次卧房及大厅都应配置预留电话插座、宽带网或局域网电脑连线插口、电视插座和家庭影院环绕音响接口。另外,还可以考虑可视对讲电话、门铃的配置除在玄关外,在洗手间亦可配置。

18.楼道侧墙应考虑铺设一定高度的瓷砖(防涂鸦,防污渍)。

19.楼道内电表箱等其他线盒箱不要用通用锁应采用专用锁,楼道开关总闸更应内藏而不外露。

20.小区内在地面上的消防水管可用泊漆的红管或不易退色的油漆管(以减少高空作业)。

21.小区路灯不必多,只需满足一定的光照度就可以,路灯尽量采用通用规格,灯座要耐锈蚀、牢固、防日晒雨淋、不怕台风、采用节能灯。

22.垃圾收集站最好设计在小区进出口附近,且垃圾房门朝外便于垃圾清运车在外面作业不影响小区安宁。

23.单元楼道灯最好采用光控红外线复合开关。

24.一般核定一个单元楼道灯用电量一个月十几度电,故电表配制要选用最小容量(以免大容量电表收取几十度费用而发生不必要的支出)。

25.消防水泵、二次供水等设备设施功率大但用电量很少的可合用一个电表。

26.由于商业用水和居民用水的收费标准不同,建议居民用水和商铺用水的管路分开并各配计量表,避免自来水公司自定商业用水和居民用水的比例,一般都把收费高的商业用水比例定得比较高,无形中又会多支出费用。

27.小区的地下排污管道要铺设合理,井口间距要合适,一般不要超过管路疏通时的竹片长度或机械疏通机可达长度。

28.凡有空调机滴水管的沿墙周围应做绿化带,既利用了空调水,又美化了环境,避免了空调滴水面形成的青苔。

29.建筑物的临街、下有行人路面或停车位的外窗可考虑送纱窗(以减少高空抛物现象)。

30.各单元门、停车位、外围、巡视死角、商铺招牌部位平台等应设计加装闭路电视监控。

31.所有单元进户门应设计遮雨棚(防雨水和浇花水)。

32.商铺前后应预留空调位及排水位。

33.重要管路和线路要预留备用管线或活口(以免发生局部损坏换整条管线,劳民伤财)。

34.小区配套公共设施规划设计要一步到位。

35.管道煤气,智能综合布线,二次加压的管路及闸阀,用于餐饮商铺预留的排烟道和隔油池等都应在设计中加以考虑。

36.阳台设计要考虑到花盆座架(底部向里倾斜),以防淋花水往下滴给下面业主带来不便,空调穿线预留外斜防水措施。

（3）建设阶段

此阶段主要是派出工程技术人员进驻到现场，对建设中的物业进行观察、了解、记录，并就有关问题提出意见和建议。

早期介入的主要内容包括：

①就施工中发现的问题与建设单位和施工单位共同磋商，及时提出并落实整改方案；

②对内外装修方式、布局、用料及工艺等从物业管理的角度提出意见；

③熟悉并记录基础及隐蔽工程、管线的铺设走向，特别是设计中及今后竣工资料里没有反映的内容，从而为以后的物业管理打下良好的基础。

（4）销售阶段

此阶段物业服务企业介入的形式多种多样，物业服务企业派出的人员及投入的力度都较大。

早期介入的主要内容包括：

①销售前

a.物业管理整体策划落实成完整、详细的物业管理方案及实施进度表；

b.确定物业管理的外部制度，如各类公共管理规定、房屋公共场地及场所的管理规定；

c.明确各项费用的收费标准及收费办法，必要时履行各种报批手续；

d.起草并确定《前期物业管理协议》；

e.对物业管理在销售中的活动进行计划与安排；

f.根据实际情况采取公开招标的方式确定前期物业服务企业。

②销售中

a.派出现场咨询人员，在售楼现场为客户提供咨询服务，一方面使购房者对物业管理有较具体的了解，另一面也可以了解并统计分析潜在业主对物业管理的要求、意见等；

b.可以印发有关资料，以加深业主对未来物业管理的认识并明了物业管理的消费内容和金额，将各项收费的用途和管理办法公开化、透明化；

c.已确定的前期物业服务企业可以采取各种方法宣传并展示未来物业管理的状况；

d.督促物业建设单位与业主签订《前期物业管理协议》；

③销售后

将前期全部物业管理早期介入的资料、记录、方案等，连同在销售中收集的情况和分析结论，整理后移交给前期物业服务企业，如果早期介入与前期管理是一家企业，也应整理资料后准备成立管理处，并进行接管验收的前期准备工作。在此期间的竣工验收、早期介入及前期管理企业都应参加。

9.2.3 前期物业管理

前期物业管理是指在业主、业主大会选聘物业服务企业之前,由建设单位选聘物业服务企业所进行的物业管理。

1.前期物业管理的工作内容

物业服务企业前期物业管理的工作内容,大致可归纳为以下几个方面:

(1)草拟物业管理方案,承揽物业管理任务。通过对拟管理物业的可行性、可营利性等分析,具体测算物业管理费用,并草拟物业管理总体方案。进而,通过投标竞争获得物业管理任务。

(2)签订物业管理合同,建立与业主和使用人的联系。签订物业管理合同或协议后,选派管理人员运作前期物业管理,与未来的业主和物业使用人建立联系,并认真听取其意见和建议。

(3)工程建设现场,提出合理化建议。参与建筑安装工程的施工、检查、验收,以及设备购置等环节,并就物业的结构设计、功能配置等提出合理化建议,为以后的物业管理创造良好的条件。

(4)设计物业管理模式,草拟管理制度。设计物业服务企业的组织机构,制订物业管理的工作程序、员工培训计划,以及第一个年度的物业管理财务预算等,并草拟业主委员会章程、业主公约、住户手册等相应的物业管理文本。

(5)建立服务系统与网络。包括与社会专业服务部门就保安、保洁、绿化等洽谈、签订有关合同或协议;与街道、公安、交通、环保等部门进行联络、沟通;确定拟提供的代理租售业务、户内维修、清洁服务、送餐邮递等代办服务的项目。

(6)办理移交接管与入伙事宜。通过拟订移交接管的程序、要求。筹备业主委员会,协助办理接管事项,做好物业交接准备。同时,借助办理物业的入伙手续,为物业的装修与管理打好基础。

当然,上述前期物业管理的基本内容,会因物业及业主的具体情况而有所差异。

2.物业管理的早期介入与前期物业管理的区别

物业管理的早期介入与前期物业管理的主要区别在于,是否已经确立了物业管理的委托合同关系,并表现在以下两点:

(1)是否拥有对于物业的经营管理权

物业管理的早期介入,可能未与房地产开发商签订管理委托合同,而是以咨询顾问的角色提出意见和建议。而前期物业管理活动,则是在其与房地产开发商确立了委托关系后才进行的,此时的物业服务企业已拥有了对该物业的经营管理权。

（2）承担相应的民事责任

早期介入的物业服务企业，是按照与房地产开发商约定的介入时机、程度等，从有利于将来的物业管理与服务等具体细节上，提出辅助性的意见和建议的，真正的决策权属于开发商。而前期物业管理活动中，物业服务企业已经被开发商全权委托，行使物业管理职能，并承担相应的民事责任。

9.2.4　物业的接管验收

接管验收是指物业服务企业在接受委托物业管理时，对新建物业或原有物业按行业接管验收标准进行综合检验的过程。接管验收是在竣工验收合格的基础上，以主体结构安全和满足使用功能为主要内容的验收。接管验收以后，整个物业就移交给物业服务企业管理。

接管验收的对象有两种：一是新建房屋，即开发商已完成竣工验收的建设项目，其交接人为开发商；二是原有房屋，即指已取得房屋所有权证，并已投入使用的房屋，其交接人为业主委员会。

物业的接管验收是物业服务业企业在接管物业前的一个重要环节，是发现隐患、规避风险的机会。物业的接管验收不仅包括房屋主体、附属设备、配套设施，而且还包括道路、场地和环境绿化等，接管验收的重点应放在对物业的使用功能的验收和对物业资料的接收上。通过接管验收能够明确交接双方的责、权、利关系，实现权利和义务的转移；确保物业具备正常的使用功能，充分维护业主的利益，促使开发商或建筑单位按标准进行设计和建设，减少日后管理过程中的维修、养护工作量；能够弥补业主专业知识的不足，从总体上把握整个物业的质量；能够熟悉物业情况，为日后管理创造条件。通过接管验收中的有关物业的文件资料，还可以摸清物业的性能与特点，预防管理中可能出现的问题，计划安排好各项管理，发挥物业管理社会化、专业化、现代化的管理优势。

1. 物业接管验收的条件

接管验收的首要条件是竣工验收合格。

（1）物业接管验收的常规条件

①凡竣工的工程，一般须做到"五通一平"，即通路、通水、通电、通信、通暖，楼前 6 米、楼后 3 米场地要平整，不准堆积建材或杂物，以确保进出安全；要做到煤气表、电表、水表三表到户；室内清扫干净，水池、水盆、马桶、门窗、玻璃、管道清理干净，无污物，达到窗明地净；地漏、雨水管等处无堵塞杂物。

②高层住宅楼生活供水系统，必须具有卫生防疫部门核发的用水合格证。生活用水全部靠自己打井取水的小区在验收房屋时，水样送交有关部门，检验水质符

合生活用水标准。

③高层住宅楼电梯,必须具有安全运行合格证。

④高层住宅楼消防供水系统,必须经消防部门检验合格。

⑤房屋应按图样、文件要求达到设备齐全、功能可靠、手续完备。

(2)新建房屋接管验收条件

① 建设工程全部施工完毕,并已经竣工验收合格。

②供电、采暖、给水排水、卫生、道路等设备和设施能正常使用。

③房屋幢、户编号经有关部门确认。

(3)原有房屋接管验收条件

① 房屋所有权、使用权清楚。

②土地使用范围明确。

③原物业服务企业已解除合同关系。

2.物业接管验收的程序

(1)新建物业的接管验收程序

① 建设单位书面提请接管单位接管验收,并提交相应的资料。

②接管单位按照接管验收标准,对开发商提交的申请和相关资料进行审核,具备条件的,应在 15 日内签发验收通知并约定验收时间。

③接管单位会同开发商按照接管验收的主要内容及标准进行验收。

④验收过程中发现的问题,按质量问题的处理办法处理。

⑤经检验符合要求时,接管单位应在 7 日内签发验收合格凭证,并及时签发接管文件。

(2)原有物业的接管验收程序

① 业主或业主委员会书面提请接管单位接管验收,并提交相应的资料。

②接管单位按照接管验收标准,对业主或业主委员会提交的申请和相关资料进行审核,对具备条件的,应在 15 日内签发验收通知并约定验收时间。

③接管单位会同业主或业主委员会按照接管验收的主要内容及标准进行验收。

④查验房屋的情况,包括建筑年代、用途变迁、拆改添建等;评估房屋的完好与损坏程度及现有价值;对在验收过程中发现的问题,按危险和损坏问题处理办法处理。

⑤交接双方共同清点房屋、装修、设备和附着物,核实房屋的使用状况。

⑥经检验符合要求时,接管单位应在 7 日内签发验收合格凭证,签发接管文件,并办理房屋所有权的转移登记(若无产权转移,则无需办理)。

9.3　物业管理经费

物业一旦建成投入使用,就进入维持其功能和服务居民生活的长期运营阶段。物业的维护管理、养护修缮、更新换旧、改造添置以及便民服务,都有人耗、物耗、能耗,需要大量的经费开支。经费是实施有效管理的基础保证。

长期以来,物业管理一直没有稳定的资金渠道。形成我国物业管理经费严重不足的主要原因是:①我国经济还不发达,列入国家预算的城市建设维护费微乎其微,投向住宅小区使用的很少。住宅小区中除房屋及设施有房租这一经费来源外,其他小区环境管理项目大部分没有合理的经费渠道。②长期以来在住房问题上所实行的低租金制,使房屋与小区环境的维护管理经费长期得不到解决,其正常运营得不到应有的补偿,难以为继。

因此,必须认真研究和妥善解决物业管理的经费问题。

9.3.1　物业管理经费的分类

物业管理经费可以按照使用性质、使用项目、承担者来划分类别。

1. 按照使用性质划分

(1)维护类

以保持原来面貌为目的的日常维护,包括保洁维护、居住安全维护、正常生活秩序的维护。

(2)养护类

指对房屋及设备、小区公用设施的日常预防性保养、检修、换油等,以及在它们受到轻微损坏时所采取的修复即小修、零修。

(3)修缮类

房屋及设备、小区公用设施在使用年限内,为保持它们处于良好的使用状态,恢复其功能而进行的修缮活动,一般指中修、大修。

(4)更新改造类

房屋及设备、小区公用设施由于各种组成部件材料的使用年限不同,将使用年限短的部件予以更新;对使用不便、设计落后的加以改造,用新工艺、新材料来替换,一般归修缮的范畴。

(5)添置类

根据使用发展上的需要,增建、增购的房屋与设施。

（6）服务类

以方便居民生活为目的的各种服务。

2. 按照使用项目划分

（1）房屋及设施

又可按房屋用途分为公建房与住宅；按使用部位分为自用与共用。

公建房屋有托儿所、幼儿园、中小学、商业用房、饮食服务业用房等。

自用与共用的划分是：

①自用部位（设备）：室内部位、自用阳台及在室内的设备。

②共用部位：房屋散水以里、承重结构部位、楼梯间、走廊通道、门厅和门卫室。

③共用设备：共用上下水管道、邮政信箱、垃圾道、供电电讯线路、楼梯间照明、共用天线及煤气、暖气干线、消防设施及电梯。

（2）住宅小区环境

①水、电、气、暖的管网及设施。

②雨水、化粪池等排污设施。

③公厕、垃圾站等卫生设施。

④绿地、园林等绿化设施。

⑤道路、人行道、存车设施。

3. 按照承担者划分

（1）个人

住宅与小区环境的受益、享用者。

（2）单位

产权单位、使用单位、开发经营单位、小区管理经营单位。

（3）政府

9.3.2 物业管理经费的筹措

各地物业管理部门积极开拓探索，在其他有关部门的配合支持下，采取了多种方法来解决物业管理的经费问题。

1. 受益人出资

这主要是指物业的使用者要负担一部分经费，如保洁卫生费、自行车保管费、保安费等。

就目前而言，物业使用受益人所负担的是与自己生活密切相关的服务性项目，而且是必不可少的，数额也不大。本着"谁受益谁负担"的原则，今后应逐步适当增大直接受益的个人所负担的比例。在社会主义市场经济条件下,受益者理所当然应承担这一部分管理费。

2. 产权单位出资

这是指物业所有权单位或产权单位负担的一部分经费,如室外统管费及一些管理项目的收费。

由物业产权单位负担室外统管费有一定的合理性,因为房屋楼内的共用设施与室外公用设施是不可分割的统一体,同属于一个系统。从这一观点出发,随着住房商品化的进展,当房产产权转属个人时,作为产权人的个人也应相应负担这一部分费用。当然,目前这一部分费用如完全转移给个人,是难以全部承担的。所以应逐渐适当调整,使之与个人的承担能力相适应,并向个人收取。

3. 物业开发单位出资

开发单位在竣工后移交时,应留下一定数额的物业管理基金,一般应以建筑面积为计量单位。留有这笔资金是十分必要的,既可以作为物业管理的费用,也可以用来补救和完善开发建设过程中的不尽完善之处。

4. 专门从事物业管理及服务的经营者出资

物业管理部门通过有偿服务及其多种经营收益来补充经费的不足,这是目前经费的主要来源。即使在经济比较发达的国家,物业管理经费全部由居民个人负担也是做不到的,需要政府给予补贴。我国经济不发达,采取这种"取之于民,用之于民"的方式还比较可行,可以大大减轻国家负担。

5. 由国家或地方财政出资

以财政补贴等方式对物业行业进行专项补贴,可以解决物业企业亏损问题,减轻企业负担,进而使物业管理步入正轨。

9.4　收益性物业管理

9.4.1　收益性物业管理的模式与内容

1. 收益性物业管理的模式

收益性物业管理关注的重点是租用建筑物的承租人对其所使用的物业环境感到满意,并希望继续租用本物业。因此,收益性物业管理工作中的每一部分工作,

都应以满足当前承租人的需要并吸引未来的新承租人为中心。因此,通常将收益性物业管理工作分成以下几个相互联系和影响的方面:

（1）物业发展目标

这是物业的市场定位。在一宗空置的收益性物业寻找合适的承租人之前,物业管理人员必须清楚地了解其所管理的物业在当地同类竞争性物业市场中的地位。

（2）物业管理目标

该目标的制订过程实际是在物业发展目标和物业管理实际工作的各个方面之间找到一个现实的平衡的过程。尤其是承租人管理和财务管理的目标与内容在制定战略性管理目标及其规划时应该得到很好的协调。

（3）承租人管理

其目的是为当前的承租人在其承租本物业期间提供满意的服务,以使当前的承租人在其租约期满后能够续租,同时也为物业创造一个良好的声誉,并以此来吸引新承租人,提高市场竞争力,提高物业租金。

（4）租务市场管理

包括吸引和发现可能的承租人、对承租人进行评估筛选并与其进行租约谈判,以最终签订租赁合同。

（5）租赁期间管理

主要指承租人履行租约义务的监督,制订有效的租金收取政策,服务费管理,租金调整和续租谈判以及租期结束时的管理等工作。

（6）人事管理

包括聘用合格的工作人员,对职员进行上岗前的培训和尽可能稳定能干、有责任心、有贡献的职员。

（7）建筑物管理

包括确定适当的建筑物维修养护标准、建筑物管理办法,对建筑物进行定期检查及对公共设施设备的维修养护和管理。

（8）财务管理

业主投资于物业最主要的是要获取投资收益。因此,管理和确保业主的财务收入是物业管理最重要的一个责任。财务管理的主要工作包括编制预算,处理纳税和保险事宜,以及财务档案管理。

（9）经营状况评估

物业服务企业经常更新和评估物业的财务状况,以便从中发现物业经营状况好坏的原因。物业服务企业应将分析的结果报告业主,以便采取正确的方法或改变策略来适应未来的市场状况。目前使用的主要经营状况评估指标包括:①预计的租金水平与实际租金水平的比较;②预计和实际的物业资本价值增长的比较;

③物业的竞争能力与其市场竞争对手能力的比较；④资本回报率，即年净收益与物业资本价值的比率；⑤净收益，即毛收益减去经营成本；⑥空置水平；⑦服务收费水平；⑧租金拖欠和坏账情况；⑨财务内部收益率；⑩对于机构投资者来说，本物业在其房地产投资组合中的位置。

2. 收益性物业管理的内容

针对不同用途的收益性物业，可以分为写字楼物业管理、商场物业管理、工业及货仓物业管理、酒店物业管理等更加专业化的领域，并根据各类物业的特点、委托人的要求等确立相应的物业管理的侧重点和工作程序。但无论是哪一类收益性物业的管理，基本都包括以下几个方面的内容：

（1）制订管理计划

在接管一宗物业后，首先要制订一份管理计划并获委托人的认可。该计划应详细说明物业管理所提供的服务内容以及所采用的方法。计划的制订一般有五个步骤：

①确立目标。物业所有者（业主）的目标是制订管理计划的基础。有时业主除了最大限度地获取利润外，没有具体的目标。物业管理人员就要通过调查，分析相关投资信息，来确定较为具体的目标。此外，业主授予物业管理者的权力范围也有很大差别，有些业主只对重大决策问题发表意见，但也有些业主可能希望对有关细节问题予以过问。物业管理人员常常需要就业主提出的相互矛盾的目标做解释工作，例如有业主同时提出了最小维护费用和最大增值两个不相容的目标。一旦物业服务企业接受了委托，就要在物业管理目标上与业主达成共识，并尽自己的可能来维护业主的利益。

②检查物业质量状况。物业质量状况的检查是物业管理工作的重要内容，这种检查通常包括建筑物外部和内部墙体、基础和屋顶、建筑设备和装修等所有方面，还要针对业主经常指出的一些特殊问题进行检查。物业管理人员要根据质量状况检查的结果，确定实现业主提出的目标所需的时间、需要进行的修缮工作及其费用。

③形成租金方案和出租策略。出租实际上是出售一定期限（月或年）的物业使用权，只有在业主和承租人均满意的情况下租约才会得以维持。

租金方案十分重要。从理论上来说，租金的确定要以物业出租经营成本、税费和业主希望的投资回报率来确定，但市场经济条件下，物业租金水平的高低主要取决于同类型物业的市场供求关系。维护较好的旧有建筑，由于其建造成本和融资费用较低，往往限制了新建筑的租金水平，因此对旧有建筑而言，租金收入常常使回报率超出预期的水平，且建造成本和融资费用上升越快，这种情况就越明显。

从总体上说，物业租金收益必须能抵偿所有投资成本，并能为投资者带来一个合理的投资回报，否则就不会有人再来进行开发建设投资。物业管理人员还必须了解市场,过高或过低的租金都有可能导致业主利益的损失,因为若某宗待出租物业确定的租金高于市场租金水平,则意味着物业的空置率上升;而低于市场租金水平的租金,虽然可能使出租率达到100%,但可获得的总租金收入并不一定理想。

对出租期限内租金水平的调整没有数学公式可循,物业价格、租金指数对租金定期调整虽有参考价值,但直接的意义也不大,所以恰如其分地调整租金和形成初始租金方案一样困难。如果投资者购买的物业本来就有人租用,这种租金的调整就更加困难,因为先前的业主确定的租金可能低于市场租金水平,所以当新业主或物业管理人员决定提高租金至市场租金水平时,可能会受到抵制。正是由于制订租金方案、调整租金水平非常复杂,才需要物业管理人员提供的专业服务。

④提出预算(包括管理费)。预算是物业管理中经营计划的核心,预算中包括详细的预期收益估算、允许的空置率水平和经营费用,且这些数字构成了物业管理的量化目标。要根据实际经营情况对预算进行定期调整,因为租金收益可能由于空置率的增加而较预期的减少,此时物业管理人员往往要就空置率增加的原因进行认真的分析。维护费用超过预算一般预示着建筑物内的某些设备需要更新。

预算是物业管理中财务控制和财务计划的重要工具。其控制特性表现在当收入低于预算或费用超过预算时就会引起物业管理人员的注意,而其计划特性则表现在当物业管理人员编制预算时能就未来一年的经营计划做出比较现实的安排。此外,回顾前一年的预算执行情况,物业管理人员还能发现问题并进行适当的调整。

预算还可以使业主较容易地对物业管理的财务情况进行检查。当业主发现物业经营收入和费用大大超过预计的水平时,通常会要求物业管理人员予以解释,物业管理人员则必须负责对实际执行结果背离预算的原因进行说明,并告之业主这种未预计到的情况的发展趋势。因此,一旦提出了一个预算,物业管理人员和业主之间的经济关系也就确立了,但在双方共同制订预算的过程中,物业管理人员要努力为业主提出更为完美并切合实际的目标。

⑤签订物业管理委托合同。业主与物业管理公司签订的委托合同必须明确物业管理人员的权利和义务,以免物业管理人员事无巨细都要请示业主。

一般的委托合同应该包括物业管理人员需定期向业主呈送的文件和报告、物业管理人员的主要工作、物业管理的责任和物业管理的费用。当然,物业的规模越大、承租人的数量越多、对物业管理所提供的服务内容越多,则合同越要详细。

⑥物业管理记录和控制。当委托合同签订后,物业管理人员必须及时收集整理有关数据,以便编制有关报告。例如,一份月财务报告就应包括上月结余、本月收入(包括租金、保证金和其他收入等)、本月支出(包括人员工资、维护费、修理费、水及能源使用费、税费、保险费、抵押贷款还本付息、管理费、宣传广告费、资本回收

等)和月末结余。通过阅读月财务报告,业主和物业服务企业就会发现哪些费用超出了预算。

(2)加强市场宣传以提升物业的租金

物业管理人员通常要努力进行市场宣传以使物业达到一个较为理想的租金水平。这种宣传一般围绕着物业的特性来进行,如宣传物业所处的位置、周围景观、通达性和方便性等,他们一般很少通过强调租金低廉来吸引承租人。因为对于某些物业如收益性物业、工业物业等租金水平相对于物业的其他特性来说可能并不十分重要。所以物业管理人员一般认为,只要租金相对于其他竞争性物业来说相差不大,则物业的特性和质量是吸引承租人的主要因素。通过对大量的承租人的调查表明,他们选择物业时所考虑的众多因素中,租金是否便宜只占第五或第六位。

物业管理人员选定了进行物业宣传的主题后,还要选择适当的宣传媒介。一般来说,对于中低档写字楼物业选择报纸上的分类广告或物业顾问机构的期刊比较合适;对于大规模的收益性物业还可选择电视、广播来进行宣传。

目前流行的做法还包括物业管理人员带领有兴趣的人士前往“看楼”,所以通常要将拟出租部分整理好以供参观。物业本身及物业管理人员的工作情况和服务效率给承租人留下的第一印象也非常重要。

展示物业是一种艺术,它取决于物业管理人员对未来承租人需求的了解程度,而这种需求可通过与承租人非正式地接触、问卷调查等形式来获取。承租人是否租用物业,一般取决于其对目前和未来所提供空间的满足感和所需支付费用的承受能力。

当然,加强市场宣传的最终目的是能够签署租赁合约,达不到这个目的,物业管理人员的一切努力都将是徒劳的。经验丰富的物业管理人员在向潜在的承租人展示、介绍物业的过程中,能清楚地从顾客的反应中知晓他是否已经初步决定承租物业,并及时进行引导,尽可能用大众化的语言回答顾客的提问。

(3)制订租金收取办法

制订租金收取办法的目的是尽量减少由于迟付或拖欠租金而给业主带来的损失。“物业管理人员应尽量体谅和考虑承租人的特殊困难,并想办法为其解决这些困难,以达到按期足额收取租金的目的”。这句话说明,租金收取办法要尽量考虑到承租人的方便,在物业管理人员和承租人之间要建立起良好的信任关系,尤其是在经济不景气或承租人的业务发生困难时,这种弹性策略尤为重要。当然,这并不排除必要时诉诸法律的可能。

在制订租金收取办法的过程中,物业管理人员通常对按时支付租金的承租人实行一定额度的优惠,而不是对迟交者予以罚款。经验表明,激励比惩罚更为有效。此外,租金收取方式和时间的选择亦很重要,要根据承租人的收入特点灵活选择收租方式,合理确定收租时间。此外,还提倡主动的收租服务,通过电话、信件甚至亲临访问来提醒承租人按时交纳租金,并让承租人了解租金收取的程序。对于承租人主动交纳租金的行为,要表示感谢和鼓励。

(4)物业的维修养护

良好的物业维修养护管理不仅是承租人要求的,也是物业本身和物业管理目的所要求的。物业维修常起源于承租人对建筑物状况的抱怨,物业管理人员在抓紧维修的同时,还要对承租人的合作表示感谢,对建筑物缺陷可能给承租人造成的不便表示歉意。这种及时应承租人要求而进行的维修,不仅能树立物业服务企业的信誉,而且还有助于避免由于物业缺陷而导致的重大经济损失。

除应承租人要求而进行的维修外,还要按时对物业进行定期的检查、维修和养护。每次检查维修都要依建筑物各部位和其附属设备的情况有所侧重。检查结果要详细记录并及时报告给业主。

物业管理人员虽然被授权负责物业的维修,但必须以不突破维修预算为原则。对于建筑物内主要设备的更新工作,如供热或空调系统的更新,物业管理人员必须征得业主的同意。此外,对承租人就建筑物尤其是内部设备的使用提供指导,也是物业维修计划的重要内容,这样就可以使承租人、物业管理人员以及业主共同承担物业维护的责任,并使各方的利益得到应有的保护。

(5)安全保卫

当前,物业管理人员越来越重视为物业及承租人提供安全保卫服务。一方面,建筑物的毁损可能导致承租人生命财产的损失;另一方面,社会犯罪活动亦会导致承租人的利益受到伤害。

安全保卫方面的考虑从建筑物的结构设计就开始了。政府的公共安全部门对建筑物设计过程中的保安措施尤其是防火设计都有明确的要求。物业管理人员通常还要对建筑物内容易造成人身伤害的部位做出明确标志,以提醒人们注意安全。为了防止犯罪活动,一般要设置大厦保安人员,锁上人们不经常使用的出入口,对经常使用的出入口派保安人员值班。

保障承租人人身和财产的安全,通常是业主的义务。物业管理人员应就物业的安全保卫计划向业主提供专业意见,并代表业主实施该计划。

(6)协调业主和承租人的关系

及时对话和沟通是建立业主、物业管理人员和承租人三方之间良好关系的关键。作为专业人士的物业管理人员,必须设法建立三方经常沟通的渠道。通过物业管理人员这个中间媒介,使某方的希望、需要、抱怨能及时地让其他各方了解。业主与承租人也可以建立起直接的联系渠道。

（7）组织和控制

从业主的角度来说，能否实现预期的物业管理目标，是物业管理工作有效与否的标志。业主如果能够定期地对物业进行视察，则物业维修计划、保安计划的实施情况就很容易了解。物业收入和费用支出的差异大小，也能体现物业管理组织与控制的有效性。此外，如果业主能不过问物业管理公司的具体工作，而又对物业管理人员能及时处理所遇到的问题抱有信心的话，那么物业管理的组织和控制就是有效的。

3. 物业服务企业的选择与评价

对于物业服务企业的选择有一系列的标准可供遵循。这些标准往往反映了物业服务企业承担物业管理工作的能力。这些标准通常包括：

（1）能否令业主满意

主要看物业服务企业受托进行物业管理的条件、所能提供的服务方式等是否满足业主的要求。

（2）专业服务的水平

主要了解物业服务企业从事物业管理的时间、可投入的专业人员的数量及其从业资格、当地的声誉、当前管理的物业情况等。

（3）向业主提供信息的能力

除了月报告以外，业主通常还需要有关收入或房产税、法律问题等方面的信息，许多物业服务企业拥有自己的计算机信息管理系统，能及时、便捷地提供业主所需要的信息报告。

（4）管理计划

物业服务企业在收费相同的情况下不可能提供完全相同的服务。选择物业服务企业最好的办法就是根据上面的三条标准选择三至四家物业服务企业，然后确定一个管理计划，再从中选择管理费用最合理的企业。

应当特别指出的是，选择物业服务企业应当和当初选择物业时一样小心谨慎，因为良好的物业管理极大地影响着业主投资目标的实现，业主能否达到预期收益的目标、投资成功还是失败都与物业管理有着直接的关系。

4. 物业管理工作的评价

良好的物业管理并不仅仅意味着 100% 的出租率。实际上，没有空置可能预示着物业的租金水平低于市场租金。所以要结合目标标准对物业管理工作进行评价，而不能仅凭主观的感觉。当然，对物业管理工作进行评价的主要目的是令物业服务企业为业主和承租人提供更好的服务，而并不总意味着决定是保留还是辞退当前的物业服务企业。

物业管理工作的评价应着重从以下几个方面考虑：

(1)与承租人有良好沟通。

(2)及时收取租金。

(3)及时处理承租人的投诉。

(4)达到了出租率目标。

(5)物业维修状况良好。

(6)经营费用没有突破事先的预算。

(7)及时提供有关物业报告。

(8)为业主的利益主动提出建议。

(9)对业主的批评或建议反应迅速。

需要考虑的因素可能还有很多，可以通过对每一个因素打分的方式来作出综合评价。

此外，对于大多数物业来说，由于承租人众多，物业服务企业及其工作人员的能力还应包括协调解决承租人之间的矛盾方面。因为承租人之间的争端并不都需要诉诸法律程序解决，需要物业服务企业作为解决矛盾的中介，使不同承租人之间能和睦相处。

当然，评价的最后一步就是将评价结果告知物业服务企业，这是物业服务企业改进与业主的关系，提高管理和服务水平的绝好机会。

9.4.2　收益性物业管理的经营收入测算

对于收益性物业投资而言，衡量其获利能力大小的标准只有一个，即为投资者所带来的净经营收入的大小。而对于收租物业，该净经营收入的大小主要取决于物业经营过程中所产生的现金流。

(1)现金流

从事物业管理工作的专业人员通常使用其特定的专业术语来描述与现金流相关的各种类型的收入和费用项目，这些术语包括：

①潜在毛租金收入。物业可以获取的最大租金收入称为潜在毛租金收入。它等于物业内全部可出租面积与最大可能租金水平的乘积。一旦建立起这个潜在毛租金收入水平，该数字就在每个月的报告中保持相对稳定。能够改变潜在毛租金收入的唯一因素是租金水平的变化或可出租面积的变化。潜在毛租金收入并不代表物业实际获取的收入，它只是在建筑物全部出租且所有的租客均按时全额缴纳租金时，可以获得的租金收入。

②空置和收租损失。实际租金收入很少与潜在毛租金收入相等。潜在毛租金

收入的减少可能由两方面原因造成：一是空置的面积不能产生租金收入；二是租出的面积没有收到租金。在物业收入的现金流中，空置和收租损失从潜在毛租金收入中扣除后，就能得到某一报告期（通常为一个月）实际的租金收入。欠缴的租金和由于空置导致的租金损失一般分开记录，当欠缴的租金最终获得支付时，仍可以计入收入项目下，只有最终不予支付的租金才是实际的租金损失。此外，空置虽然减少收入，但不是损失。物业服务企业有责任催收欠缴的租金。然而，如果拖欠租金的租客拒绝缴纳租金，物业服务企业就可以委托专业代理机构催收此项租金，或通过必要的法律程序强制租客履行缴纳租金的义务。

③其他收入。物业中设置的自动售货机、投币电话等获得的收入称为其他收入。这部分收入是租金以外的收入，又称计划外收入。此外，一般也将通过专业代理机构或法律程序催缴拖欠租金所获得的收入列入其他收入项目。

④有效毛收入。从潜在毛租金收入中扣除空置和收租损失后，再加上其他收入，就得到了物业的有效毛收入。即

有效毛收入＝潜在毛租金收入－空置和收租损失＋其他收入

⑤经营费用。收益性物业的经营费用是除抵押贷款还本付息外物业发生的所有费用，包括人员工资及办公费用．保持物业正常运转的成本（建筑物及相关场地的维护、维修费）、为租客提供服务的费用（公共设施的维护维修、清洁、保安等），保险费、房产税和法律费用等也属于经营费用的范畴。跟踪经营费用的目的主要是为了制订成本支出预算，控制经营费用支出的数量。

⑥净经营收入。从有效毛收入中扣除经营费用后就可得到物业的净经营收入。即

净经营收入＝有效毛收入－经营费用

净经营收入的最大化，才是业主最关心的问题，也是考察物业服务企业的物业管理工作成功与否的主要方面。因此，物业服务企业要尽可能增加物业的有效毛收入，降低经营费用，以使交给业主的净经营收入尽可能大。

当然，有些经营费用偶尔也从净经营收入中支出。

⑦抵押贷款还本付息。业主对于物业经营情况的评价并不仅仅停留在获取多少净经营收入，物业还本付息的责任即抵押贷款还本付息，还要从净经营收入中扣除。当然，该项还本付息不是经营费用，它可以逐渐地转入业主对物业拥有的权益的价值中去。业主非常关心的问题是，物业所产生的净经营收入是否能够支付抵押贷款的本息，同时满足其投资回报的目标。有些情况下，物业服务企业负责为业主办理还本付息事宜，但也有些业主宁愿自己去处理这一事宜，这主要取决于业主和物业服务企业的委托合同是如何规定的。

⑧现金流。从净经营收入中扣除抵押贷款还本付息之后，就得到了物业的税

前现金流。这是业主的税前收入或投资回报(当净经营收入不足以支付抵押贷款还本付息金额时,该现金流是负值)。从物业税前现金流中再扣除准备金和所得税后,即得到物业税后现金流。即

$$税前现金流＝净经营收入－抵押贷款还本付息$$
$$税后现金流＝税前现金流－准备金－所得税$$

储存基金通常由物业服务企业直接管理,应缴纳的所得税通常由业主负责支付。应该指出的是,如果物业没有抵押贷款安排,亦无储存基金项目扣除,业主应纳税所得额就等于物业的净经营收入。

综上所述,收益性物业管理中的现金流为

潜在毛租金收入

减去:空置和收租损失

加上:其他收入

等于:有效毛收入

减去:经营费用

等于:净经营收入

减去:抵押贷款还本付息

等于:税前现金流

减去:准备金

减去:所得税

等于:税后现金流

物业服务企业所涉及的财务管理一般到产生净经营收入为止。

从另一个角度来说,业主对物业价值的估计通常基于税前或税后现金流。虽然物业服务企业对这些支出没有控制的权利,但它必须了解其计算方法以及业主如何根据这些信息对物业的经营状况作出判断。

(2)相关问题分析

还本付息的数量取决于业主购置物业时抵押贷款的数量和期限。物业服务企业可以就物业的重新融资为业主提供咨询意见。在许多情况下,通过物业再融资安排,可以提前还清物业当前的抵押贷款余额,且在新的融资安排下,使业主的周期性还本付息数量更加适合当前的房地产市场状况,并提高业主股本金的收益水平。

如果不考虑业主在置业投资中股本金所占的比例,一宗物业的年净经营收益是相同的。收益性物业年净经营收益的稳定性对物业价值的大小有很大影响。

①物业估价。从物业服务企业的角度来说,尽可能使年净经营收益最大化的

重要性是显而易见的,如果一个物业服务企业能够获取足够的年净经营收益,那么业主就可以支付抵押贷款的本息,获取满意的投资回报。然而,净经营收益的水平不仅仅表明了业主每个月的投资回报,而且还直接影响物业的价值。为了估算收益性物业的价值(V),可以用物业年净经营收益(NOI)除以资本化率(R),即

$$V = NOI / R$$

例如,某物业的年净经营收益为 10 万元,其资本化率为 10%,则该物业的价值估计为 100 万元。某一特定物业的资本化率取决于该物业的类型、当地近期成交的类似物业的资本化率、市场情况及利息率等。资本化率的变化对物业的价值影响很大,因为资本化率上升会导致物业价值下降。采用当地类似物业的资本化率计算时,如果物业的年净经营收益是最好的估计值,则该物业的价值也是最高的估计值。如果物业的年净经营收益下降而资本化率不变,则物业的价值也会下降。因此,任何使物业提高净经营收益的因素,都会提高物业的价值。

②准备金、保证金基金和所得税。不仅物业经营过程中的各项收支需要认真对待,准备金和保证金基金也需要妥善地管理,以保证该基金本金的稳定增长和利息收入的合理化。

a. 准备金(大修基金)。准备金是定期存入的用于支付未来费用的资金。如果这部分资金来自物业的收益,就应该从物业现金流中扣除。准备金通常用于支付物业经营过程中的资本性支出(例如设备或屋面的更新),而日常的经营费用则在每月的经营收入中支出。

准备金经常保存在一个名为"有息银行存款"的账目下,由于准备金通常赚取利息收入,一些物业服务企业都将这些利息收入积累成一个基金,用于支付那些不是每个月都要支付的经营费用。房产税和保险费通常每年支付一次,但如果每个月都从经营收入中提取一部分,则能够保持物业各个月之间现金流的平稳。如果这些非经常性费用支出来源于准备金,则物业管理人员要注意将这些费用列为经营费用。

用于物业更新改造的准备金可以取有效毛租金收入或年净经营收入的一个百分比。由于准备金是用来支付预计要发生的用途(如每五年更新一次地毯、根据市场需求的变化改变室内空间布置等),因此可以根据物业大、中修计划事先作出预算,定期向该账户注入一定数量的资金。

建立用于物业资本支出的准备金常需要专门的报告和分类账目,准备金账目下的费用支出一般用支票支付。这里很重要的一点是,建立准备金基金会减少业主从物业收益中获取的净经营收入,有些业主可能要求不建立此项基金,而在物业资本支出发生时再临时筹措。业主和物业服务企业在该基金数量的大小上可能也会有意见分歧。但该项基金的存在对于保证物业正常的大、中修计划的执行至关

重要,因此物业服务企业在与业主签署委托管理合同时,应非常重视有关准备金条款的谈判。

b. 保证金基金。承租人常常需要缴纳租赁保证金,以保证其在租约有效期间内能够很好地履行租赁合约(按期缴纳租金、履行对物业保护的责任)。租赁保证金基金的建立和管理,要遵循国家和地方政府的有关规定来进行,一般要单列银行账户进行管理。保证金基金的利息收入可以作为物业的其他收入,也可以部分或全部归承租人所有。如果承租人在租赁期间内完全履行了租约中所规定的责任,则该项保证金在租约到期时要如数退还给承租人,否则就要扣除部分甚至全部保证金,用于支付物业损毁或由于拖欠租金给业主带来的损失。

c. 所得税。收益性物业出租过程中的所得税计算比较复杂,如果业主的收入只来自于物业出租所获取的利润,则按该利润的33%缴纳所得税;如果业主除了该项物业投资外还有其他投资项目,就有可能合并计算所得税。在有些城市如上海,将出租收益性物业的行为按综合税率征收营业税、房产税和所得税等,综合税率为21%。由于每个业主的纳税责任有差别,物业服务企业通常只能较准确地估算税前现金流,而较为准确的税后现金流通常要在咨询专业税务会计、审计人员后才能得到。

9.4.3 收益性物业管理的经营费用测算

对收益性物业管理费用的测算目前国家尚无统一的规定,物业服务企业在具体测算时,可参考国家发改委、建设部发布的《城市住宅小区物业管理服务收费暂行办法》的基本原则与要求、当地政府的有关规定以及现行的会计核算办法执行。

由于大多数收益性物业都有其自身的特点,其费用项目还可能由于物业类型、规模以及物业管理委托合同的不同而有所差别,因此可根据实际需要将有关收支项目进一步细化或合并。但所有项目的收支情况都应记录得清清楚楚。为了确保会计报表适合每宗物业的具体情况,物业服务企业可以通过咨询专业会计师来编制每一宗物业的会计报表。

收益性物业管理中的收入包括租金收入和其他经常性收入(不含保证金和准备金)。而经营费用的数量和类型依物业类型和规模及所处的地区而有所不同,但还是存在着房地产管理行业公认的通用费用项目。在与国家规定的经营费用构成不矛盾的前提下,每一个物业服务企业都可以用自己的方式来定义经营费用,某些经营费用项目还可能要进一步细分以适应特定物业在管理过程中经营费用管理的需要。此外,有时业主也会要求采用一种特定的经营费用分类方式。物业服务企业必须清楚本企业习惯的经营费用分类方式和业主要求的经营费用分类方式,并使二者有机地结合起来。经营费用的具体项目包括:

（1）人工费

物业管理及服务人员的工资和福利应列在一个科目下，但有时需要进一步分列会计明细科目，如工资、补贴、劳保福利和国家或地方政府要求缴纳的保险费（如医疗、失业保险）、统筹费、公积金（如住房公积金）等。为了了解人工费在不同工作岗位上的分布，还可以将人工费按员工的工作岗位分别列入物业经营费用中的有关子项（如行政管理、保养、维护、清洁卫生、保安等）中去。此时工资、福利等不是列入人工费科目下，而是列在物业经营管理费的有关子项下，但也要便于集中统计人工费。人工费一般在每月的月中支付一次（也可以每周或每半个月支付一次），租金收入一般是在每月的月初收取。所以从财务管理的角度来说，月初可集中精力进行租金的收缴工作，月中就可以从本月收取的租金中支付人工费和其他费用，月末可以得到用来交给业主的物业净经营收入。在需要加班工作时，还要计算并向员工支付加班费。

（2）公共设施设备日常运行、维修及保养费

该项费用在物业经营费用中占较大比例，且分项较多。主要包括：

①维修和保养费。该科目主要用于核算物业外部和内部的总体维修和保养费用支出。建筑物立面的清洗、电梯维修与保养、锅炉检查和维修、空调维修与保养、小型手动工具和防火设备购置等通常都列在维修与保养费科目下。其他与此费用科目相关的费用包括管件、供电设备、地面修补和地毯洗涤费等。支付给负责物业维修和保养工作的承包商的费用应该在物业维修与保养费科目下分列。

由于经营费用中有很多费用项目与维修和保养费相关，因此该费用科目有时显得非常庞大。为了避免出现这种状况，某些类型的维修或保养费用可以根据发生的频率或数量的大小来分列。如清洁卫生费单独列项，室内装修费一般分列，因为室内装修有时是为了市场推广的目的。

②室内装修费。室内装修费是一项开支较大的经常性费用，所以经常与维修和保养费分列子科目。此外，该工作可能与物业维修保养工作无关，而仅仅是为了改善物业的形象。室内装修费科目一般包括材料费（墙纸、涂料等）、工器具和设备使用费（摊销）、人工费、管理费和承包商利润（如果将该工作发包给承包商的话）。

③生活用水和污水排放费。该项费用随季节变化而有所变化。大多数物业同时收取生活用水和污水排放费用，因为在一宗物业中污水排放的数量和生活用水的使用量有关。随着城市用水数量的迅速增加，供水和污水处理的成本也在逐渐增长，采取一些节约用水的措施（如采用喷淋方式浇灌绿地、使用节水型卫生洁具、及时更新漏水的供水管道）不仅可以减少水费支出，而且还可以节约宝贵的水资源。应当注意的是，更新供水管道的费用应记在物业保养费或管件费子科目中。

④能源费（水、电、气、油料等）。为了较准确地计算，该费用科目可能要根据物

业所消耗能源的类型进一步划分为几个详细科目。能源费一般每月支付一次,各种能源的价格可能经常调整,所以尽管每月各类能源的使用量相对变化不大,但每月应支付的能源费也会有所差别。如果能源费由承租人承担(例如在商业物业中),则物业服务企业还要增加一个细目,以便按租金比例计算和收取每个承租人应缴纳的能源费。对于公用部位的能源费,要视每个承租人使用物业的时间和方式不同,进行合理分摊。

⑤康乐设施费。健身设备主要设在写字楼物业中,供承租人的员工使用。健身设备、游泳池和其他康乐设施的维修、保养及日常使用费属于康乐设施费范畴。康乐设施中每一项具体的服务内容还可单独分列费用细目,以使物业服务企业可以通过汇总各单项设施的费用支出情况,得出所有康乐设施运营成本。救生员、器械使用指导员和其他康乐服务人员的工资可以在这里计入,也可以在人工费项目中计入。

⑥杂项费用。该科目主要记录那些为保持物业正常运转而需支出的非经常性的、零星的费用项目。停车位画线、配钥匙、修理或重新油漆物业内外的标志或符号等所支付的费用常列在该科目下。还要考虑地区性和季节性的问题,例如,在我国北方地区清扫积雪的费用可能要单列费用细目,但在我国的南方地区就可以列入杂项费用;在南方防止虫害就要分列细目,但在北方就可列入杂项费用。

(3)绿地管理费

该项目费用主要取决于物业环境绿化面积的大小和美化大堂、楼道等公共部位而支付的花卉等费用支出。

(4)清洁卫生费

该项费用所包括的范围主要取决于清洁卫生工作所负责的楼面面积大小。列入清洁卫生费用的详细科目包括建筑物内外地面的清扫、大堂和走道地面打蜡、洗手间的清扫和消毒以及垃圾清运费用。对单元内部使用空间的清洁卫生工作,要视租赁合约的情况而定,如物业服务企业负责单元内部使用空间的清洁卫生,则应单独列项,即与公共部位的清洁卫生费用分开管理。

大型物业一般要和城市的环卫公司签署合约,请其负责垃圾清运工作。垃圾清运费用的数量主要取决于物业每月需清运的垃圾的数量(重量和体积),或需设置的垃圾筒的数量以及需要垃圾清运车的数量。由于城市垃圾数量的增加和垃圾处理能力的限制,国家和当地政府都在鼓励使用可重复利用(再生)的纸张、玻璃、塑料和金属,并将其分类存放,以减少垃圾处理时的工作量,减少资源的浪费。

(5)保安费用

出于物业公共安全的考虑,大多数物业服务企业都与保安公司签署一个保安合同,请保安公司提供保安服务。其他与安全有关的费用支出常列在相应的直接费用中。例如,停车位和公共部位的夜间照明费用应计入能源费中的电费细目中;

如果是保安人员负责出入登记工作,则其工资、福利等支出就计入人工费科目中。

（6）办公费

办公费是一个宏观的概念,包括零星办公用品、低值易耗品支出,邮寄费和其他与现场办公室运作相关的费用,如常年聘请法律顾问的费用等。此外,广告宣传及市场推广费也可列入办公费或单列科目。有时一些非标准的收费如报税准备费等也在办公费支出。

低值易耗品费用主要包括那些经常更新的日常消耗品的费用支出。物业服务企业可利用该科目记录那些可以大宗购买的日常消耗品支出,不定期的购买或不经常更新的材料有时也可记入该科目。写字楼物业的日常消耗品供应常列入办公费,清洁卫生工作中的消耗材料费用可以包括在清洁卫生费或物业保养费中。

法律费用是办公费中的又一重要子科目。经常出现在该费用科目下的支出包括为催收拖欠租金而诉诸法律的费用、预估房产税的支出、定期检查法律文件(如租约、合同等)等费用支出等。律师费是该科目下的经常费用,视物业的规模和进行法律咨询的频率不同而定。

（7）固定资产折旧费

该项费用指物业服务企业拥有的交通、通信、办公、工程修理、各类设备、机械等固定资产的折旧支出。其折旧年限通常按五年计算。按固定资产总额分摊到每月,逐月提取,单独设立科目。

（8）不可预见费

收益性物业管理中常有一些预计不到的费用支出,如短期内物价的上涨、意外事件的发生等。为此,在经营费用的测算过程中,通常列入一项不可预见费,可按前七项费用之和的 5% 计算。不可预见费应单独设账,其支出应严格控制。

（9）法定税费

法定税费包括营业税及附加,按上述各项总和的 5.5% 计税,按月缴纳。

（10）企业管理费及利润

企业的管理费及利润通常是物业有效毛租金收入的一个百分比,如果有效毛租金收入低于预计的某一数值时,还可以确定物业管理费及利润的一个最低值。其具体比例可根据政府有关规定和当地物业管理市场情况确定。通常从事收益性物业的物业服务企业,其企业管理费和利润的提取比例高于从事居住物业的物业服务企业。

（11）保险费

虽然保险费是每半年或每年支付一次,但保险费的实际支出还要受保险计划安排的影响。保险费项目通常只包括物业本身的保险,员工医疗保险和失业保险在人工费中开支。在保险费中开支的保险项目一般包括以下几种类型:

①火险。指针对那些由于火灾导致的投保物业的所有直接损失或损毁，为保单持有人提供保障。

②火险附加险。为火灾保险的附加险种，包括在火灾扑救过程中由于风暴、冰雹、爆炸、空难、交通工具、水毁、烟雾、人员伤亡等可能导致的相关损失。

③全损险。包括了保单中没有特别排除的其他任何损失。

④锅炉保险。由于锅炉事故导致的所有损毁的保险。

⑤财产毁损责任保险。投保物业对其他财产损毁应承担的责任。

⑥租金损失保险。由于物业损毁而使部分或全部物业不能正常出租而引起的业主收入损失。

⑦员工信用保险。由于其他人的非礼行为导致的某人财务收入损失。该险种常由物业服务企业为其员工购买。

⑧业主或租客责任保险。物业内某人或某些人受伤而对业主或租客的索赔。

⑨交通工具保险。购买该项保险主要是针对驾驶物业所拥有的各种交通工具的雇员，当这些交通运输工具在使用过程中出现责任问题时，可以保护业主的利益。

(12)房产税

对收益性物业来说，业主应缴纳房产税。我国城市房产税的征收分为按租金征收和按房产原值征收两种情况，按年计征，分期缴纳，按租金征收时税率为12%，按房产原值征收时税率为1.2%。该税有些地方每月征收一次，有些地方半年或一年征收一次。但物业服务企业在确定该项费用的预算时一般是以月为基础的，也就是说用每月留出来的房产税供需要缴纳该税项时使用。对于商场和写字楼等商业物业，有些租约规定将缴纳房产税的义务由承租人来承担，或以租金的一定比例向承租人另外收取（即租金中不含房产税），作为物业服务企业的代收代缴费用。该项代收代缴费用可以按月估算和收取，由物业服务企业存入专项账户，以便在需要缴纳房产税时使用。

思考题

1.什么是物业管理？什么是物业服务企业？

2.物业管理的内容主要包括哪些方面？是如何具体体现的？

3.什么是物业管理的早期介入？有什么意义？

4.物业服务企业在早期介入中承担什么样的角色？物业管理早期介入可以在四个阶段介入，你认为在哪个阶段介入最好？为什么？

5.物业管理早期介入和前期物业管理有什么区别?

6.物业接管验收的程序包括哪些?

7.在其他条件相同的情况下,收益性物业租金从高到低的顺序是什么?

8.收益性物业的经营收入和运营成本主要包括什么?

9.物业管理的三种预算形式是什么? 分别是如何编制的?

案例分析

　　假设你是在物业服务企业早期介入的工作人员,在你所介入的项目中有如下情况,你会怎样处理?

　　某建筑每层平面为 800 多平方米,有两道分布合理的消火栓及其立管就足以满足国家消防规范的要求。然而某设计院却为其设计了三道,这意味着不仅无谓增加了 30 多万元的建筑成本,而且还无端影响了户内布局。于是,你提议开发商抓紧找设计院洽商变更设计,取消一道消火栓及其立管。开发商也认为你的建议确实很有道理,便马上和设计院进行交涉。不料设计院不愿意否定自己的设计方案,开发商反复交涉也未获认可,只好找你商议此事的解决办法。

259

第10章

房地产中介服务管理

本章提要：

本章主要介绍我国房地产中介服务中的房地产咨询、房地产价格评估、房地产经纪等活动的内容,其中主要包括房地产估价的人员管理和机构管理、房地产经纪的人员管理和机构管理,以及房地产中介服务收费管理等内容。

10.1 房地产中介服务的内容

我国房地产中介服务是伴随着我国房地产市场快速发展而产生、发展起来的。由于房地产具有价值量大、位置固定、使用期长和办理交易复杂等特点,相关当事人在房地产交易活动过程中需要专门的知识和可靠的信息相助,房地产中介服务行业应运而生。随着我国房地产市场的发展,房地产中介服务活动日益成为房地产活动中最活跃的环节,特别是《城市房地产管理法》颁布实施后,房地产中介服务行业的法律地位得到确认。房地产中介服务对促进我国房地产市场的快速健康发展,以及房地产交易市场、资本市场等要素市场体系的发育和发展起到不可替代的作用。

10.1.1 房地产中介服务的概念及特点

1. 房地产中介服务的概念

房地产中介服务是指具有专业执业资格的人员在房地产投资、开发、销售、交易等各个环节中,为当事人提供居间服务的经营活动,是房地产咨询、房地产价格评估、房地产经纪等活动的总称。其中,房地产咨询是指为从事房地产活动的当事人提供法律、法规、政策、信息、技术等方面服务的经营活动。房地产价格评估是指对房地产进行测算,评定其经济价值和价格的经营活动。房地产经纪是指为委托人提供房地产信息和居间代理业务的经营活动。

2. 房地产中介服务的主要特点

房地产中介服务主要有三个特点:

(1)人员特定。从事房地产中介服务的人员必须是具有特定资格的专业人员,并不是所有人都可以从事房地产中介服务活动或提供房地产中介服务。这些特定资格的专业人员都有一定的学历和专业经历,并通过了专业资格考试,掌握了一定的专业技能。在中介活动过程中,他们凭借自身了解市场、熟悉各类物业特点的优势,节约了流通时间和费用,同时,也刺激了房地产商品的生产和流通。如从事房地产价格评估业务的人员必须是取得房地产估价师执业资格并经注册取得《房地产估价师注册证》的人员,未取得房地产估价师或估价员资格的人员就不能从事房地产价格评估活动;从事房地产经纪活动的人员必须是取得房地产经纪人执业资格的人员,仅取得房地产经纪人协理资格的人员是不能独立从事房地产经纪业务的。

（2）委托服务。房地产中介服务是受当事人委托进行的,并在当事人委托的范围内从事房地产中介服务活动,提供当事人所要求的服务。如在房地产买卖过程中,房地产经纪人利用自身掌握的房地产专业知识和信息,为交易双方相互传递信息,代办相关事务。由房地产经纪人代理房地产交易,按照规定的程序去办理各种手续,不仅给交易双方带来方便,而且也起到了规范交易行为的作用,使房地产交易在一定的规则下有秩序地进行。

（3）服务有偿。房地产中介服务是一种服务性的经营活动,委托人一般都应按照一定的标准向房地产中介服务机构支付相应的报酬、佣金。

10.1.2　房地产估价服务的内容

1. 房地产估价的概念

房地产估价是指专业估价人员根据估价目的,遵循估价原则,按照估价程序,选用适宜的估价方法,并在综合分析影响房地产价格因素的基础上,对房地产在估价时点的客观合理价格或价值进行估算和判定的活动。

2. 房地产估价的原则

房地产估价应遵循下列原则:

（1）合法原则,应以估价对象的合法使用、合法处分为前提估价。

（2）最高最佳使用原则,应以估价对象的最高最佳使用为前提估价。当估价对象已进行了某种使用,估价时应根据最高最佳使用原则对估价前提作出下列之一的判断和选择,并应在估价报告中予以说明:①保持现状前提:认为保持现状继续使用最为有利时,应以保持现状继续使用为前提估价;②转换用途前提:认为转换用途再予以使用最为有利时,应以转换用途后再予以使用为前提估价;③装修改造前提:认为装修改造但不转换用途再予以使用最为有利时,应以装修改造但不转换用途再予以使用为前提估价;④重新利用前提:认为拆除现有建筑物再予以利用最为有利时,应以拆除建筑物后再予以利用为前提估价;⑤上述情形的某种组合。

（3）替代原则,要求估价结果不得明显偏离类似房地产在同等条件下的正常价格。

（4）估价时点原则,要求估价结果应是估价对象在估价时点的客观合理价格或价值。

3. 房地产估价的程序

自接受估价委托至完成估价报告期间,房地产估价应按下列程序进行:

（1）明确估价基本事项。明确估价基本事项主要应包括下列内容:明确估价目的;明确估价对象;明确估价时点。其中,估价目的应由委托方提出;明确估价对象应包括明确估价对象的物质实体状况和权益状况;估价时点应根据估价目的确定,采用公历表示,精确到日。在明确估价基本事项时应与委托方共同商议,最后应征得委托方认可。

(2)拟订估价作业方案。在明确估价基本事项的基础上,应对估价项目进行初步分析,拟订估价作业方案。估价作业方案主要应包括下列内容:拟采用的估价技术路线和估价方法;拟调查搜集的资料及其来源渠道;预计所需的时间、人力、经费;拟订作业步骤和作业进度。

(3)搜集估价所需资料。估价机构和估价人员应经常搜集估价所需资料,并进行核实、分析、整理。估价所需资料主要应包括下列方面:对房地产价格有普遍影响的资料;对估价对象所在地区的房地产价格有影响的资料;相关房地产交易、成本、收益实例资料;反映估价对象状况的资料。

(4)实地查勘估价对象。估价人员必须到估价对象现场,亲身感受估价对象的位置、周围环境、景观的优劣,查勘估价对象的外观、建筑结构、装修、设备等状况,并对事先搜集的有关估价对象的坐落、四至、面积、产权等资料进行核实,同时搜集补充估价所需的其他资料,以及对估价对象及其周围环境或临路状况进行拍照等。

(5)选定估价方法进行计算。

(6)确定估价结果。

(7)撰写估价报告。

(8)估价资料归档。

4. 房地产估价方法的选用

估价方法选用应按下列要求进行:

(1)估价人员应熟知、理解并正确运用市场比较法、收益法、成本法、假设开发法、基准地价修正法以及掌握这些估价方法的综合运用。

(2)对同一估价对象宜选用两种以上的估价方法进行估价。

(3)根据已明确的估价目的,若估价对象适宜采用多种估价方法进行估价,应同时采用多种估价方法,不得随意取舍;若必须取舍,应在估价报告中予以说明并陈述理由。

(4)有条件选用市场比较法进行估价的,应以市场比较法为主要的估价方法。

(5)收益性房地产的估价,应选用收益法作为其中的一种估价方法。

(6)具有投资开发或再开发潜力的房地产的估价,应选用假设开发法作为其中的一种估价方法。

(7)在无市场依据或市场依据不充分而不宜采用市场比较法、收益法、假设开发法进行估价的情况下,可采用成本法作为主要的估价方法。

10.1.3　房地产经纪服务的内容

1.房地产经纪的内涵及特性

（1）房地产经纪的内涵

根据 2006 年 10 月 31 日建设部、中国房地产估价师与房地产经纪人学会联合发布的《中国房地产经纪执业规则》有关房地产经纪用语的定义，房地产经纪，是指以收取佣金为目的，为促成他人房地产交易而提供居间或者代理等专业服务的行为。在这一定义中，应把握三个核心概念，即居间、代理、佣金。

（2）房地产经纪的特性

①房地产经纪的服务性。目前中国的房地产服务业有广义和狭义之分。狭义的是《城市房地产管理法》中所称的房地产中介，它包括房地产经纪、估价、咨询。广义的包括为房地产经济活动提供信息咨询服务和事务代理服务的各类服务性机构，如经纪、估价、咨询机构等。目前在中国，特别是在经济较发达的地区，房地产经纪机构的数量已发展到较大的规模，构成房地产服务业的主要部分。作为服务业，房地产经纪业所提供的商品不具有实物状态，而是一种具有动态过程的服务。因此，在发展完善房地产经纪行业的过程中，必须重视其服务业的属性和特点。

②房地产经纪的专业性。在经济社会的商品体系中，房地产是一种极为特殊的商品。首先，房地产在价格影响因素和价格形成、运行机制上具有不同于一般完全劳动产品的商品特性。所以房地产经纪人员要把握交易中最敏感、最关键的因素——价格，就必须具备一定的房地产市场和房地产价格评估的专业知识以及丰富的市场经验。其次，房地产作为介值量很大的单项商品，人们在购买房地产商品时，常常不可缺少信贷的支持。因此房地产经纪人员必须具有丰富的金融知识，熟悉各种金融机构的职能以及开办的业务，能够熟练办理各种信贷手续，才能更好地满足客户的需要，为交易双方服务。第三，房地产作为不动产，其交易须通过一系列法律程序才能完成，这要求房地产经纪人员熟悉与房地产交易相关的法律、法规和具体手续。因此，房地产经纪是一项专业性极强的活动。

③房地产经纪的地域性。房地产的空间固定性使房地产经纪活动具有很强的地域性。土地是固定在地球特定的经纬度上的，而房地产又固定在土地上，这种固定性使房地产实体不可能在空间上流动。这就导致了某一地区的房地产经纪人员常常只能掌握该地区的房地产商品和市场信息，从事该地区的房地产经纪活动。对于跨地域的房地产经纪机构，其在不同地域的经纪业务，一般只能由不同的经纪人员来具体从事。由于房地产政策的地方性特点，在国家总的经济政策和房地产

政策的指导下,不同省份、不同城市都制定了不同的地方政策,因而房地产经纪人员必须了解地方性房地产政策,才能适应不同地区房地产经纪活动的要求。

2. 房地产居间

(1)房地产居间的概念

房地产居间是指以房地产或有关房地产的业务为对象,通过居间人的协调,促成交易双方达成交易,居间人依法取得合理的中介报酬的经营活动。房地产居间业务,根据居间人所受委托内容的不同,可分为指示居间和媒介居间。指示居间是指居间人仅为委托人报告订约机会的居间;媒介居间是指居间人仅为委托人订约撮合的居间。在房地产居间活动中,一方当事人为居间人,即房地产经纪人,另一方为委托人,即与居间人签订居间合同的当事人。相对人为委托人的交易方。委托人支付给居间人的报酬称为佣金。

由于房地产业的业务内容丰富、手续繁杂、涉及面广等特点,决定了房地产居间活动对房地产业发展起着重要的作用,成为房地产市场中不可缺少的经营活动。随着房地产业的发展,房地产居间业务量不断提高。为了适应这种市场需求,不同内容的房地产居间活动也逐步发展成为专业化操作的相对独立工作领域,如房地产买卖居间、房地产投资居间、房地产抵押居间、房地产租赁居间等。

(2)房地产居间活动的特征

①房地产居间人只以自己的名义进行活动。房地产居间中经纪人只以自己的名义为委托人报告订约机会或替交易双方媒介交易,并不具体代表其中任何一方。因此,居间人没有代为订立合同的权利。如果经纪人代理委托人签订合同,这时经纪人的身份就不是居间人,而是代理人的身份了。代理人与相对人签订合同只能以被代理人的名义,而不能以代理人自己的名义签订。经纪人在居间活动中的法律地位与在代理中的法律地位是不一样的。

②房地产居间活动业务内容广。房地产居间活动可以渗透到房地产经纪活动的整个过程,从房地产项目的筹划开始就可以涉足,在融资筹资、地块选取、规划设计、施工、销售各个阶段,都可以发挥牵线搭桥的作用。因此,在房地产整个经济活动过程中,无不渗透着房地产居间活动。房地产居间业务包括房屋买卖居间、房屋租赁居间、房屋置换居间、土地使用权转让居间等。

③介入房地产交易活动程度较浅。房地产居间人介入交易双方的交易活动程度较浅。居间人只是向委托人报告成交机会或撮合双方成交,起到穿针引线、牵线搭桥的作用,其服务内容较为简单,参与双方交易过程的时间也比较短。

④是一种有偿的商业服务行为。房地产居间是一种有偿的商业服务。任何一种居间行为都是有偿的,只要经纪人完成了约定的居间活动,促成交易双方成交,经纪人就有权收取佣金。由于房地产的价值大,因此,佣金收入也较高。

⑤房地产居间业务专业性强。房地产居间活动要求经纪人具有一定的房地产专业知识。房地产是一种特殊的商品,交易双方投入的资金比较大,当事人对这种不动产的交易行为都比较慎重。随着人们文化素质的提高,对房地产经纪人的要求也越来越高。房地产居间活动要求房地产经纪人具有丰富的房地产业务知识及有关法律和税务知识;对当地社区环境、经济条件熟悉,能掌握市场行情;消息灵通,反应灵敏,判断力强;信誉良好,诚实可靠,按职业道德准则办事。

3. 房地产代理

(1)房地产代理的概念

根据《中国房地产经纪执业规则》有关房地产经纪用语的定义,房地产代理,是指以委托人的名义,在委托协议约定的范围内,为促成委托人与第三人进行房地产交易而提供专业服务,并向委托人收取佣金的行为。

其中,商品房销售代理是中国目前房地产代理活动的主要形式,一般由房地产经纪机构接受房地产开发商委托,负责商品房的市场推广和具体销售工作,在这一代理活动中,常常又滋生出一些其他代理活动,如代理购房者申请个人住房抵押贷款。此外,随着房地产业的发展和房地产市场的拓展和成熟,房地产代理业务也随之扩大。一些经纪机构开始全程参与房地产开发过程,代理筛选及聘请从设计师到物业管理公司等各类专业机构的活动。

(2)房地产代理业务的主要类型

根据服务对象的不同,房地产代理业务可分为卖方代理和买方代理。

①房地产卖方代理是指房地产经纪人受委托人委托,以委托人名义出租、出售房地产的经纪行为。房地产卖方代理的委托人为房地产开发商、存量房的所有者或出租房屋的业主。

房地产卖方代理业务按委托人的不同可以分为以下三类:

一是商品房销售代理。是指房地产经纪人接受房地产开发商的委托,按委托人的基本要求进行商品房销售并收取佣金的行为。房地产经纪人必须经房地产开发商委托,在委托范围内(如价格浮动幅度、房屋交付使用日期等)替开发商行使销售权。

二是房屋出租代理。是指房地产经纪人为房屋出租人代理出租房屋,促成出租者出租房屋成功而收取佣金的行为。房屋出租代理按房屋存在形式可分为现房出租代理、在建商品房预租代理、商品房先租后售代理等。

三是二手房出售代理。是指房地产经纪人受存量房屋所有权人委托,将其依法拥有的住房进行出售的代理。现实经纪活动中常称为二手房卖出代理。在存量房出售代理业务中,房屋置换的代理成为一种比较常见的房地产代理方式。

目前在中国房地产经纪业,卖方代理是最主要的代理业务。

②房地产买方代理是指房地产经纪人受委托人委托,以委托人名义承租、购买房地产的经纪行为。房地产买方代理的委托人为需要购买或承租房屋的机构或个人,即购房者或承租者。由于受消费习惯、交易成本等因素的影响,目前房地产买方代理业务的发展还不是很成熟,这方面的业务主要集中在境外公司和个人在中国境内承租房屋的代理上。从业务总量上看,买方代理业务远远少于卖方代理业务。

10.1.4 房地产咨询服务的内容

1.房地产咨询的概念

房地产咨询是指在房地产开发及流通过程中,为客户提供信息、建议、策划、可行性研究等各种智能服务的活动。房地产咨询可以为房地产投资者提供包括法律咨询、政策咨询、决策咨询、工程咨询、经营管理咨询在内的各种咨询服务,也可为房地产市场交易行为中的客户提供信息咨询、技术咨询等中介服务。当然,房地产咨询业务中目前最主要的工作是为客户置业提供购房指南等。建设部的《城市房地产中介服务管理规定》中所称的房地产中介服务是指房地产咨询、房地产价格评估、房地产经纪等活动的总称。因此,房地产咨询是一种中介服务。目前,在我国房地产经纪人的业务中也涵盖了房地产咨询工作。

2.房地产咨询业务的主要类型

根据我国房地产经纪人咨询业务的现状,房地产咨询业务大致有以下几种类型:

（1）法律咨询

自改革开放以来,随着依法治国方针的逐步确立和深化,中央和地方各级政府制定了一系列房地产法律、法规和规章制度,使房地产市场运作逐步纳入法制化轨道,为实现规范运作起到积极的作用。但是房地产市场的各个主体,他们对房地产法律、法规和规章制度的了解和熟悉程度不是一致的,有的可能很少接触、茫然不知。他们需要法律知识的援助,以便正确处置自己的市场行为,保护自己的合法权益。在实践中,有关房地产法律咨询的业务正在不断扩大。

房地产法律咨询业务大致有以下几种:为委托人提供解决房地产纠纷处理的法律依据;兼有律师资格的可以受聘担任各类房地产企业的法律顾问;为委托人化解可能因法庭判决所带来的风险;为维护委托人的正当利益提供法律依据;为委托人组织诉讼文件资料,通过法庭来保护委托人的合法权益。

（2）房地产企业经营咨询

房地产企业经营包括从房地产开发到销售及售后的物业管理等过程,是一个庞大的业务体系。企业要使每一项工作都做得完善、做得高水平是十分不容易的。

因为这些工作涉及多方面的专业知识、专业技能、经验甚至社会关系。而这些条件往往不是每一个企业都能具备的。因此通过咨询协助企业做好某些环节的工作，是房地产业众多企业所企求的。在这方面主要的咨询工作内容有：开发项目的前期策划和可行性研究；为开发项目做市场调查和分析；为开发项目作营销策划、拟订营销策略；为企业编制土地使用、工程建设、物业管理等招标或投标的标书；为企业编制项目预算、计划及结算报告和进行分析等。

（3）房地产服务咨询

在房地产使用过程中，居民要与不少有关部门打交道，如与物业服务企业打交道等。居民如何将自己的产业委托物业服务企业；如果居民将自己多余的住房用于出租又如何办理有关手续；业主的权利如何得到维护以保证物业的正常使用等。这些都是房地产消费服务方面可以开展咨询的业务内容。同时，在生产、开发及管理方面，房地产开发、经营企业和物业服务企业如何组建，以及房地产开发经营企业如何从暂定资质转为正式资质，甚至连房地产开发项目建设涉及的方方面面的公关，包括建设程序的安排、各种证书的申报等，都可以委托给房地产咨询服务人员。这样，既可以为开发商赢得时间，又可为开发商节约资金。尤其在各种关系没有完全理顺的情况下，房地产服务咨询工作是很受欢迎的。

3. 房地产咨询的服务方式

现代咨询机构的服务方式虽然比传统的咨询服务方式有了很大的进步，但基本上可分为三类。

（1）直答式服务方式

直答式服务方式，指客户提出需要咨询的问题，由咨询机构中的专业咨询专家（或人员）给予口头或书面的直接答复。这也是房地产咨询机构中最常见的一种咨询服务方式。这类客户提出的咨询问题一般都比较简单，涉及客户想要了解的如房源信息、房价、购房要办理哪些手续等，往往是在房地产交易过程中涉及的一些具体问题。房地产经纪人基本都具备这方面的知识和经验，都能从事直答式的咨询服务工作。

（2）网络式服务方式

随着计算机的逐步普及，咨询机构通过建立局部的或区域性的信息和咨询服务网络向客户提供各类咨询服务。这类服务方式起源于20世纪50年代末，主要在西方发达国家，目前已成为普遍运用并具有代表性的服务方式。其优点是使咨询服务更具广泛性、时效性、可靠性及实用性。特别对于房产交易、房产租赁、置换、抵押等信息，每个经纪人公司的工作人员、咨询人员坐在自己的微机终端就能查询储存于网络中的信息，做到互惠互利。发达国家的咨询公司不仅通过自建的信息咨询网，而且还将自身的咨询网与国际网联机检索，大大方便了某些咨询机构的咨询专家,其在遇到自身解决不了的问题时,可以通过网络向其他咨询机构求援。随着计算机网络技术的飞速发展,美国已通过咨询网络建立了 4000 多万个"家庭办公室",用户只要拨打当地电话号码,与网络连接后,通过网络可随时咨询到国内和世界各地的新闻、信息等。

(3)项目式服务方式

这种咨询服务方式可分为两种。一种是由客户提出项目,房地产咨询机构根据客户要求,进行调查、研究、论证,回答客户提出的各种问题,如开发计划的咨询、评价开发可行性咨询、工程项目评价咨询、工程计划研究咨询、招投标咨询等。就客户提出的具体项目要求,由咨询机构提供咨询意见的这类服务较为普遍。另一种是由咨询机构(人员)向客户提供咨询项目,由客户自行选择。这一类型的服务突出了咨询机构(人员)的主动性,咨询人员为客户设计咨询项目,并承担咨询。咨询方主动提供咨询项目的形式,将越来越被客户所接受。

10.1.5 房地产中介服务收费

为规范房地产中介服务收费行为,维护房地产中介服务当事人的合法权益,建立房地产中介服务收费正常的市场秩序,1995 年 7 月 17 日国家计划委员会和建设部联合发布了《关于房地产中介服务收费的通知》(计价格〔1995〕971 号),对房地产中介服务收费的有关问题作了具体规定。根据该《通知》,凡依法设立并具备房地产中介资格的房地产咨询、房地产价格评估、房地产经纪等中介服务机构,为企事业单位、社会团体和其他社会组织、公民及外国当事人提供有关房地产开发投资、经营管理、消费等方面的中介服务,可向委托人收取合理的费用。

房地产中介服务收费实行明码标价制度。中介服务机构应当在其经营场所或交缴费用地点的醒目位置公布其收费项目、服务内容、计费方法、收费标准等事项。

房地产中介服务机构可应委托人要求,提供有关房地产政策、法规、技术等咨询服务,收取房地产咨询费。

1. 房地产咨询收费标准

房地产咨询费按服务形式,分为口头咨询费和书面咨询费两种。

(1)口头咨询费,按照咨询服务所需时间,结合咨询人员专业技术等级,由双方协商议定收费标准。

(2)书面咨询费,按照咨询报告的技术难度、工作繁简程度,结合标的额大小计收。普通咨询报告,每份收费 300～1000 元;技术难度大,情况复杂、耗用人员和时间较多的咨询报告,可适当提高收费标准,收费标准一般不超过咨询标的额的0.5%。

以上收费标准,属指导性参考价格。实际成交收费标准,由委托方与中介机构协商议定。

2. 房地产价格评估收费标准

房地产价格评估收费,由具备房地产估价资格并经房地产行政主管部门、物价主管部门确认的机构按规定的收费标准计收。

以房产为主的房地产价格评估收费,区别不同情况,按照房地产的价格总额采取差额定率分档累进计收。具体收费标准见表 10-1。

表 10-1　　以房产为主的房地产价格评估收费标准计算表

档次	房地产价格总额/万元	累进计费率/%
1	100 以下(含 100)	5
2	100 以上至 1000	2.5
3	1000 以上至 2000	1.5
4	2000 以上至 5000	0.8
5	5000 以上至 8000	0.4
6	8000 以上至 10000	0.2
7	10000 以上	0.1

土地价格评估的收费标准,按国家发改委、国家土地局《关于土地价格评估收费的通知》的有关规定执行,见表 10-2、10-3。

表 10-2　　　　　宗地地价评估收费标准

档次	土地价格总额/万元	收费标准/‰
1	100 以下(含 100)	4
2	101～200 部分	3
3	201～1000 部分	2
4	1001～2000 部分	1.5
5	2001～5000 部分	0.8
6	5001～10000 部分	0.4
7	10000 以上部分	0.1

表 10-3　　　　　基准地价评估收费标准

档次	城镇面积/平方公里	收费标准/万元
1	5 以下(含 5)	4～8
2	6～20(含 20)	8～12
3	21～50(含 50)	12～20
4	50 以上	20～40

3.房地产经纪收费标准

房地产经纪费根据代理项目的不同实行不同的收费标准。

房屋租赁代理收费,无论成交的租赁期限长短,均按半月至一月成交租金额标准,由双方协商议定一次性计收。

房屋买卖代理收费,按成交价格总额的0.5%～2.5%计收。

实行独家代理的,收费标准由委托方与房地产中介机构协商,可适当提高,但最高不超过成交价格的3%。

上述规定的房地产价格评估、房地产经纪收费标准为最高标准。各省、自治区、直辖市物价、房地产行政主管部门可依据《关于房地产中介服务收费的通知》制定当地具体执行的收费标准,报国家发改委、建设部备案。对经济特区的收费标准可适当规定高一些,但最高不得超过上述收费标准的30%。

10.2 房地产估价管理

10.2.1 我国房地产估价管理制度概述

随着我国房地产业和房地产中介服务的发展,我国已建立起房地产估价管理制度。按照《城市房地产管理法》第三十三条的规定,国家实行房地产价格评估制度。房地产价格评估应当遵循公正、公平、公开的原则,按照国家规定的技术标准和评估程序,以基准地价、标定地价和各类房屋的重置价格为基础,参照当地的市场价格进行评估。

目前我国房地产估价管理制度主要体现在:

(1)建立了比较完善的房地产估价理论和方法体系。

(2)建立了房地产估价人员资格认证和评估机构资格评级制度,实行了房地产估价师和土地估价师执业资格全国统一考试制度。

(3)制定了房地产估价国家标准,发布了《中华人民共和国国家标准房地产估价规范》(GB/T 50291-1999)和《中华人民共和国国家标准城镇土地估价规程》(GB/T 18508-2001)。

(4)成立了房地产估价行业组织,包括中国房地产估价师学会和土地估价师协会等。

(5)形成了统一开放的房地产估价市场。

(6)建立了中国房地产估价信用档案。

10.2.2　注册房地产估价师管理

注册房地产估价师,是指通过全国房地产估价师执业资格考试或者资格认定、资格互认,取得中华人民共和国房地产估价师执业资格(以下简称执业资格),并按照《注册房地产估价师管理办法》注册,取得中华人民共和国房地产估价师注册证书(以下简称注册证书),从事房地产估价活动的人员。注册房地产估价师实行注册执业管理制度。

为加强注册房地产估价师管理,建设部于 1998 年 8 月 20 日发布了《房地产估价师注册管理办法》(建设部令第 64 号)。2001 年 8 月 15 日发布了《建设部关于修改〈房地产估价师注册管理办法〉的决定》(建设部令第 100 号)。2006 年 12 月 25 日,建设部又发布了《注册房地产估价师管理办法》(建设部令第 151 号),该办法自 2007 年 3 月 1 日起施行,同时废止了 1998 年和 2001 年发布的《房地产估价师注册管理办法》。

1. 注册房地产估价师的注册

(1)注册条件

注册房地产估价师的注册条件为:①取得执业资格;②达到继续教育合格标准;③受聘于具有资质的房地产估价机构;④无《注册房地产估价师管理办法》规定的不予注册的情形。

(2)注册申请

申请注册的,应当向聘用单位或者其分支机构工商注册所在地的省、自治区、直辖市人民政府建设(房地产)主管部门提出注册申请。

对申请初始注册的,省、自治区、直辖市人民政府建设(房地产)主管部门应当自受理申请之日起 20 日内审查完毕,并将申请材料和初审意见报国务院建设主管部门。国务院建设主管部门应当自受理之日起 20 日内作出决定。

对申请变更注册、延续注册的,省、自治区、直辖市人民政府建设(房地产)主管部门应当自受理申请之日起 5 日内审查完毕,并将申请材料和初审意见报国务院建设主管部门。国务院建设主管部门应当自受理之日起 10 日内作出决定。

注册房地产估价师的初始、变更、延续注册,逐步实行网上申报、受理和审批。

(3)注册证书

注册证书是注册房地产估价师的执业凭证。注册有效期为 3 年。

注册有效期满需继续执业的,应当在注册有效期满 30 日前,按照《注册房地产估价师管理办法》第八条规定的程序申请延续注册;延续注册的,注册有效期为 3 年。

注册房地产估价师变更执业单位,应当与原聘用单位解除劳动合同,并按《注册房地产估价师管理办法》第八条规定的程序办理变更注册手续,变更注册后延续原注册有效期。

(4)不予注册情形

申请人有下列情形之一的,不予注册:

①不具有完全民事行为能力的。

②刑事处罚尚未执行完毕的。

③因房地产估价及相关业务活动受刑事处罚,自刑事处罚执行完毕之日起至申请注册之日止不满 5 年的。

④因前项规定以外原因受刑事处罚,自刑事处罚执行完毕之日起至申请注册之日止不满 3 年的。

⑤被吊销注册证书,自被处罚之日起至申请注册之日止不满 3 年的。

⑥以欺骗、贿赂等不正当手段获准的房地产估价师注册被撤销,自被撤销注册之日起至申请注册之日止不满 3 年的。

⑦申请在两个或者两个以上房地产估价机构执业的。

⑧为现职公务员的。

⑨年龄超过 65 周岁的。

⑩法律、行政法规规定不予注册的其他情形。

(5)注册证书失效情形

注册房地产估价师有下列情形之一的,其注册证书失效:

①聘用单位破产的。

②聘用单位被吊销营业执照的。

③聘用单位被吊销或者撤回房地产估价机构资质证书的。

④已与聘用单位解除劳动合同且未被其他房地产估价机构聘用的。

⑤注册有效期满且未延续注册的。

⑥年龄超过 65 周岁的。

⑦死亡或者不具有完全民事行为能力的。

⑧其他导致注册失效的情形。

2. 注册房地产估价师的执业

(1)注册房地产估价师执业的主要要求

①取得执业资格的人员,应当受聘于一个具有房地产估价机构资质的单位,经注册后方可从事房地产估价执业活动。

②注册房地产估价师可以在全国范围内开展与其聘用单位业务范围相符的房地产估价活动。

③注册房地产估价师从事执业活动,由聘用单位接受委托并统一收费。

④在房地产估价过程中给当事人造成经济损失,聘用单位依法应当承担赔偿责任的,可依法向负有过错的注册房地产估价师追偿。

⑤注册房地产估价师在每一注册有效期内应当达到国务院建设主管部门规定的继续教育要求。

⑥注册房地产估价师继续教育分为必修课和选修课,每一注册有效期各为 60 学时。经继续教育达到合格标准的,颁发继续教育合格证书。注册房地产估价师继续教育由中国房地产估价师与房地产经纪人学会负责组织。

(2)注册房地产估价师的权利

①使用注册房地产估价师名称。

②在规定范围内执行房地产估价及相关业务。

③签署房地产估价报告。

④发起设立房地产估价机构。

⑤保管和使用本人的注册证书。

⑥对本人执业活动进行解释和辩护。

⑦参加继续教育。

⑧获得相应的劳动报酬。

⑨对侵犯本人权利的行为进行申诉。

(3)注册房地产估价师的义务

①遵守法律、法规、行业管理规定和职业道德规范。

②执行房地产估价技术规范和标准。

③保证估价结果的客观公正,并承担相应责任。

④保守在执业中知悉的国家秘密和他人的商业、技术秘密。

⑤与当事人有利害关系的,应当主动回避。

⑥接受继续教育,努力提高执业水准。

⑦协助注册管理机构完成相关工作。

(4)注册房地产估价师不得从事的行为

①不履行注册房地产估价师义务。

②在执业过程中,索贿、受贿或者谋取合同约定费用外的其他利益。

③在执业过程中实施商业贿赂。

④签署有虚假记载、误导性陈述或者重大遗漏的估价报告。

⑤在估价报告中隐瞒或者歪曲事实。

⑥允许他人以自己的名义从事房地产估价业务。

⑦同时在两个或者两个以上房地产估价机构执业。

⑧以个人名义承揽房地产估价业务。

⑨涂改、出租、出借或者以其他形式非法转让注册证书。

⑩超出聘用单位业务范围从事房地产估价活动。

⑪严重损害他人利益、名誉的行为。

⑫法律、法规禁止的其他行为。

3. 注册房地产估价师的监督管理

(1)县级以上人民政府建设(房地产)主管部门,应当依照有关法律、法规和《注册房地产估价师管理办法》的规定,对注册房地产估价师的注册、执业和继续教育情况实施监督检查。

(2)国务院建设主管部门应当将注册房地产估价师注册信息告知省、自治区、直辖市建设(房地产)主管部门。

(3)省、自治区人民政府建设(房地产)主管部门应当将注册房地产估价师注册信息告知本行政区域内市、县人民政府建设(房地产)主管部门。直辖市人民政府建设(房地产)主管部门应当将注册房地产估价师注册信息告知本行政区域内市、县、市辖区人民政府建设(房地产)主管部门。

(4)县级以上人民政府建设(房地产)主管部门履行监督检查职责时,有权采取下列措施:①要求被检查人员出示注册证书;②要求被检查人员所在聘用单位提供有关人员签署的估价报告及相关业务文档;③就有关问题询问签署估价报告的人员;④纠正违反有关法律、法规和《注册房地产估价师管理办法》及房地产估价规范和标准的行为。

(5)注册房地产估价师违法从事房地产估价活动的,违法行为发生地直辖市、市、县、市辖区人民政府建设(房地产)主管部门应当依法查处,并将违法事实、处理结果告知注册房地产估价师注册所在地的省、自治区、直辖市建设(房地产)主管部门;依法需撤销注册的,应当将违法事实、处理建议及有关材料报国务院建设主管部门。

(6)有下列情形之一的,国务院建设主管部门依据职权或者根据利害关系人的请求,可以撤销房地产估价师注册:①注册机关工作人员滥用职权、玩忽职守作出准予房地产估价师注册行政许可的;②超越法定职权作出准予房地产估价师注册许可的;③违反法定程序作出准予房地产估价师注册许可的;④对不符合法定条件的申请人作出准予房地产估价师注册许可的;⑤依法可以撤销房地产估价师注册的其他情形。申请人以欺骗、贿赂等不正当手段获准房地产估价师注册许可的,应当予以撤销。

(7)注册房地产估价师及其聘用单位应当按照要求,向注册机关提供真实、准确、完整的注册房地产估价师信用档案信息。

(8)注册房地产估价师信用档案应当包括注册房地产估价师的基本情况、业绩、良好行为、不良行为等内容。违法违规行为、被投诉举报处理、行政处罚等情况应当作为注册房地产估价师的不良行为记入其信用档案。注册房地产估价师信用档案信息按照有关规定向社会公示。

违反《注册房地产估价师管理办法》等相关法规规定的,注册房地产估价师要负相关的法律责任。

10.2.3　房地产估价机构管理

房地产估价机构是指依法设立并取得房地产估价机构资质,从事房地产估价活动的中介服务机构。为了规范房地产估价机构行为,维护房地产估价市场秩序,保障房地产估价活动当事人合法权益,2005 年 10 月 12 日,建设部发布了《房地产估价机构管理办法》(建设部令第 142 号),该《办法》自 2005 年 12 月 1 日起施行。

1.估价机构资质核准

房地产估价机构资质等级分为一、二、三级。国务院建设行政主管部门负责一级房地产估价机构资质许可。省、自治区人民政府建设行政主管部门,直辖市人民政府房地产行政主管部门负责二、三级房地产估价机构资质许可,并接受国务院建设行政主管部门的指导和监督。房地产估价机构应当由自然人出资,以有限责任公司或者合伙企业形式设立。

各资质等级房地产估价机构的条件如下:

(1)一级资质

①机构名称有房地产估价或者房地产评估字样。

②从事房地产估价活动连续 6 年以上,且取得二级房地产估价机构资质 3 年以上。

③有限责任公司的注册资本人民币 200 万元以上,合伙企业的出资额人民币 120 万元以上。

④有 15 名以上专职注册房地产估价师。

⑤在申请核定资质等级之日前 3 年,平均每年完成估价标的物建筑面积 50 万平方米以上或者土地面积 25 万平方米以上。

⑥法定代表人或者执行合伙人是注册后从事房地产估价工作 3 年以上的专职注册房地产估价师。

⑦有限责任公司的股东中有 3 名以上、合伙企业的合伙人中有两名以上是专职注册房地产估价师,股东或者合伙人中有一半以上是注册后从事房地产估价工作 3 年以上的专职注册房地产估价师。

⑧有限责任公司的股份或者合伙企业的出资额中,专职注册房地产估价师的股份或者出资额合计不低于60%。

⑨有固定的经营服务场所。

⑩估价质量管理、估价档案管理、财务管理等各项企业内部管理制度健全。

⑪随机抽查的1份房地产估价报告符合《房地产估价规范》的要求。

⑫在申请核定资质等级之日前3年内无《房地产估价机构管理办法》规定的禁止的行为。

(2)二级资质

①机构名称有房地产估价或者房地产评估字样。

②取得三级房地产估价机构资质后从事房地产估价活动连续4年以上。

③有限责任公司的注册资本人民币100万元以上,合伙企业的出资额人民币60万元以上。

④有8名以上专职注册房地产估价师。

⑤在申请核定资质等级之日前3年平均每年完成估价标的物建筑面积30万平方米以上或者土地面积15万平方米以上。

⑥法定代表人或者执行合伙人是注册后从事房地产估价工作3年以上的专职注册房地产估价师。

⑦有限责任公司的股东中有3名以上、合伙企业的合伙人中有两名以上是专职注册房地产估价师,股东或者合伙人中有一半以上是注册后从事房地产估价工作3年以上的专职注册房地产估价师。

⑧有限责任公司的股份或者合伙企业的出资额中,专职注册房地产估价师的股份或者出资额合计不低于60%。

⑨有固定的经营服务场所。

⑩估价质量管理、估价档案管理、财务管理等各项企业内部管理制度健全。

⑪随机抽查的1份房地产估价报告符合《房地产估价规范》的要求。

⑫在申请核定资质等级之日前3年内无本办法第三十二条禁止的行为。

(3)三级资质

①机构名称有房地产估价或者房地产评估字样。

②有限责任公司的注册资本人民币50万元以上,合伙企业的出资额人民币30万元以上。

③有3名以上专职注册房地产估价师。

④在暂定期内完成估价标的物建筑面积8万平方米以上或者土地面积3万平方米以上。

⑤法定代表人或者执行合伙人是注册后从事房地产估价工作3年以上的专职

注册房地产估价师。

⑥有限责任公司的股东中有 2 名以上、合伙企业的合伙人中有 2 名以上是专职注册房地产估价师,股东或者合伙人中有一半以上是注册后从事房地产估价工作 3 年以上的专职注册房地产估价师。

⑦有限责任公司的股份或者合伙企业的出资额中,专职注册房地产估价师的股份或者出资额合计不低于 60%。

⑧有固定的经营服务场所。

⑨估价质量管理、估价档案管理、财务管理等各项企业内部管理制度健全。

⑩随机抽查的 1 份房地产估价报告符合《房地产估价规范》的要求。

⑪在申请核定资质等级之日前 3 年内无本办法第三十二条禁止的行为。

⑫房地产估价机构资质有效期为 3 年。

2. 房地产估价机构分支机构的设立

一级资质房地产估价机构可以按规定设立分支机构。二、三级资质房地产估价机构不得设立分支机构。分支机构应当以设立该分支机构的房地产估价机构的名义出具估价报告,并加盖该房地产估价机构公章。分支机构应当具备下列条件:

(1)名称采用"房地产估价机构名称+分支机构所在地行政区划名+分公司(分所)"的形式。

(2)分支机构负责人应当是注册后从事房地产估价工作 3 年以上并无不良执业记录的专职注册房地产估价师。

(3)在分支机构所在地有 3 名以上专职注册房地产估价师。

(4)有固定的经营服务场所。

(5)估价质量管理、估价档案管理、财务管理等各项内部管理制度健全。

注册于分支机构的专职注册房地产估价师,不计入设立分支机构的房地产估价机构的专职注册房地产估价师人数。

新设立的分支机构应当自领取分支机构营业执照之日起 30 日内,到分支机构工商注册所在地的省、自治区人民政府建设行政主管部门、直辖市人民政府房地产行政主管部门备案。

省、自治区人民政府建设行政主管部门,直辖市人民政府房地产行政主管部门应当在接受备案后 10 日内,告知分支机构工商注册所在地的市、县人民政府房地产行政主管部门,并报国务院建设行政主管部门备案。

分支机构变更名称、负责人、住所等事项或房地产估价机构撤销分支机构,应当在工商行政管理部门办理变更或者注销登记手续后 30 日内,报原备案机关备案。

3.房地产估价机构管理

(1)房地产估价机构从业范围

从事房地产估价活动的机构,应当依法取得房地产估价机构资质,并在其资质等级许可范围内从事估价业务。其中,一级资质房地产估价机构可以从事各类房地产估价业务。二级资质房地产估价机构可以从事除公司上市、企业清算以外的房地产估价业务。三级资质房地产估价机构可以从事除公司上市、企业清算、司法鉴定以外的房地产估价业务。

暂定期内的三级资质房地产估价机构可以从事除公司上市、企业清算、司法鉴定、城镇房屋拆迁、在建工程抵押以外的房地产估价业务。

(2)房地产估价业务承揽管理

①房地产估价业务应当由房地产估价机构统一接受委托,统一收取费用。房地产估价师不得以个人名义承揽估价业务,分支机构应当以设立该分支机构的房地产估价机构名义承揽估价业务。

②房地产估价机构及执行房地产估价业务的估价人员与委托人或者估价业务相对人有利害关系的,应当回避。

③房地产估价机构承揽房地产估价业务,应当与委托人签订书面估价委托合同。

④房地产估价机构未经委托人书面同意,不得转让受托的估价业务。经委托人书面同意,房地产估价机构可以与其他房地产估价机构合作完成估价业务,以合作双方的名义共同出具估价报告。

⑤委托人及相关当事人应当协助房地产估价机构进行实地查勘,如实向房地产估价机构提供估价所必需的资料,并对其所提供资料的真实性负责。

⑥房地产估价机构和注册房地产估价师因估价需要向房地产行政主管部门查询房地产交易、登记信息时,房地产行政主管部门应当提供查询服务,但涉及国家秘密、商业秘密和个人隐私的内容除外。

⑦房地产估价报告应当由房地产估价机构出具,加盖房地产估价机构公章,并有至少两名专职注册房地产估价师签字。

(3)房地产估价机构不得从事的行为

①涂改、倒卖、出租、出借或者以其他形式非法转让资质证书。

②超越资质等级业务范围承接房地产估价业务。

③以迎合高估或者低估要求、给予回扣、恶意压低收费等方式进行不正当竞争。

④违反房地产估价规范和标准。

⑤出具有虚假记载、误导性陈述或者重大遗漏的估价报告。

⑥擅自设立分支机构。

⑦未经委托人书面同意,擅自转让受托的估价业务。

⑧法律、法规禁止的其他行为。

(4)房地产估价机构资质撤销、撤回与注销

有下列情形之一的,资质许可机关或者其上级机关根据利害关系人的请求或者依据职权,可以撤销房地产估价机构资质:

①资质许可机关工作人员滥用职权、玩忽职守作出准予房地产估价机构资质许可的。

②超越法定职权作出准予房地产估价机构资质许可的。

③违反法定程序作出准予房地产估价机构资质许可的。

④对不符合许可条件的申请人作出准予房地产估价机构资质许可的。

⑤依法可以撤销房地产估价机构资质的其他情形。

房地产估价机构以欺骗、贿赂等不正当手段取得房地产估价机构资质的,应当予以撤销。

房地产估价机构取得房地产估价机构资质后,不再符合相应资质条件的,资质许可机关根据利害关系人的请求或者依据职权,可以责令其限期改正;逾期不改的,可以撤回其资质。

有下列情形之一的,资质许可机关应当依法注销房地产估价机构资质:

①房地产估价机构资质有效期届满未延续的。

②房地产估价机构依法终止的。

③房地产估价机构资质被撤销、撤回,或者房地产估价资质证书依法被吊销的。

④法律、法规规定的应当注销房地产估价机构资质的其他情形。

(5)房地产估价机构信用档案管理

①资质许可机关或者房地产估价行业组织应当建立房地产估价机构信用档案。

②房地产估价机构应当按照要求,提供真实、准确、完整的房地产估价信用档案信息。

③房地产估价机构信用档案应当包括房地产估价机构的基本情况、业绩、良好行为、不良行为等内容。

④违法行为、被投诉举报处理、行政处罚等情况应当作为房地产估价机构的不良记录记入其信用档案。

⑤房地产估价机构的不良行为应当作为该机构法定代表人或者执行合伙人的不良行为记入其信用档案。

⑥任何单位和个人有权查阅信用档案。

10.3 房地产经纪管理

10.3.1 房地产经纪人员管理

1. 我国房地产经纪人执业资格的种类

我国房地产经纪人员,即在房地产经纪机构中直接从事房地产经纪业务的执业人员,必须是依法取得房地产经纪人员相应的执业资格证书,并经有关主管部门注册生效的房地产经纪人员。通常情况下,房地产经纪人员也可直接称之为房地产经纪人。未取得房地产经纪人执业资格证书的人员,一律不得执行房地产经纪业务。取得房地产经纪人员执业资格证书的人员,只能在其取得的职业资格证书种类所规定允许从事的房地产经纪业务范围内执行房地产经纪业务,不得超越。

根据可从事的房地产经纪业务范围的不同,我国房地产经纪人执业资格分为房地产经纪人执业资格和房地产经纪人协理从业资格两种。

房地产经纪人是指依法取得《中华人民共和国房地产经纪人执业资格证书》,并经申请执业,由有关主管部门注册登记后取得《房地产经纪人注册证》,在房地产经纪机构中能以房地产经纪机构的名义独立执行房地产经纪业务,或可以自行开业设立房地产经纪机构或经从业的房地产经纪机构的授权,独立开展经纪业务,并承担责任的自然人。房地产经纪人执业资格可以在全国范围内注册执业。

房地产经纪人协理是指依法取得《中华人民共和国房地产经纪人协理从业资格证书》,在房地产经纪机构中协助房地产经纪人从事非独立性房地产经纪工作的自然人。其中,从事非独立性房地产经纪工作是指所从事的房地产经纪工作必须是在房地产经纪人的组织和指导下进行的。房地产经纪人协理资格只能在允许注册的地区内从业。

取得房地产经纪人执业资格是进入房地产经纪活动关键岗位和发起设立房地产经纪机构的必备条件,取得房地产经纪人协理从业资格是从事房地产经纪活动的基本条件。

2. 房地产经纪人员执业资格考试

(1)房地产经纪人执业资格考试

房地产经纪人执业资格实行全国统一大纲、统一命题、统一组织的考试制度,由人事部、建设部共同组织实施,原则上每年举行一次。

凡中华人民共和国公民,遵守国家法律、法规,已取得房地产经纪人协理资格

并具备以下条件之一者,可以申请参加房地产经纪人执业资格考试:

①取得大专学历,工作满 6 年,其中从事房地产经纪业务工作满 3 年。

②取得大学本科学历,工作满 4 年,其中从事房地产经纪业务工作满 2 年。

③取得双学士学位或研究生班毕业,工作满 3 年,其中从事房地产经纪业务工作满 1 年。

④取得硕士学位,工作满 2 年,从事房地产经纪业务工作满 1 年。

⑤取得博士学位,从事房地产经纪业务工作满 1 年。

房地产经纪人执业资格考试合格,由各省、自治区、直辖市人事部门颁发人事部统一印制,人事部、建设部用印的《中华人民共和国房地产经纪人执业资格证书》,该证书全国范围有效。

(2)房地产经纪人协理从业资格考试

房地产经纪人协理从业资格实行全国统一大纲,各省、自治区、直辖市命题并组织考试的制度。

凡中华人民共和国公民,遵守国家法律、法规,具有高中以上学历,愿意从事房地产经纪活动的人员,均可申请参加房地产经纪人协理从业资格考试。房地产经纪人协理从业资格考试合格,由各省、自治区、直辖市人事部门颁发人事部、建设部统一格式的《中华人民共和国房地产经纪人协理从业资格证书》,该证书在所在行政区域内有效。

《中华人民共和国房地产经纪人执业资格证书》、《中华人民共和国房地产经纪人协理从业资格证书》是房地产经纪人进行执业活动的法律凭证,代表持有人具有房地产经纪人的特定身份,可以从事经纪活动。因此,严禁伪造、变造、涂改、租用、出借、转让《中华人民共和国房地产经纪人执业资格证书》或《中华人民共和国房地产经纪人协理从业资格证书》。

3. 房地产经纪人员执业资格注册

根据我国《房地产经纪人员执业资格制度暂行规定》,取得《中华人民共和国房地产经纪人执业资格证书》的人员,必须经过注册登记才能以注册房地产经纪人名义执业。

申请注册的人员必须同时具备以下条件:

(1)取得房地产经纪人执业资格证书。

(2)无犯罪记录。

(3)身体健康,能坚持在注册房地产经纪人岗位上工作。

(4)经所在经纪机构考核合格。

建设部或其授权的机构为房地产经纪人执业资格的注册管理机构。房地产经纪人执业资格注册,由本人提出申请,经聘用的房地产经纪机构送省、自治区、直辖市房地产管理部门(以下简称省级房地产管理部门)初审合格后,统一报建设部或其授权的部门注册。准予注册的申请人,由建设部或其授权的注册管理机构核发《房地产经纪人注册证》。

人事部和各级人事部门对房地产经纪人员执业资格注册和使用情况有检查、监督的责任。房地产经纪人执业资格注册有效期一般为3年,有效期满前3个月,持证者应到原注册管理机构办理再次注册手续。在注册有效期内,变更执业机构者,应当及时办理变更手续。再次注册者,除符合有关规定外,还须提供接受继续教育和参加业务培训的证明。

经注册的房地产经纪人有下列情况之一的,由原注册机构注销注册:

(1)不具有完全民事行为能力。

(2)受刑事处罚。

(3)脱离房地产经纪工作岗位连续2年(含2年)以上。

(4)同时在两个及以上房地产经纪机构进行房地产经纪活动。

(5)严重违反职业道德和经纪行业管理规定。

建设部及省级房地产管理部门应当定期公布房地产经纪人执业资格的注册和注销情况。

各省级房地产管理部门或其授权的机构负责房地产经纪人协理从业资格注册登记管理工作。每年度房地产经纪人协理从业资格注册登记情况应报建设部备案。

4. 房地产经纪人员的职责

根据我国《房地产经纪人员执业资格制度暂行规定》,房地产经纪人员的职责主要有:

(1)房地产经纪人和房地产经纪人协理在经纪活动中,必须严格遵守法律、法规和行业管理的各项规定,坚持公开、公平、公正的原则,信守职业道德。

(2)房地产经纪人有权依法发起设立或加入房地产经纪机构,承担房地产经纪机构关键岗位工作,指导房地产经纪人协理进行各种经纪业务,经所在机构授权订立房地产经纪合同等重要业务文书,执行房地产经纪业务并获得合理佣金。

(3)在执行房地产经纪业务时,房地产经纪人员有权要求委托人提供与交易有关的资料,支付因开展房地产经纪活动而发生的成本费用,并有权拒绝执行委托人发出的违法指令。

(4)房地产经纪人协理有权加入房地产经纪机构,协助房地产经纪人处理经纪有关事务并获得合理的报酬。

(5)房地产经纪人和房地产经纪人协理经注册后,只能受聘于一个经纪机构,并以房地产经纪机构的名义从事经纪活动,不得以房地产经纪人或房地产经纪人协理的身份从事经纪活动或在其他经纪机构兼职。

（6）房地产经纪人和房地产经纪人协理必须利用专业知识和执业经验处理或协助处理房地产交易中的细节问题，向委托人披露相关信息，诚实守信，恪守合同，完成委托业务，并为委托人保守商业秘密，充分保障委托人的权益。

（7）房地产经纪人和房地产经纪人协理必须接受职业继续教育，不断提高业务水平。

10.3.2　房地产经纪机构管理

1. 房地产经纪机构设立的条件

房地产经纪机构的设立应符合中华人民共和国公司法、合伙企业法、个人独资企业法、中外合作经营企业法、中外合资经营企业法、外商独资经营企业法等法律法规及其实施细则和工商登记管理的规定。

此外，设立房地产经纪机构应当具备足够的专业人员：

（1）以公司形式设立房地产经纪机构的，应当有 3 名以上持有《中华人民共和国房地产经纪人执业资格证书》的专职人员和 3 名以上持有《中华人民共和国房地产经纪人协理从业资格证书》的专职人员。

（2）以合伙企业形式设立房地产经纪机构的，应当有 2 名以上持有《中华人民共和国房地产经纪人执业资格证书》的专职人员和 2 名以上持有《中华人民共和国房地产经纪人协理从业资格证书》的专职人员。

（3）以个人独资企业形式设立房地产经纪机构的，应当有 1 名以上持有《中华人民共和国房地产经纪人执业资格证书》的专职人员和 1 名以上持有《中华人民共和国房地产经纪人协理从业资格证书》的专职人员。

根据有关规定，房地产经纪机构的分支机构应当具有 1 名以上持有《中华人民共和国房地产经纪人执业资格证书》的专职人员和 1 名以上持有《中华人民共和国房地产经纪人协理从业资格证书》的专职人员。

设立房地产经纪机构，应当符合拟设立的房地产经纪机构所在地政府有关管理部门的规定。

2. 房地产经纪机构的登记备案

为了便于对房地产经纪机构及房地产经纪人进行管理，房地产经纪机构必须向工商行政管理部门申请登记，核发营业执照，并报房地产经纪主管部门备案登记后方可从事经纪活动。我国《经纪人管理办法》明确规定，符合规定条件的经纪人事务所、经纪公司、个体经纪人和兼营经纪业务的经济组织，应当向所在地工商行政管理机关申请登记注册或者变更登记。工商行政管理机关应当在受理登记注册或者变更登记之日起 30 日内,作出核准登记注册或者不予核准登记注册的决定。《城市房地产中介服务管理规定》第十二条规定:"设立房地产中介服务机构,应当向当地的工商行政管理部门申请设立登记。房地产中介服务机构在领取营业执照后的一个月内,应当到登记机关所在地的县级以上人民政府房地产管理部门备案。"

因此,房地产经纪机构的登记和备案两种不同的审办手续,缺一不可,这是因为,向工商行政管理部门申请登记,核发营业执照,是该部门对房地产经纪机构作为企业的经营资格的认定;而向房地产经纪主管部门备案登记,是该部门建立房地产经纪行业管理网络,加强行业管理的需要。这是行政管理部门从不同角度对房地产经纪机构实施的管理。

3.房地产经纪机构的注销

房地产经纪机构的注销,标志着其主体资格的终止。注销后的房地产经纪机构不再有资格从事房地产经纪业务,注销时尚未完成的房地产经纪业务应与委托当事人协商处理,可以转由他人代为完成,可以终止合同并赔偿损失,在符合法律规定的前提下,经当事人约定,也可以用其他方法。

房地产经纪机构的备案证书被撤销后,应当在规定的期限内向所在地的工商行政管理部门办理注销登记。

房地产经纪机构歇业或因其他原因终止经纪活动的,应当在向工商行政管理部门办理注销登记后的规定期限内向原办理登记备案手续的房地产管理部门办理注销手续。

10.3.3 房地产经纪行业管理

1.房地产经纪行业年检与验证管理

房地产经纪行业年检与验证管理主要是由房地产经纪主管部门会同工商行政主管部门定期对房地产经纪机构及房地产经纪人进行年检和验证工作,对不符合资质、资格条件的,逐步进行清理和整顿。

年检主要是检查房地产经纪组织经营业务范围、注册地点、注册资金、持证从业人员是否有变动,以及在房地产经纪活动中是否遵纪守法,是否接受注册、备案等管理。对持有房地产经纪人执业资格证的人数低于规定标准的及其他不符合标准的,不予备案登记。房地产管理部门应当每年对房地产经纪机构内的执业人员条件进行年检,并公布年检合格的房地产经纪机构名单。年检不合格的,应限期整顿,经限期整顿仍不合格的,撤销备案证书,今后不得从事房地产经纪活动。

　　房地产经纪人和房地产经纪人协理的执业资格证明应定期由发证机关验证。验证应符合一定的条件,如经过一定量的培训并考试合格,完成一定的业务量,无违规、违法执业情况等。对验证合格的人员由验证机关核发证明文件或在原证明文件上注明。验证不合格或不参加验证的人员,不得从事房地产经纪活动。建设部及省级房地产管理部门,应当定期公布房地产经纪人执业资格的注册和注销情况。各省级房地产管理部门或其授权的机构负责房地产经纪人协理从业资格注册登记管理工作。每年度房地产经纪人协理从业资格注册登记情况应报建设部备案。

　　房地产经纪行业年检与验证管理是规范房地产经纪市场,促进房地产经纪行业健康发展,保障房地产经纪机构及从业人员合法权益的重要措施。房地产行政管理部门对房地产经纪行业的年检、验证管理实行定期、集中审查式的监督管理,具有时间固定集中、检查面广、检查内容全面等特点,具有其他监督管理方式不可替代的作用。概括地说,年检与验证管理是一种制度化的,兼备确认、检查、处罚及综合考察、评价等功能的监督管理,是行业管理体系中的重要组成部分。

2. 房地产经纪执法检查

　　在房地产经纪行业管理中,对于违法、违规行为的检查和处理,是维护房地产经纪正常秩序,保障当事人合法权益的必要措施。

　　第一,违法行为的检查和处理,由房地产行政主管部门查处;进行不正当竞争等违法活动的,由工商行政管理部门查处;凡违反房地产有关法律、政策和规定的,由房地产管理部门按有关规定查处,构成犯罪应追究其刑事责任的,移送司法机关。

　　第二,房地产经纪人在房地产经纪活动中不合法、不规范的行为处罚,由其所在地各级房地产管理部门按分级管理的职责进行。应予以处罚的情况,发生在哪一级分工管理职责范围内的,由该级主管部门或其委托的部门负责查清事实,进行处罚。

　　第三,对于吊销许可证、执照的行为处罚,由其所在地颁发许可证、执照的主管部门进行。

　　根据我国《经纪人管理办法》,经纪人法律责任主要有:

　　(1)经纪人违反法律、法规及《经纪人管理办法》规定,给当事人造成经济损失的,应当承担赔偿责任。

　　(2)经纪人与委托人发生争议,可以协商解决,也可以依照双方约定或者事后达成的仲裁协议向仲裁机构申请仲裁。未作约定,事后又未达成仲裁协议的,可以向人民法院起诉。

　　(3)各级工商行政管理机关均有权依据法律、法规及本办法,对其管辖的经纪人进行监督检查。经纪人应当接受检查,提供检查所需要的文件、账册、报表及其他有关资料。

(4)对于违反工商行政管理登记管理法规的行为,由登记主管机关按照有关法规进行处理。

(5)对于违反《经纪人管理办法》第十七条规定的行为,法律、法规已有规定的,按有关规定处理;法律、法规没有规定的,由工商行政管理机关视其情节轻重,分别给予警告、处以违法所得额 3 倍以下的罚款,但最高不超过 3 万元,没有违法所得的,处以 1 万元以下的罚款。

(6)对于违反《经纪人管理办法》第十八条规定,从事违法经纪活动的,法律、法规已有规定的,按有关规定处理;法律、法规没有规定的,由工商行政管理机关视其情节轻重,分别给予警告、处以违法所得额 3 倍以下的罚款,但最高不超过 3 万元,没有违法所得的,处以 1 万元以下的罚款。对于触犯刑律构成犯罪的,应当及时移送司法机关追究有关当事人的刑事责任。

(7)对经纪活动中不具备《经纪人管理办法》第六条规定的经纪从业人员,不得再从事经纪活动。

3.房地产经纪合同的监督管理

房地产经纪行业经常出现各种纠纷,原因除了经纪人和委托人缺乏必要的法律、法规意识外,一些经纪人员和委托人未掌握订立和履行合同的规则以及经纪人员在职业活动中有意无意不遵守合同规则,甚至不讲求信用,只谋求经济利益的不良经营作风等也是产生纠纷的重要原因。因此,为了维护合同当事人的合法权利,减少合同纠纷,除了督促房地产经纪人员在执业活动中加强自律,遵守合同规则外,政府主管部门必须加强对房地产经纪合同的监督管理。

首先,政府或者行业协会应当制订符合合同规则的示范合同文本,加以推广,将合法的合同规则通过公开的途径进行示范,鼓励、督促合同当事人自觉把握自己的权利义务关系,改变交易陋习和不自觉的违规、违法、违约行为,维护消费者利益和行业形象。

其次,加强对格式化房地产经纪合同的监督管理。目前在房地产经纪行业中使用自行制作的合同文本占有很大的比例,而且,为了方便重复使用,很多经纪机构将这种合同制作成格式化条款的合同文本。政府主管部门要对房地产经纪机构的这种格式化条款的经纪合同进行审查,对于为了自身的利益、目的、方便而制订的合同文本,以及有明显的增加交易障碍、妨碍他人实现交易、增加他人的交易或服务成本,以及恶意损害他人利益的合同条款,必须予以限制并责成重新修订。

4.房地产经纪服务费管理

房地产经纪活动的服务收费也是房地产经纪行业管理涉及的一项重要内容。

根据有关规定,房地产经纪组织主要从事房地产的居间、代理等服务性营业活动,因此,各类房地产经纪活动的收费标准有所不同。根据规定,房地产中介服务收费实行明码标价制度,因此,对房地产经纪服务费的管理主要是从是否符合收费标准和是否明码标价两个方面进行管理。凡违规行为,将受到相应的处罚。

5. 房地产经纪行业信用管理

建立房地产经纪信用管理体系对于整顿房地产经纪市场,规范房地产经纪从业人员行为,提高行业诚信度和服务水平,促进房地产经纪行业的发展更显意义重大。目前,房地产经纪行业的信用管理是纳入房地产全行业信用管理体系中实施的。2002 年 8 月,建设部决定在全国范围内建立房地产企业及执(从)业人员信用档案系统(建办住房函〔2002〕521 号)。房地产信用档案的建立范围是房地产开发企业、房地产中介服务机构、物业管理企业和房地产估价师、房地产经纪人、房地产经纪人协理等专业人员。房地产信用档案包括企业信用档案和从业人员信用档案两部分,记录内容主要包括基本情况、业绩情况、变更情况、良好行为、不良行为、信用评定情况等。通过此信用信息管理系统的建设,可以为各级政府部门和社会公众监督房地产企业市场行为提供依据,为社会公众查询企业和个人信用信息提供服务,为社会公众投诉房地产领域违法违纪行为提供途径。

全国房地产信用档案系统建设按照"统一规划、分级建设、分步实施、信息共享"的原则,由建设部统一部署,各级建设(房地产)行政主管部门负责组织所辖区内所有房地产企业及执(从)业人员信用档案系统的建设与管理工作。在此基础上,建设部组织建立全国资质一级房地产企业及执业人员信用档案(简称"一级房地产信用档案")系统。资质二级(含二级)以下的房地产企业和执(从)业人员的信用档案(简称为"二级房地产信用档案")系统,由地方建设(房地产)行政主管部门组织建立。

思考题

1. 房地产中介服务包括哪些内容?

2. 什么是房地产经纪,房地产经纪服务内容主要有哪些?

3. 房地产估价师执业的主要要求是什么?

4. 房地产估价机构资质管理包括哪些内容?

5. 房地产经纪人员的职责是什么?

6. 如何加强我国房地产中介诚信管理?

附　录

1 国有土地使用权出让合同(宗地出让合同)

第一条 本合同双方当事人

出让方：中华人民共和国_____省（自治区、直辖市）_____市（县）土地管理局（以下简称甲方）：

法定地址_____；邮政编码_____；

法定代表人：姓名_____；职务_____。

受让方：_____（以下简称乙方）；

法定地址_____；邮政编码_____；

法定代表人：姓名_____；职务_____。

根据《中华人民共和国城镇国有土地使用权出让和转让暂行办法》、《_____省国有土地使用权出让转让实施办法》和国家有关规定，双方本着平等、自愿、有偿的原则，订立本合同。

第二条 甲方依据本合同出让土地的使用权，土地所有权属中华人民共和国，地下资源、埋藏物和市政公用设施均不在土地使月权出让范围。

第三条 乙方根据本合同受让的土地使用权在使用年限内，依据有关规定可以转让、出租、抵押或用于其他经济活动。

乙方在受让土地使用权范围内所进行的开发、利用、经营土地的活动，应遵守中华人民共和国法律、法规及_____省（自治区、直辖市）的有关规定，并不得损害社会公共利益，其合法权益受法律保护。

第四条 甲方出让给乙方的地块位于_____，面积为_____平方米。其位置与四至范围如本合同附图所示。附图已经甲乙双方签字确认。

第五条 本合同项下的土地使用权出让年限为_____年，自颁发该地块的《中华人民共和国国有土地使用证》之日起算。

第六条 本合同项下的出让地块，按照批准的总体规划是建设_____项目。

（注：根据具体情况定）

在出让期限内，如需改变本合同规定的土地月途，应当取得甲方和城市规划行政主管部门批准，依照有关规定重新签订土地使月权出让合同，调整土地使用权出让金，并办理土地使用权登记手续。

第七条 本合同附件《土地使用条件》是本合同的组成部分，与本合同具有同等法律效力。乙方同意按《土地使用条件》使用土地。

第八条 乙方同意按合同规定向甲方支付土地使用权出让金、土地使用费以及乙方向第三方转让时的土地增值费(税)。

第九条 该地块的土地使用权出让金为每平方米_____元人民币(美元或港元等),总额为_____元人民币(美元或港元等)。

第十条 本合同经双方签字后_____日内,乙方须以支票或现金向甲方缴付土地使用权出让金总额的_____%共计_____元人民币(美元或港元等)作为履行合同的定金。

乙方应在签订本合同后6__日内,支付完全部土地使用权出让金,逾期_____日仍未全部支付的,甲方有权解除合同,并可请求乙方赔偿。

第十一条 乙方在向甲方支付全部土地使用权出让金后_____日内,依照规定办理土地使用权登记手续,领取《中华人民共和国国有土地使用证》,取得土地使用权。

第十二条 乙方同意从_____年开始,按政府规定逐年缴纳土地使用费,缴纳时间为当年_____月_____日。土地使用费用每年每平方米为_____元人民币(美元或港元等)。

第十三条 乙方同意以美元(港元等)向甲方支付土地使用权出让金及其他费用。(注:根据具体情况定)

美元(港元等)与人民币的比价,以合同签订当天中国国家外汇管理局公布的买入价和卖出价的中间值计算。

第十四条 除合同另有规定外,乙方应在本合同规定的付款日或付款日之前,将合同要求支付的费用汇入甲方的银行账号内。银行名称:_____银行_____分行,账户号_____。

甲方银行账户如有变更,应在变更后_____日内,以书面形式通知乙方。由于甲方未及时通知此类变更而造成误期付款所引起的任何延迟收费,乙方均不承担违约责任。

第十五条 本合同规定的出让年限届满,甲方有权无偿收回出让地块的使用权,该地块上建筑物及其他附着物所有权也由甲方无偿取得。土地使用者应当交还土地使用证,并依照规定办理土地使用权注销登记手续。

乙方如需继续使用该地块,须在期满前_____天内向甲方提交续期申请书,并在确定了新的土地使用权出让年限和出让金及其他条件后,与甲方签订续期合同,并重新办理土地使用权登记手续。

第十六条 任何一方对于因发生不可抗力且自身无过错造成延误或不能履行合同义务不负责任。但必须采取一切必要的补救措施以减少造成的损失。

遇有不可抗力的一方,应在_____小时内将事件的情况以信件或电报(电传或传真)的书面形式通知另一方,并且事件发生后_____日内,向另一方提交合同不能履行或部分不能履行以及需要延期履行理由的报告。

第十七条 如果乙方不能按时支付任何应付款项,从滞纳之日起,每日按应缴纳费用的_____‰缴纳滞纳金。

第十八条 乙方未按合同规定或连续两年不投资建设的,甲方有权无偿收回土地使用权。

第十九条 如果由于甲方的过失致使乙方延期占用土地使用权,则本合同项下的土地使用权出让期限应相应推延。同时甲方应承担由此对乙方造成的一切经济损失。

第二十条 本合同订立、效力、解释、履行及争议的解决均受中华人民共和国法律的保护和管辖。

第二十一条 因执行本合同发生争议,由争议双方协商解决,协商不成的,可提请仲裁机构仲裁或向有管辖权的人民法院起诉。

第二十二条 本合同要求或允许的通知和通信,不论以何种方式传递,均自实际收到起生效。双方的地址应为:

甲方: 乙方:

法定名称_____; 法定名称_____;

法定地址_____; 法定地址_____;

邮政编码_____; 邮政编码_____;

电话号码_____; 电话号码_____;

电　传_____; 电　传_____;

传　真_____; 传　真_____;

电报挂号_____; 电报挂号_____;

任何一方可变更以上通知和通信地址,在变更后_____日内应将新的地址通知另一方。

第二十三条 本合同经双方法定代表人签字后生效。

第二十四条 本合同采用_____两种文字书写,两种文字具有同等法律效力。两种文字如有不符,以中文为准。合同的中文正本一式_____份,双方各执_____份。

第二十五条 本合同于_____年_____月_____日在中国_____省(自治区、直辖市)_____市(县)签订。

第二十六条 本合同未尽事宜,可由双方约定后作为合同附件。

甲方:_____ 乙方:_____

法定代表人:_____(签字) 法定代表人:_____(签字)

_____年_____月_____日

土地使用条件(宗地项目)

一、界桩定点

《国有土地使用权出让合同》(以下简称本合同)正式签订后_____日内,_____市(县)土地管理局,会同用地者依图验明红线所标示坐标的各拐点界桩。

面积核定无误后,双方在用地红线图上签字认定。界桩由用地者妥善保护,不得私自改动,界桩遭受破坏或移动时,应及时报告_____市(县)土地管理局,请求重新埋设。

二、土地利用要求

用地者在用地红线图兴建建筑物应符合下列要求:

(1)主体建筑物的性质规定为_____;

(2)附属建筑物_____;

(3)建筑容积率(建筑面积密度)_____;

(4)建筑覆盖率(建筑密度)_____;

(5)总建筑面积不超过_____平方米;

(6)建筑层数,最高/平均_____层;

(7)绿化比率_____;

(8)室外地面标高_____;

(9)所有建筑物的设计均应符合国家现行建筑设计标准、规程的规定。

(注:根据具体情况定)

三、公益工程

3.1 用地者表示同意在用地红线范围内一并建造下列公益工程,并同意免费提供使用。

(1)_____蹲位公厕;(2)小区公用停车场;(3)自行车棚;(4)配电室(开关站)

(注:根据具体情况定)

3.2 用地者表示同意政府的下列工程可在其红线范围内的规划位置建造或通过,而无需作任何补偿。

(1)_____; (2)_____

四、设计、施工、竣工

4.1 红线范围内的建筑设计、建筑用途等必须符合土地利用要求,涉及交通、管线、消防、环保、人防、航道等问题,还须报经有关主管部门审批后建设,并由地方政府派出机构管理,由此所发生的一切费用均由用地者负担。

4.2　用地者自签订本合同之日起_____日内应按批准的规划设计图纸和施工设计图纸动土施工。并于_____年_____月_____日前所完成的建筑物面积不少于_____平方米。

4.3　规模大的、特殊的复杂工程,其动土施工时间按上述要求进行有困难的,用地者至迟应在离建设期限届满之日前_____日内,向市(县)土地管理局提出足够理由延建申请,且延续期不得超过_____日。

4.4　用地者应在_____年_____月_____日以前竣工(受不可抗力影响者除外),延期竣工_____日的,市(县)土地管理部门有权收回土地使用权,注销其《国有土地使用证》,其地上建筑物无偿归国家所有。

五、建筑维修活动

5.1　用地者在红线范围内进行建设及维修活动时,对周围环境及设施应承担的责任包括:

(1)所属建筑物品或废弃物(即泥土、碎石、建筑垃圾等)不得侵占或破坏红线图以外的土地及设施。

如需临时占用市政道路,应报请市公安部门批准。

如需临时使用红线以外土地,应与该用地者协商;若属政府未批准土地,应报市(县)土地管理部门批准,并按规定缴纳土地费用。

(2)未获有关部门批准,不得在公共用地上倾倒、储存任何材料或进行任何工程活动。

(3)用地者必须确保土地使用范围内的污水、污物、恶臭物或影响环境的排泄物均应有可靠的排除方法,不得损害周围的环境。

(4)在土地使用期限内,用地者对该地段内的所有城市市政设施,均应妥善保护,避免损坏,否则,应承担修复工程的一切费用。

5.2　用地者不得开辟、铲除或挖掘毗邻地段的土地。

5.3　在兴建建筑或维修工程之前,用地者必须摸清地段或相邻地段公有的明渠、水道(包括水龙喉管)、电缆、电线以及其他设施的位置,并向有关部门呈报处理上述设施的计划,用地者在未获批准之前,不得动工。需要改道、重新铺设或装设的费用,均由用地者负责。

六、供水、供电

6.1　用地者所需的用水,应与市自来水公司签订供水合同。

6.2　用地者所需的用电,应与市供电局签订供电合同。

6.3　用地者接水、接电及开设路口,所需费用均自行负责。

七、监督检查

7.1 在土地使用期间,市(县)土地管理部门有权对用地者红线范围内的土地使用情况进行检查监督,用地者不得拒绝和阻挠。

7.2 用地者不得以任何理由占用红线范围以外的土地(包括堆放物品、器材等),否则,按违法占地处理。

7.3 用地者在用地范围内,应按规定的土地用途和工程设计图纸的要求进行建设。

7.4 用地者对用地范围内的建筑物,未经规划部门批准,不得任意拆除或改建、重建。否则,有关部门有权责令其恢复原状或拆除,拒不执行的,可强制执行,所需费用由用地者支付。

2 商品房买卖合同

商品房买卖合同说明

1.本合同文本为示范文本,也可作为签约使用文本。签约之前,买受人应当仔细阅读本合同内容,对合同条款及专业用词理解不一致的,可向当地房地产开发主管部门咨询。

2.本合同所称商品房是指由房地产开发企业开发建设并出售的房屋。

3.为体现合同双方的自愿原则,本合同文本中相关条款后都有空白行,供双方自行约定或补充约定。双方当事人可以对文本条款的内容进行修改、增补或删减。合同签订生效后,未被修改的文本印刷文字视为双方同意内容。

4.本合同文本中涉及的选择、填写内容以手写项为优先。

5.对合同文本【】中选择内容、空格部位填写及其他需要删除或添加的内容,双方应当协商确定。【】中选择内容,以划√方式选定;对于实际情况未发生或买卖双方不作约定时,应在空格部位打×,以示删除。

6.在签订合同前,出卖人应当向买受人出示应当由出卖人提供的有关证书、证明文件。

7.本合同条款由中华人民共和国建设部和国家工商行政管理局负责解释。

商品房买卖合同(合同编号:_____)

合同双方当事人:

出卖人:_____

注册地址:_____

营业执照注册号：＿＿＿＿＿＿＿＿＿＿＿＿＿＿＿＿＿＿

企业资质证书号：＿＿＿＿＿＿＿＿＿＿＿＿＿＿＿＿＿＿

法定代表人：＿＿＿＿＿＿＿＿＿＿＿＿＿＿＿＿＿＿＿＿

联系电话：＿＿＿＿＿＿＿＿＿＿　　邮政编码：＿＿＿＿＿＿＿＿＿

委托代理人：＿＿＿＿＿＿＿＿＿＿＿＿＿＿＿＿＿＿＿＿

地址：＿＿＿＿＿＿＿＿＿＿＿＿＿＿＿＿＿＿＿＿＿＿＿

邮政编码：＿＿＿＿＿＿＿＿＿＿　　联系电话：＿＿＿＿＿＿＿＿＿

委托代理机构：＿＿＿＿＿＿＿＿＿＿＿＿＿＿＿＿＿＿＿

注册地址：＿＿＿＿＿＿＿＿＿＿＿＿＿＿＿＿＿＿＿＿＿

营业执照注册号：＿＿＿＿＿＿＿＿＿＿＿＿＿＿＿＿＿＿

法定代表人：＿＿＿＿＿＿＿＿＿＿＿＿＿＿＿＿＿＿＿＿

联系电话：＿＿＿＿＿＿＿＿＿＿　　邮政编码：＿＿＿＿＿＿＿＿＿

买受人：

【本人】【法定代表人】姓名：＿＿＿＿＿＿＿＿＿＿　国籍：＿＿＿＿＿

【身份证】【护照】【营业执照注册号】【】＿＿＿＿＿＿＿＿＿＿＿＿

地址：＿＿＿＿＿＿＿＿＿＿＿＿＿＿＿＿＿＿＿＿＿＿＿

邮政编码：＿＿＿＿＿＿＿＿＿＿　　联系电话：＿＿＿＿＿＿＿＿＿

【委托代理人】【】姓名：＿＿＿＿＿＿＿＿＿＿＿＿　国籍：＿＿＿＿＿

地址：＿＿＿＿＿＿＿＿＿＿＿＿＿＿＿＿＿＿＿＿＿＿＿

邮政编码：＿＿＿＿＿＿＿＿＿＿　　联系电话：＿＿＿＿＿＿＿＿＿

根据《中华人民共和国合同法》、《中华人民共和国城市房地产管理法》及其他有关法律、法规之规定，买受人和出卖人在平等、自愿、协商一致的基础上就买卖商品房达成如下协议：

第一条　项目建设依据

出卖人以＿＿＿＿＿＿＿＿＿＿方式取得位于＿＿＿＿＿＿＿＿＿＿、编号为＿＿＿＿＿＿＿＿＿＿的地块的土地使用权。【土地使用权出让合同号】【土地使用权划拨批准文件号】【划拨土地使用权转让批准文件号】为＿＿＿＿＿＿＿＿＿＿。

该地块土地面积为＿＿＿＿＿＿＿，规划用途为＿＿＿＿＿＿＿＿＿＿＿，土地使用年限自＿＿＿＿年＿＿＿＿月＿＿＿＿日至＿＿＿＿年＿＿＿＿月＿＿＿＿日。

出卖人经批准，在上述地块上建设商品房，【现定名】【暂定名】＿＿＿＿＿＿＿＿＿＿。建设工程规划许可证号为＿＿＿＿＿＿＿＿＿＿，施工许可证号为＿＿＿＿＿＿＿＿＿＿。

第二条　商品房销售依据

买受人购买的商品房为【现房】【预售商品房】。预售商品房批准机关为

_____,商品房预售许可证号为_____。

第三条　买受人所购商品房的基本情况

买受人购买的商品房(以下简称该商品房,其房屋平面图见本合同附件一,房号以附件一上表示为准)为本合同第一条规定的项目中的:

第_____【幢】【座】_____【单元】【层】_____号房。

该商品房的用途为_____,属_____结构,层高为_____,建筑层数地上_____层,地下_____层。

该商品房阳台是【封闭式】【非封闭式】。

该商品房【合同约定】【产权登记】建筑面积共_____平方米,其中,套内建筑面积_____平方米,公共部位与公用房屋分摊建筑面积_____平方米(有关公共部位与公用房屋分摊建筑面积构成说明见附件二)。

第四条　计价方式与价款

出卖人与买受人约定按下述第_____种方式计算该商品房价款:

1.按建筑面积计算,该商品房单价为(_____币)每平方米_____元,总金额(_____币)_____千_____百_____拾_____万_____千_____百_____拾_____元整。

2.按套内建筑面积计算,该商品房单价为(_____币)每平方米_____元,总金额(_____币)_____千_____百_____拾_____万_____千_____百_____拾_____元整。

3.按套(单元)计算,该商品房总价款为(_____币)_____千_____百_____拾_____万_____千_____百_____拾_____元整。

4._____。

第五条　面积确认及面积差异处理

根据当事人选择的计价方式,本条规定以【建筑面积】【套内建筑面积】(本条款中均简称面积)为依据进行面积确认及面积差异处理。

当事人选择按套计价的,不适用本条约定。

合同约定面积与产权登记面积有差异的,以产权登记面积为准。

商品房交付后,产权登记面积与合同约定面积发生差异,双方同意按第_____种方式进行处理:

1.双方自行约定:

(1)_____;

(2)_____;

(3)_____;

(4)_____。

2.双方同意按以下原则处理：

(1)面积误差比绝对值在 3％以内(含 3％)的,据实结算房价款;

(2)面积误差比绝对值超出 3％时,买受人有权退房。

买受人退房的,出卖人在买受人提出退房之日起 30 天内将买受人已付款退还给买受人,并按_____利率付给利息。

买受人不退房的,产权登记面积大于合同约定面积时,面积误差比在 3％以内(含 3％)部分的房价款由买受人补足;超出 3％部分的房价款由出卖人承担,产权归买受人。产权登记面积小于合同登记面积时,面积误差比绝对值在 3％以内(含 3％)部分的房价款由出卖人返还买受人;绝对值超出 3％部分的房价款由出卖人双倍返还买受人。

$$面积误差比=\frac{产权登记面积-合同约定面积}{合同约定面积}\times100\%$$

因设计变更造成面积差异,双方不解除合同的,应当签署补充协议。

第六条 付款方式及期限

买受人按下列第_____种方式按期付款：

1.一次性付款_____。

2.分期付款_____。

3.其他方式_____。

第七条 买受人逾期付款的违约责任

买受人如未按本合同规定的时间付款,按下列第_____种方式处理：

1.按逾期时间,分别处理(不作累加)

(1)逾期在_____日之内,自本合同规定的应付款期限之第二天起至实际全额支付应付款之日止,买受人按日向出卖人支付逾期应付款万分之_____的违约金,合同继续履行;

(2)逾期超过_____日后,出卖人有权解除合同。出卖人解除合同的,买受人按累计应付款的_____％向出卖人支付违约金。买受人愿意继续履行合同的,经出卖人同意,合同继续履行,自本合同规定的应付款期限之第二天起至实际全额支付应付款之日止,买受人按日向出卖人支付逾期应付款万分之_____(该比率应不小于第(1)项中的比率)的违约金。

本条中的逾期应付款指依照本合同第六条规定的到期应付款与该期实际已付款的差额;采取分期付款的,按相应的分期应付款与该期的实际已付款的差额确定。

2._____。

第八条　交付期限

出卖人应当在_____年_____月_____日前,依照国家和地方人民政府的有关规定,将具备下列第_____种条件,并符合本合同约定的商品房交付买受人使用:

1.该商品房经验收合格。

2.该商品房经综合验收合格。

3.该商品房经分期综合验收合格。

4.该商品房取得商品住宅交付使用批准文件。

5._____。

但如遇下列特殊原因,除双方协商同意解除合同或变更合同外,出卖人可据实予以延期:

1.遭遇不可抗力,且出卖人在发生之日起_____日内告知买受人的;

2._____;

3._____。

第九条　出卖人逾期交房的违约责任

除本合同第八条规定的特殊情况外,出卖人如未按本合同规定的期限将该商品房交付买受人使用,按下列第_____种方式处理:

1.按逾期时间,分别处理(不作累加)

(1)逾期不超过_____日:自本合同第八条规定的最后交付期限的第二天起至实际交付之日止,出卖人按日向买受人支付已交付房价款万分之_____的违约金,合同继续履行;

(2)逾期超过_____日后,买受人有权解除合同。买受人解除合同的,出卖人应当自买受人解除合同通知到达之日起_____天内退丕全部已付款,并按买受人累计已付款的_____％向买受人支付违约金。买受人要求继续履行合同的,合同继续履行,自本合同第八条规定的最后交付期限的第二天起至实际交付之日止,出卖人按日向买受人支付已交付房价款万分之_____(该比率应不小于第(1)项中的比率)的违约金。

2._____。

第十条　规划、设计变更的约定

经规划部门批准的规划变更、设计单位同意的设计变更导致下列影响到买受人所购商品房质量或使用功能的,出卖人应当在有关部门批准同意之日起10日内,书面通知买受人:

(1)该商品房结构形式、户型、空间尺寸、朝向;

(2)_____;

（3）_____；

（4）_____；

（5）_____；

（6）_____；

（7）_____。

买受人有权在通知到达之日起 15 日内做出是否退房的书面答复。买受人在通知到达之日起 15 日内未作书面答复的,视同接受变更。出卖人未在规定时限内通知买受人的,买受人有权退房。

买受人退房的,出卖人须在买受人提出退房要求之日起_____天内将买受人已付款退还给买受人,并按_____利率付给利息。买受人不退房的,应当与出卖人另行签订补充协议。_____

_____。

第十一条　交接

商品房达到交付使用条件后,出卖人应当书面通知买受人办理交付手续。双方进行验收交接时,出卖人应当出示本合同第八条规定的证明文件,并签署房屋交接单。所购商品房为住宅的,出卖人还需提供《住宅质量保证书》和《住宅使用说明书》。出卖人不出示证明文件或出示证明文件不齐全,买受人有权拒绝交接,由此产生的延期交房责任由出卖人承担。

由于买受人原因,未能按期交付的,双方同意按以下方式处理:_____

_____。

第十二条　出卖人保证销售的商品房没有产权纠纷和债权债务纠纷,因出卖人原因,造成该商品房不能办理产权登记或发生债权债务纠纷的,由出卖人承担全部责任。_____

_____。

第十三条　出卖人关于装饰、设备标准承诺的违约责任

出卖人交付使用的商品房的装饰、设备标准应符合双方约定(附件三)的标准。达不到约定标准的,买受人有权要求出卖人按照下述第_____种方式处理:

1.出卖人赔偿双倍的装饰、设备差价。

2._____。

3._____。

第十四条　出卖人关于基础设施、公共配套建筑正常运行的承诺

出卖人承诺与该商品房正常使用直接关联的下列基础设施、公共配套建筑按以下日期达到使用条件:

1._____；

2. ＿＿＿＿＿＿＿＿＿＿＿＿＿＿＿＿＿＿＿＿＿＿；

3. ＿＿＿＿＿＿＿＿＿＿＿＿＿＿＿＿＿＿＿＿＿＿；

4. ＿＿＿＿＿＿＿＿＿＿＿＿＿＿＿＿＿＿＿＿＿＿；

5. ＿＿＿＿＿＿＿＿＿＿＿＿＿＿＿＿＿＿＿＿＿＿。

如果在规定日期内未达到使用条件,双方同意按以下方式处理:

1. ＿＿＿＿＿＿＿＿＿＿＿＿＿＿＿＿＿＿＿＿＿＿；

2. ＿＿＿＿＿＿＿＿＿＿＿＿＿＿＿＿＿＿＿＿＿＿；

3. ＿＿＿＿＿＿＿＿＿＿＿＿＿＿＿＿＿＿＿＿＿＿。

第十五条 关于产权登记的约定

出卖人应当在商品房交付使用后＿＿＿＿＿＿日内,将办理权属登记需由出卖人提供的资料报产权登记机关备案。如因出卖人的责任,买受人不能在规定期限内取得房地产权属证书的,双方同意按下列第＿＿＿＿＿＿项处理:

1. 买受人退房,出卖人在买受人提出退房要求之日起＿＿＿＿＿＿日内将买受人已付房价款退还给买受人,并按已付房价款的＿＿＿＿＿＿％赔偿买受人损失。

2. 买受人不退房,出卖人按已付房价款的＿＿＿＿＿＿％向买受人支付违约金。

3. ＿＿＿＿＿＿＿＿＿＿＿＿＿＿＿＿＿＿＿＿＿＿。

第十六条 保修责任

买受人购买的商品房为商品住宅的,《住宅质量保证书》作为本合同的附件。出卖人自商品住宅交付使用之日起,按照《住宅质量保证书》承诺的内容承担相应的保修责任。

买受人购买的商品房为非商品住宅的,双方应当以合同附件的形式详细约定保修范围、保修期限和保修责任等内容。

在商品房保修范围和保修期限内发生质量问题,出卖人应当履行保修义务。因不可抗力或者非出卖人原因造成的损坏,出卖人不承担责任,但可协助维修,维修费用由买受人承担。＿＿＿＿＿＿＿＿＿＿＿＿＿＿＿＿＿＿＿＿＿＿＿＿＿＿＿＿＿＿＿＿＿＿。

第十七条 双方可以就下列事项约定:

1. 该商品房所在楼宇的屋面使用权＿＿＿＿＿＿＿＿＿＿；

2. 该商品房所在楼宇的外墙面使用权＿＿＿＿＿＿＿＿；

3. 该商品房所在楼宇的命名权＿＿＿＿＿＿＿＿＿＿＿；

4. 该商品房所在小区的命名权＿＿＿＿＿＿＿＿＿＿＿；

5. ＿＿＿＿＿＿＿＿＿＿＿＿＿＿＿＿＿＿＿＿＿＿；

6. ＿＿＿＿＿＿＿＿＿＿＿＿＿＿＿＿＿＿＿＿＿＿。

第十八条 买受人的房屋仅作＿＿＿＿＿＿＿＿＿＿使用,买受人使用期间

不得擅自改变该商品房的建筑主体结构、承重结构和用途。除本合同及其附件另有规定者外，买受人在使用期间有权与其他权利人共同享用与该商品房有关联的公共部位和设施，并按占地和公共部位与公用房屋分摊面积承担义务。

出卖人不得擅自改变与该商品房有关联的公共部位和设施的使用性质。＿＿＿＿
＿＿＿＿＿＿＿＿＿＿＿＿＿＿＿＿＿＿＿＿＿＿＿＿＿＿＿＿＿＿＿＿＿＿＿。

第十九条 本合同在履行过程中发生的争议，由双方当事人协商解决；协商不成的，按下述第＿＿＿＿＿＿种方式解决：

1. 提交＿＿＿＿＿仲裁委员会仲裁。

2. 依法向人民法院起诉。

第二十条 本合同未尽事项，可由双方约定后签订补充协议(附件四)。

第二十一条 合同附件与本合同具有同等法律效力。本合同及其附件内，空格部分填写的文字与印刷文字具有同等效力。

第二十二条 本合同连同附件共＿＿＿＿＿＿页，一式＿＿＿＿＿＿份，具有同等法律效力，合同持有情况如下：

出卖人＿＿＿＿＿份，买受人＿＿＿＿＿份，＿＿＿＿＿份，＿＿＿＿＿份。

第二十三条 本合同自双方签订之日起生效。

第二十四条 商品房预售的，自本合同生效之日起 30 天内，由出卖人向＿＿＿＿＿＿＿＿＿＿＿＿＿＿＿＿＿＿＿＿＿＿＿＿＿＿＿＿＿＿申请登记备案。

出卖人(签章)：　　　　　　　　　　买受人(签章)：

【法定代表人】：　　　　　　　　　　【法定代表人】：

【委托代理人】：　　　　　　　　　　【委托代理人】：

(签章)　　　　　　　　　　　　　　(签章)

＿＿＿＿＿年＿＿＿＿月＿＿＿＿日　　　＿＿＿＿＿年＿＿＿＿月＿＿＿＿日

签于　　　　　　　　　　　　　　　签于

(商品房买卖合同内容由建设部提供)

附件一：房屋平面图

附件二：公共部位与公用房屋分摊建筑面积构成说明

附件三：装饰、设备标准

1. 外墙：

2. 内墙：

3. 顶棚：

4. 地面：

5. 门窗：

6. 厨房：

7. 卫生间：

8. 阳台：

9. 电梯：

10. 其他：

附件四：合同补充协议

3 二手房买卖合同

本合同双方当事人：

卖方（以下简称甲方）：_____

【本人】【法定代表人】姓名：_____ 国籍：_____

【身份证】【护照】【营业执照号码】：_____

地址：_____

邮政编码：_____ 联系电话：_____

委托代理人：_____ 国籍：_____

电话：_____ 地址：_____

买方（以下简称乙方）：_____

【本人】【法定代表人】姓名：_____ 国籍：_____

【身份证】【护照】【营业执照号码】：_____

地址：_____ 邮政编码：_____ 联系电话：_____

委托代理人：_____ 国籍：_____

电话：_____ 地址：_____ 邮政编码：_____

第一条 房屋的基本情况

甲方房屋（以下简称该房屋）坐落于_____；位于第_____层，共_____（套）（间），房屋结构为_____，建筑面积_____平方米（其中实际建筑面积_____平方米，公共部位与公用房屋分摊建筑面积_____平方米），房屋用途为_____；该房屋平面图见本合同附件一，该房屋内部附着设施见附件二；（房屋所有权证号、土地使用权证号）（房地产权证号）为_____。

第二条 房屋面积的特殊约定

本合同第一条所约定的面积为（甲方暂测）（原产权证上标明）（房地产产权登记机关实际测定）面积。如暂测面积或原产权证上标明的面积（以下简称暂测面积）与房地产产权登记机关实际测定的面积有差异的，以房地产产权登记机关实际测定面积（以下简称实际面积）为准。

该房屋交付时,房屋实际面积与暂测面积的差别不超过暂测面积的±_____%(不包括±_____%)时,房价款保持不变。

实际面积与暂测面积差别超过暂测面积的±_____%(包括±_____%)时,甲乙双方同意按下述第_____种方式处理:

1.乙方有权提出退房,甲方须在乙方提出退房要求之日起_____天内将乙方已付款退还给乙方,并按_____利率付给利息。

2.每平方米价格保持不变,房价款总金额按实际面积调整。

3._____。

第三条　土地使用权性质

该房屋相应的土地使用权取得方式为_____;土地使用权年限自_____年_____月_____日至_____年_____月_____日止。以划拨方式取得土地使用权的房地产转让批准文件号为_____;该房屋买卖后,按照有关规定,乙方(必须)(无须)补办土地使用权出让手续。

第四条　价格

按(总建筑面积)(实际建筑面积)计算,该房屋售价为(币)每平方米_____元,总金额为(币)_____亿_____千_____百_____拾_____万_____千_____百_____拾_____元整。

第五条　付款方式

乙方应于本合同生效之日向甲方支付定金(币)_____亿_____千_____百_____拾_____万_____千_____百_____拾_____元整,并应于本合同生效之日起_____日内将该房屋全部价款付给甲方。具体付款方式可由双方另行约定。

第六条　交付期限

甲方应于本合同生效之日起三十日内,将该房屋的产权证书交给乙方,并应在收到该房屋全部价款之日起_____日内,将该房屋付给乙方。

第七条　乙方逾期付款的违约责任

乙方如未按本合同第四条规定的时间付款,甲方对乙方的逾期应付款有权追究违约利息。自本合同规定的应付款限期之第二天起至实际付款之日止,月利息按_____计算。逾期超过_____天后,即视为乙方不履行本合同。届时,甲方有权按下述第_____种约定,追究乙方的违约责任。

1.终止合同,乙方按累计应付款的_____%向甲方支付违约金。甲方实际经济损失超过乙方支付的违约金时,实际经济损失与违约金的差额部分由乙方据实赔偿。

2.乙方按累计应付款的_____%向甲方支付违约金,合同继续履行。

3._____。

第八条　甲方逾期交付房屋的违约责任

除人力不可抗拒的自然灾害等特殊情况外,甲方如未按本合同第五条规定的期限将该房屋交给乙方使用,乙方有权按已交付的房价款向甲方追究违约利息。按本合同第十一条规定的最后交付期限的第二天起至实际交付之日止,月利息在＿＿＿＿＿＿＿个月内按＿＿＿＿＿＿＿利率计算;自第＿＿＿＿＿＿＿个月起,月利息则按＿＿＿＿＿＿＿利率计算。逾期超过＿＿＿＿＿＿＿个月,则视为甲方不履行本合同,乙方有权按下列第＿＿＿＿＿＿＿种约定,追究甲方的违约责任。

1.终止合同,甲方按乙方累计已付款的＿＿＿＿＿＿＿％向乙方支付违约金。乙方实际经济损失超过甲方支付的违约金时,实际经济损失与违约金的差额部分由甲方据实赔偿。

2.甲方按乙方累计已付款的＿＿＿＿＿＿＿％向乙方支付违约金,合同继续履行。

3.＿＿＿＿＿＿＿＿＿＿＿＿＿＿＿＿＿＿＿＿＿＿＿。

第九条　关于产权登记的约定

在乙方实际接收该房屋之日起,甲方协助乙方在房地产产权登记机关规定的期限内向房地产产权登记机关办理权属登记手续。如因甲方的过失造成乙方不能在双方实际交接之日起＿＿＿＿＿＿＿天内取得房地产权属证书,乙方有权提出退房,甲方须在乙方提出退房要求之日起＿＿＿＿＿＿＿天内将乙方已付款退还给乙方,并按已付款的＿＿＿＿＿＿＿％赔偿乙方损失。

第十条　甲方保证在交易时该房屋没有产权纠纷,有关按揭、抵押债务、税项及租金等,甲方均在交易前办妥。交易后如有上述未清事项,由甲方承担全部责任。

第十一条　因本房屋所有权转移所发生的土地增值税由甲方向国家缴纳,契税由乙方向国家缴纳;其他房屋交易所发生的税费除另有约定的外,均按政府的规定由甲乙双方分别缴纳。

第十二条　本合同未尽事项,由甲乙双方另行议定,并签订补充协议。

第十三条　本合同之附件均为本合同不可分割之一部分。本合同及其附件内,空格部分填写的文字与印刷文字具有同等效力。

本合同及其附件和补充协议中未规定的事项,均遵照中华人民共和国有关法律、法规和政策执行。

第十四条　甲乙一方或双方为境外组织或个人的,本合同应经该房屋所在地公证机关公证。

第十五条　本合同在履行中发生争议,由甲乙双方协商解决。协商不成时,甲乙双方同意由＿＿＿＿＿＿＿仲裁委员会仲裁。(甲乙双方不在本合同中约定仲裁机构,事后又没有达成书面仲裁协议的,可向人民法院起诉。)

第十六条　本合同(经甲乙双方签字)(经_____公证(指涉外房屋买卖))之日起生效。

第十七条　本合同连同附表共_____页,一式_____份,甲乙双方各执一份,_____各执一份,均具有同等效力。

甲方(签章):　　　　　　　　　　　　乙方(签章):

甲方代理人(签章):　　　　　　　　　乙方代理人(签章):

_____年_____月_____日　　　_____年_____月_____日

签于_____　　　　　　　　　　　签于_____

4　房地产项目转让合同

转让方(甲方):_____

受让方(乙方):_____

甲方拥有位于_____市_____路占地面积为_____平方米的土地使用权。甲方拟将该土地使用权及与之相关的项目开发权转让给乙方。甲乙双方经友好协商,现根据我国现行土地转让及开发的法律法规,结合本协议所指土地及其开发的实际情况,自愿达成如下协议,供共同遵照执行。

第一条　转让土地使用权及其项目开发权之状况

(一)土地使用权状况

1.土地坐落位置:_____

2.土地使用权面积:_____

3.已批准的容积率:_____

4.已批准的建筑面积:_____

5.土地规划用途:_____

6.土地使用期限:_____

7.土地现状:_____

(二)项目开发权状况

1.甲方已领取了建设用地批准书、建设用地规划许可证、建设工程规划许可证;

2.甲方已经市政府批准在拟转让的地块上取得单项开发权,并领取了单项开发资质证;

3.甲方已按土地规划用途委托了设计单位进行设计并办理了报建手续,缴纳了报建所需费用。

（三）其他权利状况

1.甲方确认本协议所转让的土地使用权及项目开发权是其合法拥有,不存在抵押、查封、第三人主张权利等产权瑕疵;

2.承担形成转让款的现状所产生的债权债务及一切法律经济责任,甲方确认为取得本协议所转让的土地使用权及项目开发权已支付了一切应付款项、费用,不存在债权、债务争议（包括绿化费、拆迁安置补偿等）。

第二条　本协议之转让价格

1.甲乙双方确认本协议的转让价格以甲方已获得批准的可建筑面积为计价面积,转让价每平方米人民币_____元,计人民币_____元;

2.上述转让价格包含甲方取得转让土地的使用权与项目开发权所已付和应付的一切款项、费用;

3.乙方在受让后获准增加或减少建筑面积,与甲方无关,不作为增加或减少乙方向甲方支付转让款的依据。

第三条　转让价款之支付

（一）支付:

1.在本协议生效之日起三个工作日内,乙方应支付本协议转让价款_____%给甲方。

2.在甲方将涉及转让地块的使用权和项目开发权资料,包括但不限于土地出让合同书、红线图、建设用地批准书、建设用地规划许可证、建筑工程规划许可证、建筑设计要点、设计图纸、单项开发权批文及资质证等原件资料给乙方后三个工作日内,乙方应支付本协议转让价款的_____%给甲方;

3.在规划国土部门根据甲乙双方共同申请将涉及转让地块的土地使用权和项目开发权办理到乙方或其指定人名下后三个工作日内,乙方应支付本协议转让价款的_____%给甲方。

4.在乙方根据项目开发需要,将原规划的办公、商场功能报批为商住功能后三个工作日内,乙方应支付本协议转让价款的_____%给甲方。

5.在乙方获准开工后三十日内,乙方应支付本协议余下转让价款给甲方。

（二）甲方收取本协议转让价款的开户银行为:_____账号为:_____;甲方亦可书面通知乙方有关甲方收款或委托第三人收款的新的银行及账号;

（三）甲方收取乙方款项,应按规定开具发票予乙方或乙方指定的单位或个人。

第四条　资料的交付及土地使用权证的办理

1.在本合同生效后十个工作日内,甲方应将涉及转让地块的土地使用权及项目开发权资料,包括但不限于土地出让合同书、红线图、建设用地批准书、建设用地规划许可证、建筑工程规划许可证、建筑设计要点、设计图纸、单项开发权批文及资质证等原件资料给乙方。

2.在本协议生效后三十日内,甲乙双方备齐有关资料共同向市规划国土部门申请办理本协议所指土地的使用权转让登记手续及项目开发权的更名过户手续。

第五条　税费之负担

在本协议土地使用权转让和项目开发权更名过户过程中,涉及政府主管部门及政府部门指定的机构应收取的各种税费,均由甲方承担,如按规定应由甲乙双方分担的,亦由甲方以乙方名义支付,乙方应承担的部分,由乙方以转让价款方式体现在支付给甲方的价款中。

第六条　土地使用权转让的法律状况

1.甲方转让本协议所涉及之土地使用权后,该土地使用权出让合同及登记文件中载明的权利和义务随之转移给乙方;

2.在土地使用权的转让登记以前,有关该地块产权瑕疵所引起的风险、责任,由甲方承担;自房地产登记机关核准转让登记之日起,有关该地块的风险和责任由乙方承担。

3.甲方为取得该地块的土地使用权及项目开发权所需支付的一切款项、费用(包括但不限于政府回填绿化费)、债务、责任,由甲方承担,不因本协议的生效及转让登记手续的办理而转移。

第七条　违约责任

(一)甲方的违约责任

1.在本协议生效后,甲方单方面解除本协议,或拖延履行本协议应尽义务超过三十个工作日,视甲方构成根本性违约。甲方应双倍返还乙方定金,退还已收乙方的转让款并按银行同期贷款利率支付利息给乙方。

2.因甲方隐瞒事实真相,出现第三人对本协议所指的土地使用权及项目开发权出现权利或其他甲方的原因,致使本协议不能履行,视甲方单方违约,甲方按本条第1款规定向乙方承担责任。

3.甲方迟延履行本协议的规定义务未达到根本性违约,应按乙方已付转让款每日万分之二点一向乙方支付违约金。

4.因甲方原因,在转让给乙方的土地使用权及项目开发权设定债务,影响乙方项目的开展,乙方有权将应付甲方的转让价款直接支付给主张权利的债权人,并追究甲方的违约责任。

(二)乙方的违约责任

1.在本协议生效后,乙方单方面解除本协议,应按本协议总价款的_____％赔偿甲方的经济损失。

2.乙方迟延支付转让价款给甲方,应按迟延额每日万分之_____支付违约金给甲方,逾期三十个工作日,甲方有权解除本协议,乙方应按本协议总价款的_____％赔偿甲方的经济损失。

3.出现上述情况造成本协议终止,乙方需将从甲方处取得的有关本项目的资料原件以及后续开发取得的文件资料无偿移交回甲方。

第八条　保密

一方对因本次协议而获知的另一方的商业机密负有保密义务,不得向有关其他第三方泄露,但中国现行法律、法规另有规定的或经另一方书面同意的除外。

第九条　补充与变更

本协议可根据各方意见进行书面修改或补充,由此形成的补充协议,与协议具有相同法律效力。

第十条　不可抗力

1.因不可抗力而使本合同无法开始履行或在履行过程中需要终止的,各方当事人均无须承担违约责任。

2.本条款所称不可抗力,系指不能预见,不能避免并不能克服的客观情况及国家、省、市、主管部门有关法律、政策及规定的相应变化和调整。

第十一条　管辖法

本协议受中华人民共和国的法律管辖。

第十二条　争议的解决

本协议各方当事人对本协议有关条款的解释或履行发生争议时,应通过友好协商的方式予以解决。协商不成的,选择下列第_____种方式进行解决:

(一)提交仲裁委员会仲裁;

(二)依法向人民法院提起诉讼。

第十三条　送达方式

甲方地址:_____

乙方地址:_____

任何一方的联系方式发生变更,必须在变更后 3 个工作日内书面通知对方。否则以上述联系地址、电话、传真等发出的信件、传真视为送达。

第十四条　其他

本协议一式四份,双方各执一份,另两份用于办理变更、转让手续之用。

甲方(盖章):_____　　乙方(盖章):_____

法定代表人(签字):_____　　法定代表人(签字):_____

_____年_____月_____日　　_____年_____月_____日

5 房屋租赁合同

出租方：_____,以下简称甲方。

承租方：_____,以下简称乙方。

根据《中华人民共和国合同法》及有关规定,为明确甲乙双方的权利义务关系,经双方协商一致,签订本合同。

第一条 甲方将坐落在_____的房屋,建筑面积_____平方米、使用面积_____平方米,出租给乙方使用。装修及设备情况：_____。

第二条 租赁期限

租赁期共_____个月,甲方从_____年_____月_____日起将此房屋交付乙方使用,至_____年_____月_____日止。

乙方如利用承租房屋进行非法活动,损害公共利益的,甲方可以终止合同,收回房屋。

合同期满后,如甲方仍继续出租房屋,乙方在同等条件下拥有优先承租权。

租赁合同因期满而终止时,如乙方确实无法找到新的房屋,可与甲方协商酌情延长租赁期限。

第三条 租金、交纳期限和交纳方式

甲乙双方议定年租金_____元,计人民币(大写)_____,交纳方式为_____付,由乙方在_____年_____月_____日交纳给甲方。先付后用。以后支付应在付款期末前_____天支付。

第四条 租赁期间的房屋修缮

甲方对出租房屋及其设备应定期检查,及时修缮,做到不漏、不淹、三通(户内上水、下水、照明电)和门窗好,以保障乙方安全正常使用。乙方应当积极配合。

第五条 租赁双方的变更

1.如甲方按法定手续程序将房产所有权转移给第三方时,在无约定的情况下,本合同对新的房产所有者继续有效。

2.乙方需要与第三人互换用房时,应事先征得甲方同意,甲方应当支持乙方的合理要求。

第六条 乙方必须遵守当地暂住区域内的各项规章制度。按时交纳水、电、气、收视、电话、卫生及物管等费用。乙方的民事纠纷均自行负责。水、电、气底数各是：水_____吨,电_____度,气_____方。

第七条 甲方收乙方押金_____元,乙方退房时,结清水、电、气费,交还钥匙后,由甲方退还乙方押金_____元。

第八条 违约责任

租赁双方如一方未履行本合同约定的条款,违约方须赔偿给对方违约金_____元,大写_____。

第九条 免责条款

1.房屋如因不可抗力的原因导致损毁或造成乙方损失的,甲乙双方互不承担责任。

2.因市政建设需要拆除或改造已租赁的房屋,使甲乙双方造成损失,互不承担责任。

因上述原因而终止合同的,租金按实际使用时间计算,多退少补。

第十条 争议解决的方式

本合同在履行中如发生争议,双方应协商解决;协商不成时,任何一方均可向房屋租赁管理机关申请调解,调解无效时,可向经济合同仲裁委员会申请仲裁,也可向人民法院起诉。

第十一条 其他约定事宜

1._____。

2._____。

第十二条 本合同未尽事宜,甲乙双方可共同协商。

本合同一式两份,甲乙双方各执一份。从签字之日起生效,到期自动作废。

甲方(签字盖章):　　　　　　乙方(签字盖章):

身份证号码:　　　　　　　　　身份证号码:

联系电话:　　　　　　　　　　联系电话:

住址:　　　　　　　　　　　　住址:

　　年　月　日　　　　　　　　　年　月　日

6　商品房委托销售合同

委托人:(以下简称甲方)

法定代表人:

联系电话:

地址:

营业执照号:

资质证号：

受托人：（以下简称乙方）

法定代表人：

联系电话：

地址：

营业执照号：

根据《中华人民共和国合同法》、《中华人民共和国城市房地产管理法》、《城市房地产中介服务管理规定》之规定，甲方特委托乙方代理销售甲方的房地产开发项目，经甲乙双方平等协商，达成如下协议：

第一条 委托销售项目名称及地址

项目名称：＿＿＿＿＿＿＿＿＿＿＿＿＿＿＿＿＿＿＿＿＿＿

项目地址：＿＿＿＿＿＿＿＿＿＿＿＿＿＿＿＿＿＿＿＿＿＿

第二条 委托销售房屋为【预售商品房】【现房】，商品房预售许可证号：＿＿＿＿＿＿＿（商品房注册登记证号：＿＿＿＿＿＿＿）。

第三条 受托销售范围

（一）乙方受托销售范围：

1.＿＿＿＿＿＿＿＿＿＿＿＿＿＿＿＿＿＿＿＿＿＿＿＿＿＿＿

2.＿＿＿＿＿＿＿＿＿＿＿＿＿＿＿＿＿＿＿＿＿＿＿＿＿＿＿

3.＿＿＿＿＿＿＿＿＿＿＿＿＿＿＿＿＿＿＿＿＿＿＿＿＿＿＿

（二）乙方受托销售房屋计＿＿＿＿＿＿套，销售总建筑面积为＿＿＿＿＿＿平方米。

（三）销售面积计价方式按下列第＿＿＿＿＿＿项计价：

1.按套（单元）计价；

2.按套内建筑面积计价；

3.按建筑面积计价。

第四条 委托销售代理方式

甲乙双方选择下列第＿＿＿＿＿＿项代理方式：

（一）整体包销：乙方在一定期限内以甲方名义销售，向甲方支付包销价款，获取销售差价利益，并保证在包销期限届满时售完甲方应售商品房。

（二）风险代理：甲方在未支付代理费用的情况下，乙方作为甲方的代理人对房屋进行销售，产生的权利义务由甲方承担，乙方按销售业绩及约定获取报酬。

（三）一般代理：乙方作为甲方的代理人对房屋进行销售，产生的权利义务由甲方承担。

（四）其他方式：＿＿＿＿＿＿＿＿＿＿＿＿＿＿＿＿＿＿＿＿＿＿。

代理方式的具体内容、事项等由甲乙双方另行订立补充协议。

第五条　销售价格

(一)本合同约定的销售范围内的房屋价格按下列第_____项执行:

1.起价_____元/平方米,最高价_____元/平方米,均价_____元/平方米;

2.售价_____元/平方米,可上下浮动_____%至_____%;

3.按楼层、户型定价销售(见附件)。

(二)在实际销售中,每套房屋售价如需折扣优惠,须经甲方同意。

(三)房屋售价经甲方同意折扣销售的,代理服务费应按下列第_____项计算:

1.房屋原售价;

2.房屋折扣后售价。

(四)其他方式:_____。

第六条　销售计划及进度

第七条　销售收款

甲方[同意][不同意]由乙方代收购房定金及预付款;如甲方同意代收的,乙方应在收到购房定金及预付款后_____日内将代收款项交付给甲方。

第八条　合同履行期限

本合同履行期限自_____年_____月_____日至_____年_____月_____日止。

第九条　代理服务费的计算方式及结算方式、支付期限

(一)计算方式:_____

(二)结算方式:_____

(三)支付期限:_____

第十条　甲方的义务

(一)甲方应保证项目的工程质量、工程进度及商品房交付期限。

(二)甲方提供营业执照、资质证书、土地使用证复印件、商品房销售委托书、商品房合同范本及物管合同;现房委托销售的,还应提供《商品房使用说明书》《商品房质量保证书》。

(三)提供项目的商品房预售许可证或商品房屋注册登记证、房屋分层平面图、户型图等销售资料。

(四)做好本合同的保密工作,防止对销售造成不利影响。

(五)未经乙方同意,不得将本合同约定的代售房屋自行销售或另行委托他人销售。

第十一条　乙方的义务

(一)乙方应当在本合同签订之日起_____日内开展销售工作。

（二）按照合同规定的销售价格、销售计划进行销售代理。

（三）向买受人出示商品房的有关证明文件和商品房销售委托书。

（四）如实向买受人介绍所代理销售商品房的有关情况,不得超出甲方认可的宣传范围进行宣传。

（五）不得将代收的定金、房款等款项挪作他用。

第十二条　违约责任

甲乙一方或双方有违反本合同条款的行为,应向对方支付本合同总代理销售金额_____％的违约金;因此给对方或者第三人造成损失的,应当承担赔偿责任。

第十三条　合同解除

如乙方在本合同签订之后_____月内,所销售的房屋少于应销售房屋套数_____％的,甲方有权在_____月届满之时,解除本合同。

第十四条　未售出房屋的处理

如乙方在本合同规定的期限内未完成受托销售义务,未售出的房屋,甲乙双方同意按下述方式处理:

（一）由乙方按照_____价格购买;

（二）乙方将未售出房屋退还给甲方,但乙方应向甲方支付未售出房屋总售价_____％的违约金;

（三）其他方式:_____。

第十五条　争议解决方式

本合同履行过程中发生争议的,由当事人协商解决,协商不成,双方约定:

（一）_____;

（二）_____;

（三）_____。

第十六条　本合同经甲乙双方签字、盖章后生效。

第十七条　本合同一式_____份,甲乙双方各执_____份。

甲方（签章）:　　　　　　　　　　乙方（签章）:

[法定代表人]:　　　　　　　　　　[法定代表人]:

[委托代理人]:　　　　　　　　　　[委托代理人]:

　　　年　月　日　　　　　　　　　　年　月　日

参考文献

［1］ 刘亚臣.房地产经营管理.5版.大连:大连理工大学出版社,2008

［2］ 刘宁.房地产投资分析.大连:大连理工大学出版社,2009

［3］ 刘亚臣.工程经济学.北京:中国建筑工业出版社,2007

［4］ 刘亚臣.房地产经济学.大连:大连理工大学出版社,2009

［5］ 张沈生.房地产市场营销.大连:大连理工大学出版社,2009

［6］ 吕萍.房地产开发与经营.北京:中国人民大学出版社,2011

［7］ 中国房地产估价师与房地产经纪人学会.全国房地产估价师执业资格考试用书——房地产开发经营与管理.北京:中国建筑工业出版社,2011

［8］ 中国房地产估价师与房地产经纪人学会.全国房地产估价师执业资格考试用书——房地产估价相关知识.北京:中国建筑工业出版社,2011

［9］ 谭术魁.房地产项目管理.北京:机械工业出版社,2009

［10］ Donald J. Trump,Meredith Mciver. Trump Think Like a Billionaire Everything You Need to Know About Success Real Estate and Life. NewYork:Random House,2005